被操弄的真實

演算法中隱藏的政治與權力

泰娜・布策（Taina Bucher）著
葉妍伶、羅亞琪 譯

If...Then

Algorithmic Power and Politics

目次 CONTENT

推薦序
RECOMMENDED

由政治與權力的角度看演算法

洪士灝　國立臺灣大學資訊工程學系教授兼系主任

身為資訊工程系的教授，我對於演算法不會陌生，但多半是從科技和應用的角度去看待之——解決這個問題要用哪個演算法？哪個演算法比較快？用什麼平台來實作選定的演算法比較好？乃至於估計做出來的產品服務會不會賺錢？這或許也是現今許多資訊專業工作者的日常，也是在本書中提及的臉書（Facebook）、Google、推特（Twitter）等科技巨擘中擔任要角的資訊工程師所念茲在茲的，但在與其他科技公司賽跑，以及和人工智慧競爭合作中度過極其忙碌的人生時，我們曾幾何時關注過我們資訊專業工作者在過去半世紀所創造出來的產品對人們和後世的影響？如果有心關注的話，該從哪個角度去看？

身為擁有四千九百七十二位朋友、被二萬三千〇七十四人追蹤的長期臉書使用者，我能深深地理解本書所提及的「被操弄的真實」——能夠與想要操弄社群網路時代的真實的，不僅僅是幕後設計演算法的工程師、運用演算法的藏鏡人，還包括愈來愈倚賴社群媒體的新聞從業人員、試圖逆推演算法來優化媒體表現的社群關鍵意見領袖（Key Opinion Leader，KOL，常被稱為網紅），乃至於被席捲進來的單位機構和普羅大眾，往往各有各的算計、思考著因應之道。社群媒體充斥於我們大多數人的生活已經是個常態，也在演算法的推波助瀾之下產生許多同溫層現象，但絕大部分的人對於演算法則是一無所知，或是毫無招架之力，該如何是好？

本書原著發表於二〇一八年，在人們開始體會到社群媒體帶來了頗嚴重的深層問題，但眾說紛紜、無力面對的同時，作者已經從政治與權力的角度去深入詮釋社群媒體和演算法對文化的影響，相當地發人深省。作者多次引用傅科（Foucault）對於權力的論述來探討社群媒體時代的權力關係，企圖理解理解演算法如何發揮力量，以及如何確保其可被問責。演算法雖然無法決定人們的行為方式，但會塑造一個環境，將某些主題定位得更真實，並可供我們使用，而如此的「定向」則影響著我們與周遭世界的融合，因此我們該如何劃下界線，讓各種操弄演算法的人或事為其結果負責？

就在寫這篇序文的同時，包括臉書、推特、YouTube在內的多家主流社群媒體，決定關停美國總統川普（Donald Trump）的帳號，正好可作為閱讀本書之後極佳的案例探討。川普經常運用社群媒體發聲，以此掌握政治與權力的制高點，而多數社群媒體基於對自身有利的演算法，配合著川普的政治宣傳，究竟對自譽為民主表率的美國政治社會造成了多大的影響？就在川普最需要社群媒體來傳訊給支持群眾的此時此刻，社群媒體對川普的停權，也充分展現了幕後藏鏡人操弄政治的極大權力，究竟他們是如何劃下界線的？誰又該對上述的現象負責？

話說國內不久之前的「韓流」，也引起許多國人對於社群媒體的討論。由各種藏鏡人支持營運、立場不同的新聞與社群媒體，的確是影響國內複雜的政治生態的關鍵力量。所謂「成也蕭何、敗也蕭何」，從許多的案例中，我們看到藉由媒體操弄真實的人，終究也被在媒體的操弄之下退去了光環，而人們在這些大規模的實際案例中，究竟學到了什麼？

我衷心地盼望，新一代的資訊學者能夠更關心社會議題，而關切政治、經濟、社會、文化、教育等議題的人們也能多了解一下演算法與資訊科技，持續透過跨領域的探討來進一步理解和回應上述的議題。在這個從社群媒體演化出數位分身（Digital Twin）充斥的新時代，計算思維（Computational Thinking）是非常重要的素養，在實體或虛擬的真實被許多演算法刻意或無意、直接或間接操弄的情況下，人們要如何經營和照護在實體和虛擬世界的真實自我？我沒有辦法給一個標準答案，但我自己希望透過個人在社群媒體上的分享和觀察持續進行思辨，幫自己尋求答案、構築真實。

推薦序
RECOMMENDED

數字會說話……但，說的什麼話？

劉慧雯　國立政治大學新聞學系教授兼系主任

自從「演算法」一詞成為日常語彙，我們每一個人的每一天，不論在任何地點、從事任何活動，就無法脫離數字對我們的描繪。數字正在對我們說話，但，我們真的知道它們說了些什麼嗎？這些話語，聽在「人」的耳朵裡，幾分真？幾分假？又有幾分不明就裡呢？同時身為說著數字的人、被數字說出的對象，我們又該注意什麼？

其實，演算法在社群媒體上為大眾篩選資訊的邏輯，不外乎對人如何與他人聯繫在一起的想像。舉凡親族、校友、同事、同行同業、共同興趣，都是透過身分屬性可以猜測的人際關聯。在數位活動愈來愈熱絡之後，凡是在網路上留下的數位足跡，也都進一步在數據機構的綜合整理下，摸索出具有意義（significance）的珍貴素材。透過這些標註完整的素材，機器得以迅速學習人的行為，並且歸納為具有預測力的解釋模型，作為投放精準資訊的依據。

由此，輕則如精準行銷等商業活動，重則如意識形態等政治訊息，都可以此進行一定程度的說服活動。

然而令人感到更為不安的是，所謂「標註完整的素材」在人工智慧（artificial intelligence, AI）發展中，漸漸地不再仰賴專家的專業知識，而是更依賴看不見摸不到的演算邏輯。專家知識與演算邏輯作為科技發展的基礎，有什麼不同？答案就在人性與價值觀中。

人類的文明歷經廿多個世紀發展，從最早的敬神畏神，到啟蒙解放，再到側重人權與平等，無一樣不是經過大規模鬥爭、辯論與長期的發酵生成。為了保存每一階段價值觀點，人類社會出現了法規制度，以及制度無法涉及時的救濟方法。性別平等、族群平等、階級平等……無一不是人類智慧實施於價值觀的結晶。也正是在這些歷程中，總會有先驅犧牲者，也總會有力挽狂瀾者，這些人的投入，使得今日的人類社會有值得保存的樣貌。以上種種，無一不是人性與價值觀的體現。

然而演算邏輯多討論變項關連性、顯著性與預測力，在價值辯論展開之前，早已率先計算出機率，並實踐於各式社會生活。二〇一七年，臉書的人工智慧實驗室 FAIR 在實驗過程中，發現機器人為了更有效率地溝通，將人類語言簡化到人難以讀懂的狀態；這掀起了當時一股「人工智慧將控制人類」的恐慌。再加上 FAIR 後來因為無法達成「機器對人」的溝通而關閉該實驗，①使得人工智慧統治人類的恐慌感達到高峰。這些人類無法理解的「語言」，再加上「人類只能被迫關閉」的恐怖想像，使得人工智慧之難以預測捉摸，以及無所不能形象，更加深植人心。

本書從我們熟知的現象出發，透過本體論與認識論方案的描述與剖析，指出演算法與社會生活關聯的面貌。在作者細緻的安排中，空間、權力、政治活動，乃至於人與人之間微妙的支配關係，都可以看到演算的痕跡與作用力。這個討論像是人文主義的，更是科技驅使的，最後，透過使用者的自覺，本書提供了人們與演算法共存的可能狀態。這是一個媒體素養在人工智慧時代的實作成果，也是今日生活在社群媒體環繞環境中的我們，不可錯過的識讀練習。

① 在 FAIR 的實驗中，兩台機器人之間的溝通結果，雖然創造出人類看不懂，但非常有效率的語言，然而由於 FAIR 的目標是讓「機器人與人」溝通，因此，既然人看不懂，計畫自然也就告終。

謝辭
ACKNOWLEDGEMENTS

我很享受寫這本書的過程。本書最初的構思從奧斯陸大學（University of Oslo）的一篇論文開始成形，但很快地便演化成截然不同的東西，就如大部分的事物一樣。因此，我對於自己在撰寫博士論文時所投注的一切心力懷有感恩之情。當時經歷的掙扎，後來大大減輕了我著手進行第一本書的負擔。此外，牛津大學出版社（Oxford Univeristy Press）的叢書編輯安德魯・查德威克（Andrew Chadwick）和安潔拉・查布寇（Angela Chapko）給予的鼓勵和慷慨也充分做到了這點，為這項計畫的發展起到根本的影響。謝謝你們相信此書能夠成為牛津數位政治專題叢書寶貴的一員。我跟許多不同人、物、地的相遇，共同造就了這本書。哥本哈根、奧斯陸、柏林和紐約的圖書館、辦公室、住家與咖啡廳，都有我寫過此書的足跡。寫書讓我用許多新方式探索這些地方。因此，我也要感謝這些地方所提供的陽光、咖啡、聲音、景色、網路連接和靜謐空間。哥本哈根大學（University of Copenhagen）提供了豐富的學術社群，而我很感謝它的通訊與計算中心（Centre for Communication and Computing）裡面所有的同事給予的智識討論與支持。我還要謝謝夏農・馬滕（Shannon Mattern）在我的學術休假期間在紐約新學院（The New School in New York）招待我。本書撰寫期間，不少人提供了寶貴的意見，包括：安—布里特・葛蘭（Anne-Britt Gran）、麥克・維爾（Michael Veale）、安格兒・克里斯汀（Angèle Christin）、嘉娜艾爾・朗格魯瓦（Ganaele Langlois）及芬維克・麥凱爾維（Fenwick McKelvey）。謝謝你們充滿洞見的感想！我也要感謝所有參與編輯、審校、完成逐字稿的人，還有每一位匿名的審閱者，你們的辛苦和學術批判評語大大改善了最終的成品。此外，我也要謝謝在研討會上遇見的無數學者與學生對我的著作感興趣，並提供精闢的建議。希望你們能接受我合併表達的謝意。另外，我跟許多媒體領導人、製作者與社群網站使用者進行的訪問和談話對這本書也很有幫助。我很謝謝大方同意受訪、願意犧牲自己寶貴時間以幫助我更加了解演算法世界的這群人。

書中有些片段先前已經發表過，但是全都經過重新整理。第四章有些部分取自《新媒體與社會》（*New Media & Society*）的文章〈想要躋身到頂端？〉（"Want to be on the top?"）；第五章以《資訊、通訊與社會》（*Information, Communication & Society*）的文章〈演算法的想像〉

（“The algorithmic imaginary”）為基礎；第六章則改編自《新媒體與社會》的文章〈機器沒有本能〉（“Machines don't have instincts”）。或許還有更多片段應該被提及，但是文本的界線從來就不容易劃分。此外，第五章和第六章也受到了挪威研究委員會（Research Council of Norway）底下的數位化與多元性計畫（Digitization and Diversity）的贊助。我要謝謝家人與朋友的耐心與支持，特別是我的媽媽，因為她總是提醒我人生不只有寫書。我最感恩的是喬治・克約爾（Georg Kjøll），謝謝你提供無條件的愛、卓越的編輯技巧以及音樂播放清單，並每天下廚給我吃、陪伴我。你讓每日的生活與寫作變得樂趣無窮。

CH 1

緒論：經過程式設計的社會性

演算法系統如何形塑人與人之間的邂逅與這個世界的定向

大家一起來想像十一月裡陰雨濛濛的哥本哈根，已經是學期末了。學生和教授壓力都很大，但這又是一年中社交活動頻繁的時節。要出差去外地開會，要改作業，要買機票，要上網挑餐廳，要播串流音樂，要揪朋友聚餐，要買聖誕禮物，要備課，下班後還要看場電影。校園生活中不管哪一天，這些活動都會用到網路。我靠整合搜尋引擎買到了便宜機票，利用推薦系統發現了一間好餐廳，聽著在音樂串流網站推薦給我的播放清單，在設計品牌網路商店買了要送我媽的禮物，在社群媒體網站上和朋友聊天，敲定了聖誕節前聚餐的時間，最後，我在影音串流網站上看了一集我最喜歡的影集。

這故事不只是要讓大家知道北歐學者生活多麼愜意，而是要讓大家看到我們的生活和媒體已經密不可分了。依照媒體理論家馬克・度澤（Mark Deuze, 2012）的看法，我們可以說我們不但是生活在媒體中，透過媒體生活，更是生活在特定媒體中，透過特定媒體生活。這些活動的共通處，就是我們和演算法媒體間的高度互動。所謂的演算法媒體，指利用演算法來提供核心功能的的媒體。本書開宗明義先假設媒體不但充斥在我們的生活中，而且演算法媒體占生活的比重愈來愈高。這個假設有個關鍵，那就是社會性（sociality）、行為習慣和科技共同繪製出我們的人生。當大家和特定的媒體公司與平台互動，這些平台也和大家互動。用戶不只是利用網站來找資訊，或是和朋友上網聊天。社群媒體和其他商業網路公司，會根據自家演算法預測出最相關、最熱門、最有趣的新聞、書籍、電影與商品，推薦、建議、或提供給用戶，讓用戶可以觀賞、消費或購買。平台就像是表演媒介，塑造了一個他們想呈現的世界樣貌。臉書（Facebook）不只是一個社群網站，讓用戶能「和朋友與世界相連」。[1] 媒體學者荷雪‧范迪克（José van Dijck）主張「社群媒體是一套必然自動化的系統，會建構並左右我們的人際連結（2013: 12）。同理，網飛（Netflix）也不是一個讓用戶「看最新的影片，而且可以隨時收看、隨時取消」的網站。[2] 我們不能把網飛當作是一個中性的平台，會在廣大的資料庫裡面，根據用戶的需求找出他們想看的電影。網飛的演算法利用龐大的數據量，分析眾人品味的模式，推薦更多類似的影片。人氣不只是一個可量化的指標，幫助臉書和網飛等公司選出相關內容。使用者輸入的資訊和資訊模式會用來生產、製作內容。我們所看到的不是我們能獲得的資訊。我們所獲得的資訊是我們過去的痕跡，再呈現給我們看。當網飛建議我們觀看《紙牌屋》（House of Cards）的時候，這個建議主要是來自消費者過去的數據。這部影集在二〇一三年上映時，迅速引領後續的製作團隊，以數據為導向來編劇，如同許多成功的商業決策，也都是以大數據分析為導向。

當然，這種以數據為導向的媒體製作方式本身並沒什麼錯。畢竟，看起來許多人都熱衷於觀看這部影集。比較引人好奇而且可能讓人不安的問題是：數據和預測性分析會如何將文化產製帶往特定的方向、社群媒體平台如何設計，並宣傳特定的小眾日常生活（van Dijck, 2013: 22）。軟體如何形塑日常生活狀況？這個問題很基礎，本書就從這裡出發，試圖探討這個問題的脈絡與意涵。軟體，或更具體地來說是演算法，在哪些方面形塑了日常生活與網路傳播？我們先了解到底什麼是演算法，以及我們為什麼要在乎演算法可能帶來的影響？

讓我們趕快回到那個陰雨濛濛的日子。我和朋友在臉書上討論聖誕節前的聚餐時，臉書動態消息的右邊，出現了兩則很明確的廣告。一則是里斯本的飯店，我要去那裡開會。另一則是宴會洋裝。臉書怎麼知道我接下來要出遠門，又怎麼知道我剛在那家店，買了要給我媽的聖誕禮物？我的納悶很快地就被朋友打斷了，她問我最近去聽的那場音樂會怎麼樣。我前幾天去聽音樂會，她看到了我分享在臉書上的照片。我另一個朋友則很好奇為什麼她沒看到那張照片。她說，她畢竟是一直掛在臉書上的人啊。這些聯繫可能都是巧合，但影響絕對不是巧合。網路上的連結很重要，是因為這會影響我們與世界的邂逅和我們彼此的關心。在過節的時候看到宴會洋裝的廣告可能不足為奇，漏掉一張朋友在音樂會打卡的照片也不奇怪，但這種經過電腦程式安排的社交活動影響可不小。每個吉光片羽都經過軟體和演算法執行的網路系統傳大、擴散、製作、管控。演算法就是由程式組成的指令，讓電腦可以依照演算法去執行任務。演算法可用來公開決策，並且將網路上規模龐大的資料加以分類，有意義地呈現出來。網路上分享的時刻合在一起看，就能描述我們的生活如何相連成網，並且提供了暗示，讓我們可以去推敲到底誰或什麼機構，有權利設定條件，左右哪些資訊會被看見，哪些資訊會被知道，產生無限的效果與影響。軟體與演算法在目前媒體環境中壓縮、建構智識與經驗呈現的條件，所以在研究媒體演算法的問題時，本書認為應思考軟體與演算法的權力與政治。

軟體與演算法的權力與政治在我看來範圍廣闊但十分明確。首先，這本書不主張演算法有權力。當然，演算法威力強大，但這句話雖然正確，卻不能被理解成程式指令有權力要求電腦怎麼做。法國哲學家米歇爾・傅柯（Michel Foucault, 1982; 1977）認為權力存在於關係中，可以運用、會有效果，那麼從傅柯的觀點延伸，我想讓大家看到「演算法權力」的觀念，不只是像動態消息那樣將資訊排序而已。我想要論述的是，嚴格說來，演算法權力的概念可能不只是和演算法有關而已。權力向來有許多形式，不只是電腦運算的指令可以展現權力，透過演算法所形成的主張也是一種表現權力的方式。因此，我們可以說演算法系統體現了一套策略，權力影響了所有的行動和局勢。不僅如此，順著傅柯的思想延伸下來，權力會產生特定的行動和思維，最終我們必須透過演算法系統產生的各種際遇和定向來檢視權力。

本書所用的「政治」也不是在最嚴格的定義下，討論議會政治、選舉、政治運動或政治風向，而是用較廣義的「政治」定義描述創造世界的過程——規劃、安排我們存在方式的行為和能力。從科技研究（Science and Technology Studies）的觀念來看，政治指創造現實的過程，不會認為所有現實發展都理所當然（Mol, 2002; Moser, 2008; Law, 2002）。我會在第二章從本體論政治的角度（Mol, 2002）討論這種真實世界裡的政治。演算法在將數據分類、排序，進行處理和預測的時候，其實充滿政治意圖，因為演算法會呈現這個世界的特定樣貌，隱藏其他樣貌。從這個角度來談演算法政治，意思就是說演算法系統並不提供現實，而是架構出現實。我們在分析權力與政治時，必須注意哪些現實狀況一直被強化，哪些現實狀況一直被忽略，並重視這些非人類的工具，在共同創造出世界觀的過程中，有重要的地位。本書認為演算法的權力與政治，不在於演算法決定了社交世界建構的方式，或演算法做了什麼，而是演算法在哪些時候、以哪些方式為特定人士所用，並且在什麼情境下，哪些人、事、物可以決定演算法的定義。

經過程式設計的社會性

我們愈來愈依賴演算法作為經過程式設計的決策工具，來管理、編輯、組織網路上龐大的資料與數據，產生各種意義。不過，這種安排的本質與意涵卻非常不清楚。演算法到底在「做什麼」？演算法必須有哪些制定條件，才能去做它們要做的事？演算法如何被援引在情境實踐中？演算法如何在不同的設定下操作？我們要提出有結果又有批判力的問題，才不會把演算法簡約成人機對立的問題？

我們先利用軟體如何歸納、放大、支持、產生社會性的概念性理解，提出一個假設性的答案。我建議我們先把經過程式設計的社會性，理解成一個對我們有幫助、有啟發的裝置。透過這個裝置，我們可以想像演算法的權力與政治，來自社群媒體平台的特定程式編排，有了這些編排，就能有各種活動。臉書和其他軟體系統建構與支持社會性的方式，和媒體底層的架構與物質有關。為了公平看待經過程式設計的社會性，我們必須強調，這並不會帶我們走向科技決定論。所謂「經過程式設計」，我的概念來自電腦科學家約翰・馮・諾伊曼（John von Neumann）所定義的「程式設計」，即「組裝和組織」（Grier, 1996: 52）。這很重要，因為這個定義讓軟體和演算法很動態，能實現不同的指令，而不是固定、靜態的實體而已。關於「社會性」，我指的是不同的人如何互相歸屬與互動。也就是說，社會性代表著不同的實體（人類與非人類）聯繫或聚集在一起，造成實體間互動的方式（Latour, 2005）。要關心經過程式設計的社會性，就要觀察不同的行動者如何經過組裝和組織的計算手段，被清楚表達，而這樣的手段已經體現了社會世界特定的規範與價值。要舉例說明演算法媒體如何制定規範、價值，並加以實踐，請讓我描述經過程式設計的社會性，如何在臉書的特定脈絡下展開，我們先看臉書上的友誼，這是大家一起上網時很常見的形態。

臉書已經成為日常生活不可或缺的一部分了，因為臉書是我們展開或維持友誼的場域，但我們很容易忘記臉書在我們的人際關係中參與了多少。從建立個人檔案到連結其他用戶，維繫朋友的關係，每個動作都和平台下的軟體緊密相關。如范迪克所指「關於社群網站，我們必須了解社群網站，如何刺激人際關係的互動」（van Dijck, 2012: 161）。我們要了解關係如何在線上展開，也要知道是什麼時候、用什麼方式展開；透過誰、為了什麼目的、根據哪種機制。

接近二十億名用戶，很多人已經加入這個平台多年，大部分的人早就忘記註冊的感覺了，也不記得他們怎麼會變成臉書希望他們變成的朋友。一註冊，用戶就會很想加朋友。一但用戶開帳號之後，就要輸入個人資料。用戶的身分必須透過特定的標準來定義，才能符合演算法邏輯，進而驅動社交軟體系統。如果用戶能自由選擇他們想怎麼介紹自己，那演算法就沒有可以比對或相容的數據可以處理。資料庫裡少了這種有條理的存在，我們的連結就沒什麼道理。畢竟「對電腦來說，數據架構和演算法是這個世界本體的兩大半」（Manovich,

2001: 84）。進入資料庫的意義不止是成為數據集之一而已，而是進入了一個整齊有秩序的空間，而這個空間是由共用的程式語言所建（Dourish, 2014）。塔爾頓・葛拉斯彼（Tarleton Gillespie）說，數據永遠要準備好，這樣演算法才能處理（2014）。歸類（Categorization）就是一套強大的機制，讓數據能準備好給演算法處理。「有哪些目錄，哪些數據要收進不同的目錄，誰決定怎麼分類，這些都是充滿權力的主張，決定了每件事會如何呈現，應該如何呈現」（Bowker and Star, in Gillespie, 2014: 171）。臉書所提供的註冊範本只是一種歸類方式，讓數據可以準備好給演算法處理。當我們在思考排容問題時，歸類的政治最為顯要。臉書用了機器演算法和人類管理員來偵測裸照，不過這套系統和育兒哺乳的照片不斷產生衝突，從這個例子就可以看得出來，言論監審與平台政策之間永遠爭辯不休（Arthur, 2012）。歸類的政治不僅是限制哺乳照片，而是從基礎就把資料庫架構和演算法運作，與主觀判斷連結再一起。

要了解電腦如何設定我們的社會性——也就是電腦程式如何組織並構成我們的友誼，我們就要想想平台用什麼方式刺激目前定義的友誼。許多友誼理論家認為指共同的回憶或過去很重要，要有這些共同的回憶或過去，才會把對方當朋友（Helm, 2010）。臉書為了刺激並放大這個觀念，提供了許多工具和技巧來強化回憶。連結不強或缺乏互動的用戶就會威脅到平台存在的理由，所以從平台的觀點來看，設定互動就很關鍵了。在臉書上，把用戶連結在一起，鼓勵他們成為臉友是建立忠誠用戶的第一步，因為友誼需要經營。演算法和軟體就作為記憶裝置，不只是要幫用戶找到過去的朋友，一旦在臉書上聯繫了，演算法還要協助用戶維持友誼、培養友誼。因此，有許多功能都是要提醒用戶增進關係，最知名的就是提醒用戶臉友的生日。刺激用戶恭喜朋友過生日來交流感情之外，生日提醒功能還有另外一個好處：這是最基本的招數，可以讓用戶回到平台，並提供和其他臉友溝通的建議。我在其他地方提過，像臉書這樣的平台希望用戶覺得自己在人際關係裡有投入、有付出，所以他們會不斷提出新功能，提醒用戶他們有社交「義務」（Bucher, 2013）。

傳統觀念裡的友誼強調成為朋友，或重新成為朋友時兩人都是自願的，而且友誼會持續（Allan, 1989），但有人可能會說這套軟體有一股建議的力量，會鼓勵用戶結交新朋友，並產生互動，而平台促成新朋友的方式其實是為了平台好。從批判性強烈的政治經濟觀點來看，社會性與連結性就是新商業模式發展時的燃料。平台不是好心讓用戶產生衝動去和其他用戶互動。最終，會有人從用戶的網路活動中賺到錢。當然，這故事大家都很熟悉了，許多學者也已經透過各種迷人有趣，又發人深省的方式說了出來（參見 Andrejevic, 2013; Couldry, 2012; Fuchs, 2012; Gehl, 2014; Mansell, 2012; van Dijck, 2013）。從臉書和 Google 這些公司的觀點來看，也從傳統新聞媒體組織的觀點來看（見第六章），演算法就是要保障利潤和商業模式。這樣一來，一套「優秀」且運作良好的演算法就是一套能產生價值的演算法，可以更有效、更準確地做出預測，也能保持大家的互動，不斷把用戶拉回平台或新聞網站。那麼接下來要問的問題就是：平台用哪些方式來引起用戶的好奇心，欲望和興趣，讓用戶不斷回到平台上？

有些軟體把用戶帶回平台的方式比較委婉，例如，臉書會提醒用戶有哪些朋友，或是重新介紹用戶與朋友。當我在看我的臉書動態消息，感覺好像演算法一直在說，「有個你五年沒說過話的朋友，剛剛按了那篇文章讚唷」或「你很久沒有那個人的消息了吧，不過他現在好像要去參加一場有趣的活動哦。」莫名地，這獲得我的注意力，讓我覺得那則更新很重要，我應該留意一下，或者這件事很值得瞧瞧。我並不是說我們在臉書上的友誼不是發於自願，我的主張是我們和其他「朋友」的互動關係，其實大幅經過演算法系統的操縱與調節。有些人我們不一定會想到，有些人我們搞不好忘了，有些人我們甚至不當成朋友，但他們會持續出現在你個人的動態消息裡，或許是臉書建議你加他當朋友，或許是提醒你他的生日到了等等。儘管有時候我們很難判斷臉書是如何「主動地策劃並左右人際關係」（van Dijck, 2013: 12），有時候我們會以為自己恰巧看到了一則消息，但其實我們每天連上線的時刻就能夠讓我們窺見軟體的效果，這一切並不是巧合。

在臉書上，社會性顯然經過程式設計，這不只是透過找朋友的演算法協助，和過去失聯的朋友重新建立聯繫而已。從最開始，友誼就被建立了，而且友誼會「經過測試」。從政治經濟的觀點來看，這很重要，不是每段友誼都有相同的價值。有些關係比較「有前途」、比較「值得投入」。動態消息放不下所有朋友的更新，所以臉書會持續監測朋友之間的親疏關係與活動，這是個很重要的指標，用來決定哪些關係要顯示在動態消息上。社群媒體上的友誼是經過程式設計的社交活動，就是因為電腦持續地根據邏輯和條件去衡量、估算、檢視每段關係。本書中會提供更多細節，而動態消息演算法的角色很重要，影響了我們所知所覺的情況，決定了哪些人要讓你看到，哪些人可以犧牲掉。臉書的動態消息經過編輯，讓用戶看到朋友在做什麼，電腦會根據重要性去計算，哪些更新最重要，要放在動態消息的頂端。在臉書上的每個行為和互動，不管是更新狀態，在別人的照片下留言，或按讚都可能會顯示在別人的動態消息上。然而，不是每個舉動都一樣重要，也不是每個朋友都一樣重要。友誼會受到檢視，因為友誼要滋養和維護才禁得起「時間的試煉」。演算法決定了哪些更新會出現在別人的動態消息裡，更要緊的是，演算法也會決定哪些朋友要出現在動態消息裡。瑞秋（Rachel）今年二十四歲，是一名紐約市來的記者，我為了這本書訪問她對演算法的看法，她驚呼：「臉書摧毀了友情。」她有超過七百名臉友，她說經常訝異於臉書想隱藏多少資訊：

感覺起來我好像只在社群媒體上和特定的朋友互動，我有時候會真的忘記我還有好幾百個朋友。有一次，我高中的朋友在我好幾個禮拜前發的文下面按讚。若不是她按讚，我早就忘記她也在臉書上，我們這才開始聊了起來。

瑞秋的經驗就是我所說的社會性經過程式設計，社群連結與人際關係的建立經過演算法安排，並且由特定社群媒體平台的社會技術與政治經濟的架構來掌握。瑞秋擔心臉書會摧毀友情，這也可以提醒我們演算法應該被視為強大的守門員，決定了誰會被看到、誰會被聽到，而誰的聲音又比較不重要。經過程式設計的社會性這麼看來就充滿政治意味，因為社會性經過軟體和演算法排序、治理、引導。如果我們從演算法媒體的版圖來思考日常生活，我們要注意到我們在思考許多社會行為的時候——包括友誼——可能都受到科技設計的左右，而這些設計會回頭形成我們的社會價值。我們在這本書的討論過程中，這種思考不會只停在設計的價值，而會在許多重要的方面都超越技術討論。

本書的一個重要論點就是演算法的權力與政治，來自演算法系統如何形塑人與人之間的邂逅與這個世界的定向。同時，我認為這股形塑的力量不能被簡化為程式碼。明確來說，我認為我們應把演算法的權力，理解為依附在人際關係的實利主義上，演算法「不只是展演的道具，更是混種拼裝體（hybrid assemblage）必不可少的一部分，具備擴散的人格與關係能動性」（Vannini, 2015: 5）。因此我們必須要承認，我們剛開始想以比較傳統保守的方式，透過「科技產品」的物質性，檢視軟體和演算法如何形成社會性，但答案不在這些科技產品中，而是經過程式設計的社會性如何透過程式碼、眾人和對話的脈絡化為現實。

可以由電腦運算的友誼

友誼的概念就是一個很好的例子，讓我們可以理解經過程式設計的社會性與演算法生活，因為這個例子可以顯示出我們常識所理解的友誼，和演算法基礎架構所載入的友誼之間，差距有多大。友誼深扎於人類社會中，那是我們和別人相處的基礎，也是文化與歷史脈絡中經常爭奪的項目。傳統觀念裡，友誼是一種排他的社會關係，屬於兩個人之間很私人、很親睦的關係（Aristotle, 2002; Derrida, 2005; Hays, 1988）。因此，一個人同時間無法和很多人建立真正的友誼，因為友誼需要時間培養、呵護、維持。亞里斯多德（Aristotle）認為友誼很可貴，因為一個人不能同時間和很多人產生友誼（Aristotle, 2002），但臉書似乎推廣著完全相反的概念。

當然，這個平台把友誼放在商業模式的中心絕非巧合，這可能就是臉書為什麼能在過去十年內，進化為前所未見的媒體公司。臉書所填寫的專利申請書裡，關於「你可能也認識這些人」（People You May Know）的功能，就很清楚地揭示了友誼對臉書的價值：「社群網站系統重視用戶的人脈，因為人脈愈廣的用戶，愈容易增加社群網站系統的用量，因此增加用戶互動，也更容易增加用戶對廣告的回應」（Schultz et al., 2014）。軟體介入友誼的方式包括了建議、鼓勵或放大用戶間的互動。此外，平台所想像並規劃的友誼，也隱含了軟體的運用。一般觀念認為「友誼只能存在於人和人之間」（Webb, 2003: 138），但臉書上的友誼可以存在於眾多行動者之間，人類與非人類之間。如臉書在另一項專利文件中所舉的例子：

> 朋友不一定要這兩位會員在真實世界中是朋友（例如，其中一方可能是企業或其他組織）；朋友只是表示了他們在社群網站上的聯繫（Kendall and Zhou, 2010: 2）。

上方的引文就能夠很明顯地看得出來，用戶所理解的友誼和臉書所「理解」的友誼之間有斷層。據臉書表示，用戶可以和粉絲專頁當「朋友」，也可以和一首歌、一部電影、一間企業等交朋友。和電影交朋友好像感覺很奇怪，但這個友誼的概念來自全球資訊網的網路模型。人和電影在網路模型裡都是「節點」，節點之間的關係就是「邊」，也就是朋友。確實，「『用戶』和『朋友』等用字都取決於參考的框架」（Chen et al., 2014）。本書感興趣的就是這種相異且有時候互相衝突的參考框架。核心論點就是媒體平台與他們潛藏的軟體和基礎架構，有一個重要的參考框架，可以用來理解今日的社會性與連結性。如果我們接受軟體也能有參考框架，用這個方式來看世界、來組織世界，那在臉書上當朋友有什麼意義？或更精準地來說，從平台觀點來看，交朋友要做什麼？

首先，臉書的友誼都是電腦運算的結果。在演算法媒體的年代，演算法可以是一個形容詞，就暗示了連友誼有賴「加權、生成、自動化的機制」（Gillespie, 2016a: 27）。不過，衡量個人和組織的展演並不創新。社會學家溫蒂・N・艾斯佩蘭和麥克・尚德（Wendy. N. Espeland and Michael Sauder, 2007）就指出，社交量測與排名在過去數十年間是當代社會的主要驅動力。根據哲學家伊恩・哈金（Ian Hacking）表示，「社會會變得很統計」是因為「人們和他們的習慣都可以編成數字」（1990: 1）。哈金把統計型社會的出現和「人群的組成」連結在一起，表示過去人們的分類會影響他們的經驗，但回過頭來也會改變分類：

> 有系統地收集人們的資訊已經不只影響了我們構想社會的方式，還影響了我們描述鄰居的方式。這深刻地改變了我們選擇要做什麼、要成為什麼樣的人、還有我們對自己的看法。（1990: 3）

如果我們接受哈金的觀念，那就有必要質問數目、數量和分類，如何侷限了臉書上的可能性。目錄與分類所建構的方法並不中性也不隨機，後果也絕非偶然。我想要在這裡建議依哈金的論點把臉書上的朋友視為「組合在一起的人」。臉書上的朋友不是自然的朋友，而是建構出來要在特定歷史與文化脈絡下，達到特定目的。如前所述，臉書平台上的「朋友」這個分類，締結友誼的對象甚至不需要是人類。所有的臉書用戶可能都是「朋友」，但「朋友」或「用戶」的目的截然不同。臉書專利申請書中詳述了適應式動態消息排行的概念：「社交網路系統將用戶分為不同類別，例如，依照用戶的人口統計屬性，並為不同的分類產生一套模型」（Gubin et al., 2014）。換句話說，這些組別都能有效地分類，其中隱含了誰屬於哪個陣營、誰不屬於哪個陣營的政治意涵，「每一組包含了哪些人，什麼樣的會員可以放進同一組裡」（Baki, 2015: 37）。根據人口統計資訊、連結屬性、互動頻率和其他因素構成小分組，影響了模式化用戶可以看到什麼，或不能看到什麼的功能（我們會在第四章討論能見度的政治）。如果朋友不是自然的朋友的話，臉書上有哪幾種朋友，或哪幾種分類？我們又要看臉書的專利申請書來獲得初步的答案。有一份文件描述了臉書優化用戶互動的技術，有些朋友比其他朋友更有價值（Chen et al., 2014）。特別有用的朋友稱為「頭號朋友」，定義為對特定用戶相關性最高的人（Chen et al., 2014）。相關性的決定因素是透過係數模組來產生。係數模組則依賴不同的因素（臉書的電腦運算）——例如，「根據過去三十日、六十日、九十日裡，這個人互動的頻率或次數」（Chen et al., 2014）。頭號朋友可應用於許多情境，包括：

> 顯示朋友在玩的線上遊戲；顯示相關連結，以加入不同的社群；顯示和用戶最相關的人像照片；顯示最相關的人；顯示誰可以立即回應訊息等等。（Chen et al. 2014）

最重要的是，頭號朋友可以用來將資訊排序。在這個範圍裡，頭號朋友「若沒有經過分類、組織、加權，是不會存在的一種人」（Hacking, 2007: 288）。演算法下的頭號朋友次分類可以被看為是一種人群的新類別，出現在這個經程式設計的社會性與演算法生活的時代。還有很多次類別。就像頭號朋友的觀念，經電腦運算的友誼也要評估和量測用戶，才能判斷他們的友誼狀態。友誼是質化數據，不過就像「最好的朋友」這個觀念，臉書現在量化友誼的方式也讓社會性沒有了人味，因為臉書鼓勵一種空洞的競爭。就像多數社群媒體平台，臉書衡量社群影響力和名譽的方式，就是透過創造許多數字，形成指數（Gerlitz & Lury, 2014: 175）。指數通常是用來排序或強化預測結果。用電腦來計算友誼也一樣。在另一份專利申請書裡，臉書的工程師建議友誼的價值不要限於用戶，應作為維持社群網站系統的重要角色。如學者所示（Schultz et al., 2014），人脈較廣的用戶通常用量會增加，所以廣告機會也會增加。所謂的友誼價值，不只是由電腦計算來判斷兩個用戶間「交朋友」的機會，也會用來決定要不要把廣告播給用戶看。指數愈高，臉書就愈看好這段友誼，就更可能利用這段關係來推銷產品。友誼的價值由一個複合數字產生，這個複合數字來自「友誼指數、傳送指數、接收指數或各種指數的綜合，由友誼運算引擎來決定」（Schultz et al., 2014）。至於「傳送和接收指數反映出這個用戶在特定的關係下，會不會持續利用社群網絡系統」（Schultz et al., 2014: 2）。從電腦運算的角度來看，友誼不過就是平台用來擴大互動的程式。

根本和關心朋友無關，也和亞里斯多德所闡釋的友誼和品德概念毫無關連，臉書「希望」用戶建立友誼，以增加他們在社群網路上的互動，最後可以增加平台的營收。友誼的量化和公制化不只是為了讓臉書的演算法基礎架構，能夠計算人際關係的連結，也是為了讓圖像使用介面上的視覺更豐富。臉書每天有三十億則留言和讚，用戶不斷表達情緒、互動，也很清楚地透過這些視覺記號，記得並意識到別人的行為和反應。軟體藝術家班・葛羅瑟（Ben Grosser）表示，「臉書介面有個很重要的元素就是顯示『讚』、留言的次數。」（2014: 1）。葛羅瑟想了解如果用戶不會經常看到自己有多少朋友的話，還會想要加那麼多朋友嗎？如果沒有看到那麼多人都喜歡這一則廣告，他們還會想看嗎？葛羅瑟的作品「數字終結者」（Demetricator）就是一個軟體外掛程式，可以移除臉書介面上的所有數字，來檢視他提出來的問題。據葛羅瑟所言，臉書依賴大家「深植人心的欲望和好奇心，強迫大家把友誼想像成一個量化空間，逼我們以數字為導向」（Grosser, 2014）。使用介面功能的一切都化為數字，就是一種強調工具，灌輸我們愈多愈好。若我們想想平台的運作邏輯，一切都必須要「多」。我們在思考友誼的價值時，愈多朋友就代表用戶愈可能和網站互動，那麼這股「愈多愈好」的驅動力就很明顯了。有共同朋友的時候，系統會建議你新朋友，但活動不足或朋友太少也會。這個想法是，當用戶的活動力不高時，建議他交朋友，臉書就「能讓這些用戶更可能依照建議去結交更多朋友……然後就可能增加用戶和社群網站系統的互動程度」（Wang et al., 2012: 6）。友誼可能是人類和非人類所建立和維持的關係。友誼多容易受到電腦運算影響則無從測量。不過，說明「經過程式設計的社會性」對於理解演算法生活很重要，就是為了讓將注意力放在軟體與計算算架構上，作為數位媒體上社會性的可能性之前提。

罪惡關聯

「朋友」在社會學裡指自願形成的關係，可以提供各種情緒與社交功能，但「朋友」在平台的觀點裡是價值寶貴的數據載體，可以廣泛運用。網路媒體的一項核心原則就是節點（用戶、企業、目標）能夠衍生多少資訊，邊（連結）就可以衍生出多少資訊。這表示用戶不只在填寫個人資料、按讚、留言的時候，提供關於他們自己的資訊；他們這麼做的時候也自然地告訴了平台，他們在和哪些人事物互動。如果用戶的個人資料少了部分數據，或這個用戶沒有如平台，的意積極互動，那麼要擷取更多用戶資訊的方式，就是透過他和其他人的連結。從平台的觀點來看，朋友就是資訊傳輸業裡的商品。當你檢視臉書描述廣告相關技術的專利文件時，這點就特別明確了。例如，若特定會員的個人資訊不足，平台會根據他的朋友屬性特製廣告。臉書稱這是「罪惡關聯」（guilt by association; Kendall & Zhou, 2010: 2）。這份專利文件的作者群說他們「相信古老的格言」，不過「罪惡」這個字還值得商榷。罪惡會引發責任、自治、問責等觀念。誰或什麼要為臉書上顯示的內容負責？誰應該要承擔責任？要理解用戶自己的行動，如何決定了他們在線上看到的內容比較容易，要接受用戶也決定了朋友看到什麼內容就比較難理解。臉書借用罪惡關聯的概念，暗示用戶成為了「共謀」，影響朋友看到的廣告，這似乎很有問題。現在大家都曉得用戶即產品，不是指媒體平台在買賣用戶，而是說用戶被平台用來推銷內容和產品——往往用戶還不知情——但這程度在演算法媒體的年代前所未見。如果友誼的古典意涵帶有政治意味，因為兄弟情誼的觀念透露出經過性別建構的階級（Derrida, 2005），那麼演算法的政治就暗示了另一種不同的階級——什麼「最好」、「最熱門」、「最夯」、「最相關」和「最多人感興趣」。

當我們在檢視演算法生活的輪廓與現狀時，我們必須要理解到演算法媒體形塑社會性的機制裡，政治和權力有深刻的糾結。本書不只要強調演算法今日在多數線上媒體平台裡，扮演核心的支配角色，也要呈現演算法如何持續地喚起並牽連著用戶、文化、實踐、所有權、道德、虛數和情感。這表示討論演算法就是要問：用戶什麼時候、以什麼方式介入了演算法邏輯的開發與維護？還要問治理的相關問題：誰擁有數據？使用數據的目的是什麼？朋友對廣告商來說很有價值，演算法似乎降低了人們的自主性與意向性，因為演算法把用戶所做的一切都轉化為潛在的數據點，供廣告投放與動態消息內容來操作。這就是網路邏輯，用戶逃不掉。對新自由主義來說，「友誼不利於資本，因此就和其他一切一樣，受到了攻擊」（Cutterham, 2013: 41）。不但如此，如梅麗莎・葛瑞格（Melissa Gregg）所稱，「『友誼』就是勞動，涉及了持續關注和培養，報酬包括了身分地位的提升與更多機會」（2007: 5）。如朗格魯瓦和埃爾默（Langlois and Elmer）指出「社群媒體試圖要在人生挖礦」（2013: 4）。也就是說，社群媒體平台「不只是把用戶的注意力賣給廣告商：他們其實會協助找出最佳策略來充分駕馭用戶的注意力」（Langlois & Elmer, 2013: 4）。要達到這個目的，演算法就是鑰匙。如果我們想要理解權力和政治被當代媒體建構的方式，我們必須更仔細地端詳資訊、文化與社會性被處理、給予智性的方式。這就是本書的目標。

檢視演算法媒體，和人生逐漸被演算法處理所影響的方式，代表我們要認同演算法不是靜態的物品，而是會演化、產生關係的動態流程，取決於包含人類與非人類的複雜行動者組合。經過程式設計的社交生活，代表著社交關係（如友誼）不只是會被移到臉書這樣的平台上，還會從根本基礎轉導成另一個型態。特定的領域範圍因為一直接觸其他東西，而持續經歷變化或個體化，這個流程就可稱為轉導（transduction; Mackenzie, 2002; Simondon, 1992）。轉導不是要維持對友誼的興趣，與相關的字彙「技術性」（techinicity）可協助說明友誼等領域，如何因為社會物質的糾纏而誕生。利用臉書來進入社群網絡，就轉導或調整了一個人和朋友連結的形態。使用臉書的時候，友誼的技術性就會以用戶與演算法的結合呈現（如「你可能也認識的這些人」這個功能）、或經過編碼的物品（如共享的影片）、和基礎建設（如協議和網路）。羅勃・基欽和馬丁・道奇（Rob Kitchin and Martin Dodge）指出：「情感變遷的力量不是定數，而是關係和依存的，是程式和人們結合的產物」（2005: 178）。轉導和技術性是很好用的分析裝置，可說明經過程式設計的社會性，因為點明了軟體有能力可以產生，並具體說明友誼的樣態，尤其是在操作的環境下。科技的生產力，透過技術性的概念呈現，不會是單獨或單向的力量。演算法和軟體在這個觀點裡，不會以絕對或明確的定義決定友誼是什麼。技術性可以有效地強調演算法是實體，打從根本和人們的作為與互動掛勾，才能在第一時間實現和發展。採取這個觀點能讓我們把友誼，和其他經過程式設計的社會性，視為新興的社會物質成就。

回到本章一開始的那個十一月雨天：到底什麼分類被用來決定我和我朋友的動態消息上，會出現哪些廣告內容？這問題仍持續存在。是因為我點擊內容的行為嗎？我的年紀和性別嗎？我喜歡過的粉絲專頁嗎？是我為我媽媽挑選禮物的網路設計精品店，留下的瀏覽資訊嗎？是我朋友點擊內容的行為嗎？是我朋友的朋友嗎？以上皆是或以上皆非嗎？不管原因到底是什麼，線上空間永遠都經過電腦根據特定的假設、常規和價值進行運算。雖然我們不知道也沒有辦法知道，我們的數據究竟如何被演算法處理，然後形塑了我們的線上體驗，從批判的觀點來看社會科技系統，搭配我們個人和演算法互動的遭遇與經驗，形成了連結性與社會性，可以幫助我們看清楚「分類是個很強效的語義與政治干預」（Gillespie, 2014:171）。單從我動態消息裡出現的內容和廣告來判斷，我被當作是一個有小孩、過重且單身的人——這都不正確，至少目前不正確。臉書和程式設計過的友誼提供了有用的切入點，讓我們來看資訊如何在網路上被治理和組織，對演算法的權力與政治的理解，不能簡化到一個社群媒體平台。本書會呈現我們如何經過演算法斡旋後，認識其他人、這個世界和我們自己，是一個複雜的社會物質實踐的結果，超越了程式指令。臉書和經過程式設計的社會性，只是演算法安排後帶來新的可能性、真實和干預的方式之一，此外仍有很多其他方式。

到目前，我希望已經灌輸讀者足夠的好奇心，讓你想要和我一起前往接下來的章節，探究當代媒體局勢裡演算法的政治與權力。本書的目標是希望讀者不要只變成演算法判斷的標的，而是為了自己站到高點去批評判斷演算法的運作方式。

本書大綱

本書最主要的目標是要描繪出演算法媒體局勢的輪廓，但這一切都還在發展中。演算法和軟體才正要開始勾起社會科學家與人類學者的興趣，成了這幾年媒體與傳播研究裡的流行用語，我們才剛開始理解演算法和電腦運算，如何影響社會生活、知識的生成和散播。本書試圖加入討論，提供概念、理論與實證分析，理解演算法產生感性與智性的條件。

第二、第三章包含了這本書的概念框架，我會著重於演算法本體論、認識論和方法論的面向。第二章提供了綱要，讓我們可以理解演算法是什麼，以及演算法如何以不同的方式形成概念。這個章節的功能就是介紹概念，讓大家更清楚批判演算法研究的跨學科領域，整合了計算機科學、社會科學和人文學科，讓我們能加以分析。我認為這些不只是用不同的觀點來看一個名為演算法的靜態物件，而是我們要遵循科技研究的見解（Law, 2002; Mol 2002）從不同的視角來看演算法是什麼。即便我們假定在討論同樣的演算法（例如「臉書演算法」或「K近鄰演算法」〔K-nearest neighbors〕），演算法永遠是「很多不同的事物。不是一樣，是很多樣」（Law, 2002: 15）。

第三章處理的問題是演算法可以如何麼被理解，我提出了演算法的認識論，跨越了大眾把演算法當成黑箱的概念。我從黑箱的概念出發，作為一個試錯的裝置，來探討當代媒體平台上演算法的本質，以及我們如何看待並研究演算法，儘管或甚至因為它們看似秘密的本質。這章整理出了不同的概念，脫離了教科書的定義：演算法是為了解決電腦計算問題，所以一步一步列出的程式指令。這更能說明演算法牽連的社會與物質糾纏。為了支持這個觀點，第三章在關係唯物主義和過程關係哲學（如 Barad, 2007; Mol, 2002; Whitehead, 1978）上建立見解。我在這裡提出了一個概念詞彙「事件的」（eventful），讓我們能調查持續發展的演算法，理解為共同形成的要素，而演算法的權力和政治則繫於設定的方式，可以產生產生更多世界的秩序與失序。在第二章，我也介紹了「本體論政治學」（Mol, 2002）的觀念，傳達現實永遠都不是既定事實，而是透過互動所形塑、產生的。在第三章，我拓展這樣的概念，或許用有點矛盾的方式，提出演算法不一定一直那麼重要。演算法的能動性只有在特殊的設定和群集下才重要。這個主張是要將議題從能動性是什麼、能動性在哪裡的問題移開，轉向什麼時候會有能動性、特定情況下能動性屬於誰，我們可以看出把演算法看成是黑箱，其實是個政治主張。這章的結論為以事件性（eventfulness）為前提的演算法研究提供了一些可能的方法論途徑，並在下一章實際演示。

用本體論和認識論描繪出了演算法的輪廓之後，第四章到第六章轉入演算法的權力和政治，因為這成就了當代的媒體現況。每一章都會提出一份個案研究，著重於我們在意、關注的兩點：演算法系統治理他者行動的可能場域，以及這些可能性如何在特定的設定下，提供或不提供給某些行動者。綜合在一起，這些個案研究關心的是演算法創造世界的能力，質疑演算法系統如何引導出不同的定向與際遇，這些系統如何獲得不同的人格與關係的能動性。

第四章注意權力的機制，擔當了對於人、資訊、行為、看見與被看見的方式的一致分享。本章運用了臉書的動態消息作為研究案例，展開討論演算法目前在治理智性與感性的條件裡，扮演了主要的角色。本章檢視動態消息如何透過演算法運作治理「感性分享（distribution of the sensible）……定義出共同空間裡什麼可見、什麼不可見」（Ranciere, 2004: 12-13）。當用戶提供臉書數據時，提供數據意義、讓我們瀏覽、組合並建立有意義連結的技術和程序，就逐漸被分配給不同類型的演算法了。本章所提出來的問題是這種演算法干預人類分享資訊的行為是怎麼發生的？臉書用演算法編輯動態消息的邏輯與原則是什麼？這些演算法流程對平台上的用戶有什麼含意、暗示？透過分析架構出臉書動態消息裡資訊與傳播流動的演算法邏輯，我主張這個臉書建構出的能見度制度，讓參與者感受到了「無法被看見的危機」。（threat of invisibility）因此，我逆轉了傅柯對監控（surveillance）觀念（作為一種永久能見度的形式），認為參與者的主體性不來自這個看見一切的視覺機器所投射的威脅，而是隨時會消失、落伍過時的可能性。這個目的不是要明確地說明，臉書在用程式捕捉這個世界時所扮演的角色，而是要打開更多路徑，反思由演算法在線上建構能見度和不能見度的全新環境。

第五章思索幾乎沒有人察覺到的權力移轉，就發生在演算法和人交會的時候，我們思考社群媒體用戶如何察覺並體驗他們遇到的演算法。儘管詢問基礎建設層級的演算法運算邏輯很重要，物質性只講了一半而已。要全面地、公正地研究演算法的權力與政治，還需要明白人們如何理解和經驗他們持續互動的演算法。光是技術系統和基礎建設還不會影響使用。對於系統如何運作，用戶認知到的理解也一樣重要。第五章提出來的問題是：社群媒體用戶如何想像演算法？他們的認知和理解影響他們在社群媒體平台上的使用到什麼程度？我們針對三十五名社群媒體用戶進行探索性研究，並且把發現放入這一章。在研究中，他們被問到對於線上演算法的認知和理解。這章檢視了用戶注意到演算法並開始反思、討論的特定情境。本章著重於少數用戶回報的情境，會呈現用戶如何回應演算法或改變自己的方向。我不從繁複的程式集去探究，我認為這些個人的演算法故事提供了重要的洞見，讓我們看到演算法現在如何被想像、被理解，以及用戶如何在日常生活中和演算法交涉，或抗拒演算法。

第六章檢視演算法如何獲得能力，在特別情境的實踐裡干擾或建立新的感性，尤其是演算法如何被投入特定的政治力與道德力。前幾章討論過演算法如何公開地被想像，以及它們如何產生互動的印象，第六章聚焦在演算法如何在新媒體的機構設定中，變得具體。更明確的是，我們在這一章持續思考演算法不只是事實，也是關注的重點（Latour, 2004）。我們以新聞的領域作為案例參考點，來理解演算法的政治與權力，看目前媒體地景裡演算法的權力和政治如何顯化，我冀望要說明演算法一直以不同的方式具體呈現——演算法如何製成，又如何存在於科技、制度實踐與論述的交界。我認為演算法的本體論很值得應用。我進行了二十場訪問，對象是主流北歐新聞組織的數位編輯與主管，另外又對瑞典新聞手機應用程式 Omni 進行田野觀察，第六章討論這些體制內的行動者，如何回應資訊和演算法的擴散。如果演算法有觀眾，或是用其他方式消費，如前幾章所強調，演算法就是製造來用不同的方式運作的，這就是本章的重點。問題在於演算法什麼時候、用什麼方式會關我們的事，又關誰的事？一方面，新聞組織感覺到壓力，必須調整他們的做法，配合支配媒體的演算法邏輯，經常閉上一隻眼睛，不去想他們最大的競爭對手其實就是臉書。另一方面，訪談的數據顯示出演算法擾亂並質疑新聞界現有的疆界與常規。為了要理解當代媒體地景裡演算法的權力與政治，我主張一定要理解演算法不是個既定，也不是個穩定的物品，而是在物質論述實踐中不斷生成和瓦解。有時候，演算法很重要，有時候不重要。更理解變得重要的過程，可以讓我們明白演算法的多重實相，以及演算法如何互相關聯、共存。

這些章節綜整起來就演算法在什麼時候、以什麼方式出現，並影響個人與機構行動者，提供了不同的觀點。有一點很重要：權力和政治永遠無法簡化為感知或物質性的問題，而是會讓演算法透過特定的方式，並為了特定的目標，變得重要。在結論的章節裡，我重新回顧本書的核心論點，並建議未來有需要把我們對演算法媒體的物質基底理解，結合諸多方式的理解，對於我們察覺、感受、明白並採與行動，這些圍繞著演算法，作為社會關注的對象。我在這一章重新回顧了我在本書一開始所提的問題，然後檢視假設權力與政治不一定是關於從上方施加權力（或如果把演算法理解成程式的話，則是從下方），演算法的權力與政治可以用什麼方式來理解。最終，最後一章總結了本書的主要貢獻：一、提供了演算法的理解，不限於單一本體論的觀點，而是透過多重且可變的本體論來觀察演算法；二、協助辨識演算法的權力與政治；三、為相關研究提供理論架構，理解演算法的功能，還有其創造出來的局勢。

CH

2

演算法的多樣性

社會科學與人文學者開始探索、
描繪演算法在社會生活中日益增加的影響力，
以及這些新興「衍生規則」
所催生的全新權力模式

試想以下對於演算法的描述：「解決問題的逐步指令」、「一種公式」、「一種程式邏輯」、「人工產物」、「嘗試納入個人偏好的程式碼」、「決定你能看到什麼內容的應用程式」、「一項技術」、「一套自動篩選機制」、「內容平台藉此保證提供最佳使用者體驗」、「讓你意猶未盡，吸引你接受更多相同內容」、「像魔術般神奇」。也許你早從典型的計算機科學教材、日常用語、媒體報導，或是內容平台的演算法行銷話術中看過上述說法。這些敘述確實是電腦科學家、行銷人員、普羅大眾、批評家、記者和媒體使用者，針對演算法提出的教科書定義、比喻、廣告標語、推文、民間論述和常見敘述。你可能在想，這些人真的在講同一件事嗎？演算法怎麼可能既是一種公式，又像魔術般神奇？演算法又如何一方面決定你能看到什麼內容，卻同時將你的偏好納入其中？

本章旨在說明演算法具有多樣性，因為我們稱之為「演算法」的事物，其實不只有一種類型，這不單指在技術層面上，有各種採用不同技術的演算法；從社會角度來看也是如此。人們談論演算法時指涉的事物各有不同，有各自的考量、隱憂、概念和想像。從哲學理論的角度來看，這種「多樣性」可說是具有「繁雜性」（manyfoldness），而非具有「多元性」（pluralism）（Mol, 2002: 84）。多元性指的是人們可能對一件固定事物抱持不同看法；然而繁雜性則代表實際上演算法有多種不同層次的「運作原理」。也就是說，演算法既可以像魔術般神奇，又可以像公式一樣清楚明確；能帶來好處，也有壞處，且兼具技術性與社會性。此外，多樣性的概念也提醒我們，若試圖以二分法理解演算法，可能過於簡化演算法的定義和潛力，如此一來，我們就無法確實了解演算法權力及政治的多種樣貌。儘管我想強調不該只把演算法視為單一物件（或是主題），我首先得介紹一下常見的演算法定義。

我認為若要了解演算法無論是技術還是理論上，皆有多種層次的存在定義和運作原理，本章提出的概念性架構不可或缺。本章第一部分將從較技術性的層面探討演算法的定義，尤其是機器學習，因為大多數媒體環境中的演算法，皆仰賴這種能從資料中學習並做出預測的系統。如此一來，讀者就擁有足夠的背景知識，進而能探索本章第二部分的核心議題：從哲學和社會學角度，理解演算法與權力和政治的交集。我無意主張「演算法」是一個我們只能從技術或是社會觀點來分析，只具有單一定義的物件。我想強調的是演算法的概念與其衍生問題之間的動態關係，以便幫助讀者了解演算法權力和政治的複雜性。本章第三部分將運用傅柯的權力概念，來分析演算法與權力和政治的交集，如何演變成新興社會議題。我主張演算法本身不單具備權力和政治性，根本上也創造了決定世界秩序的全新途徑。最重要的是，我們不能單看演算法本身，還得了解演算法背後還有由關係和實踐交織而成的廣闊網路。本書（我在下一章也會更進一步闡述）主張演算法錯綜複雜、種類繁多且影響深遠，因此我們不能只從單一視角理解演算法的力量。

起源

▼演算法的歷史發展與技術分析

讓我們退一步思考，（大多數）人提起「演算法」時，究竟想表達什麼?根據標準的計算機科學定義，演算法是一組經過精心排序，用以解決問題或完成任務的指令（Knuth, 1998）。儘管演算法是資訊科學的核心概念，其發展歷史可追溯至中世紀的「算法」（algorism），也就是計算自然數的方法。「算法」一詞最早出現在九世紀，由波斯天文學家暨哲學家花拉子米（Abudullah Muhammad bin Musa al-Khwarizmi，生卒年約西元七八〇至八五〇年）間接創造。當花拉子米的手稿在十二世紀被譯成拉丁文時，人們將他的名字寫為「Algorithmi」。[1] 這些手稿介紹印度—阿拉伯數字系統的基本計算方式，在後世也成為電腦處理器的基本運算方法（Miyazaki, 2012）。如同沃夫岡・湯瑪斯（Wolfgang Thomas）所說，花拉子米的《印度算術》（*Computing with Indian Numbers*）手稿中，有不少段落的翻譯皆以「算法如是」（Dixit

Algorizimi）開頭，此處的算法指的是「符號運算的過程」（2015: 31）。十七世紀時，德國哲學家萊布尼茲（Gottfried Wilhelm Leibniz，生卒年為西元一六四六至一七一六年）提出了「藉由演算獲得真理（真命題）」的概念，為符號運算領域開創全新境界（Miyazaki, 2012）。[2]萊布尼茲在演算法前史之上，運用「演算邏輯」，和「若A則B」的條件式來推演真理，為日後的「布林代數理論」（Boolean algebra）奠定基礎（Thomas, 2015）。據湯瑪斯所述，演算法的歷史可以追溯到喬治・布爾（George Boole）與其布林代數的理論，以及日後弗列格（Gottlob Frege）在一八九七年所建構，用來表達數學陳述式的形式語言（請參閱 Thomas, 2015）。然而，對許多歷史學家來說，演算法是在大衛・希爾伯特（David Hilbert）提出「判定性問題」（Entscheidungsproblem）（是否存在可以判定某邏輯公式，是否具普遍有效性或可滿足性的演算法）後才開始蓬勃發展（Sommaruga & Strahm, 2015: xi）。一九三六年，著名的「圖靈機」（Turing machine）問世，當時艾倫・圖靈（Alan Turing）將判定性問題簡化為符號運算的概念，並否決了判定性問題，認為希爾伯特主張的這種演算法不可能存在。儘管圖靈本人幾乎沒有直接用到「演算法」這個字，當代科學家如阿隆佐・邱奇（Alonzo Church，生卒年為西元一九〇三至一九九五年）或史蒂芬・C・克萊尼（Stephen C. Kleene，生卒年為西元一九〇九至一九九四年）皆提到了演算法。在追溯「演算法」這個詞的歷史起源，及其在運算技術史中扮演的角色時，宮崎慎太郎（Shintaro Miyazaki, 2012）表示，「演算法」一詞是在一九六○年代隨著科學運算和更高階的程式語言，如 Algol 58 及其他衍生語言興起後才普及。在二十世紀中期，「演算法只被視為一組預先定義的步驟，若依照正確順序執行，即可運算輸入內容（指令及／或資料），以產生預期結果」（Kitchin, 2017:16）。

也許人們最常把演算法當成「一種公式」，認為演算法是一套逐步指南，引導我們在指定參數條件下達成特定目標。若我們將演算法視為一套處理資料的流程或方法，將演算法當成「公式」，可以說是將演算法當成用麵粉、水、糖和雞蛋做蛋糕的操作邏輯。若做蛋糕時缺乏清楚的說明，告訴我們「如何」混合雞蛋和麵粉，或是「何時」加糖和水，這些材料就會原封不動地放在那邊，而對從未烤過蛋糕的人來說，他們肯定需要逐步說明，才能成功做出蛋糕。我們得先有一套定義嚴謹、在任何可能狀況下皆適用的演算法，才能執行運算程序。程式只在特定條件滿足時，執行特定區塊的程式碼；否則就會選擇其他路徑。也就是說，大多數演算法仰賴的「若A則B」（if... then）敘述，早已預測到未來可能發生的狀況。「若A則B」敘述式是所有流程控制陳述式的基礎，我們藉此敘述要求程式只在指定條件為「真」時，執行特定區塊的程式碼。然而，為了測試和運算指定條件為「否」的狀況，「若A則B」敘述必須包含「其他」敘述，而這些敘述基本上提供了執行運算的次要路徑。也就是說，儘管「若

A則B」敘述只能運算「真」敘述，「若A則B否則C」（if... then... else）敘述，則能夠執行其他路徑。[3]演算法基本上透過原始程式碼或虛擬碼的設計，決定了「何時」發生「何事」，程式設計師稱之為「控制的流程」（flow of control）原則。程式設計師通常透過程式語言指定程序與參數，來控制流程。原則上，演算法「獨立於程式語言和執行程式的機器之外」（Goffey, 2008:15）。我們可以用C、C#或Python語言來撰寫同類型的指令，而即使語言不同，它們依然是相同的演算法。這使得「演算法」的概念十分強大，因為這表示演算法指的是所有程式設計中，關於等級、次序和排序的固定假設，重點在於實際步驟，而非使用的語言本身。

設計一套演算法來執行特定工作，即為簡化我們要處理的問題。從工程學角度來看，演算法使用的特定運作方式大致上取決於技術考量，包含效率、處理時間，以及減輕記憶體負載，同時也必須考慮程式碼的撰寫方式是否精美（Fuller, 2008; Knuth, 1984）。[4]演算法的運作仰賴多種不同要素，其中最根本的就是資料結構。[5]尼克勞斯・維爾特（Niklaus Wirth, 1985）針對「結構化程式設計」（structural programming）的開創性著作就叫做《演算法＋資料結構＝程式》（*Algorithms* + *Data Structure* = *Programs*），從書名就足見資料結構的重要性。演算法要能運作，不只得搭配資料結構，也必須結合眾多其他要素，包含資料類型、資料庫、編碼器、硬體、CPU 等等。[6] 維爾特在解釋自己的著作為何從資料結構，而非演算法開始談起時寫道：「人們直覺認為資料先於演算法。你得先有某些可以操作的物件，才能進行操作」（Wirth, 2004: 7）。此外，維爾特的書名也告訴我們，演算法和程式兩者並不相同。程式，或稱軟體，不只是一套演算法。只有演算法並無法使軟體得以運行，我們還必須將原始程式碼轉換成可執行的檔案才行，而這種轉換並非一蹴可及。轉換原始程式碼通常需要許多步驟，當中包含轉譯以及運用其他軟體程式，例如，編碼器和連結器。編碼器建立的「物件檔案」本身只是一種中介形式，無法直接執行。若要執行程式，我們必須要使用連結器將數個物件檔案整合成由執行檔（或稱「.exe」檔）組成的功能程式。[7] 軟體基本上就是將多個程式碼檔案集結起來，或組合成單一「執行檔」。儘管軟體看起來只是單一實體，本質上卻有多種層次，且需要有無數關聯性和裝置的互動才能運作。為了有效率地運算資訊，演算法必須仰賴特定的表述和資料結構。儘管演算法與資料結構互相依賴，「兩者在分析意義上完全不同」（Gillespie, 2014:169）。我主要想探討的是資料的「運算方式」（也就是維爾特對演算法的定義），以及這些運算方式的社會及文化意義，因此本書基本上只會聚焦在演算法上。

縱然人們對於演算法的定義仍莫衷一是，但已歸納出演算法的幾個重要特色。電腦程式設計領域最重要的系列叢書作者高德納（Daonald Knuth, 1998）認為，演算法大致上有五種特質：有限性、確定性、輸入、輸出和有效性。我們對演算法最基本的要求，就是能夠輸出正確的結果，並有效率地運用資源（Cormen, 2013）。從技術角度來看，建立演算法就是盡可能有效率地拆解問題，也就是仔細規劃處理問題的步驟及順序。

以我們最常使用演算法解決的排序問題為例，特定排序問題也許有不少解法，而我們最終採用的演算法可能只是解法之一。也就是說演算法不過呈現了我們提出的解決方法。如同要將書架上的書籍以某種清楚的方式排序，例如，根據書籍作者姓氏的筆畫、主題甚至是書封的顏色排序。我們可以運用不同的排序演算法（例如：選擇排序、合併排序或快速排序）來解決此問題。任何試著用書封顏色排序的人肯定知道，縱使這種整理邏輯能使書架變得美觀宜人，但也增加了從架上找出特定作者著作的困難度（除非你的色彩記憶力過人）。也就是說，演算法作為一種整理邏輯，自然也有其功能和限制。借用科技研究領域眾所周知的見解：世界上根本不存在中立的排序方式。演算法本身就對世界抱持特定的假設和價值觀。科技研究的經典案例，就是朗頓・溫納（Langdon Winner）對於紐約城市規劃師羅伯特・摩斯（Robert Moses）低高度橋梁建案的分析，溫納認為摩斯橋梁設計背後蘊涵的工程與都市規劃哲學，具有政治意義（Winner, 1986）；相形之下，演算法的政治意涵和價值觀更是昭然若揭，直接反映在演算法決策、排序，和篩選真實世界資訊的方式。值得我們深思的是，仍然有許多人忽視演算法本身就是科技研究的經典範例，充分展現技術會受到價值觀影響的事實。無論如何，我們使用的演算法和模型皆會產生不同後果。以排序書架上的書籍為例，用書封顏色排序，很可能使我愈來愈不傾向閱讀同一位作者的著作，因為我最開始的思考或決策過程，並未以書籍的主題類別或作者為優先。

演算法的學習類型

我們必須將已預先編排好，表現大致上具確定性的演算法，以及能夠「學習」且表現能夠與時俱進的演算法區分開來。確定性演算法在接受特定資料輸入後，會通過一系列步驟來產出相同結果；然而，學習型演算法則會根據先前輸入資料，與輸出結果間的關係，來預測結果。與能夠正確將清單內容按筆畫排序的確定性演算法不同，當代網路背後採用的演算法未必會產出一組能夠輕鬆定義的正確結果。這類演算法與技術就是「機器學習」（machine learning），基本上就是讓電腦程式自行學習的意思（Domingos, 2015）。傳統程式設計必須遵守嚴格的邏輯，但機器學習則是撰寫出能夠從範例中學習的程式。以往程式設計師需要親自預期所有可能的結果，以寫出所有「若A則B」的敘述，但機器學習則讓電腦從大量訓練範例中學習規則，不必明確將規則編寫進程式碼當中。為了幫助演算法達成指定目標，演算法會接受資料集「訓練」，並從中「學習」如何在無人監管的情況下做出決策。機器學習的方式與人類不同，不過許多演算法運用的人工類神經網路（artificial neural network）都取材自人腦深度架構的結構與功能（Hecht-Nielsen, 1988）。我們可以從「功能性」觀點理解機器學習的方式，也就是「機器能夠透過經驗改變行為，加強它們的某些工作表現」（Surden, 2014:89）。

機器學習演算法種類繁多，就如同人類一般，機器的學習方式也很多元。[8]最常見的演算法學習方式為「監督式學習」（supervised learning），這基本上是一種歸納式學習法，工程師會給予演算法一組訓練集，此訓練集涵蓋他們希望演算法在新資料中偵測和比較的特質（Flach, 2012）。最重要的是，訓練集當中包含預期結果的資料。若訓練資料未包含預期結果，就叫做「非監督式學習」（unsupervised learning）。通常機器學習演算法都會落在監督式與非監督式學習這兩種途徑之間：只包含少量預期結果資料的機器學習演算法也稱為「半監督式學習」（semi-supervised learning）（Domingo, 2015）。[9]在演算法從資料中學習前，我們必須先建構形式化任務與目標的模型，以便電腦處理。例如，在演算法能夠找出最重要的消息來源前，我們必須先為新聞與其重要性之間的關聯性建立模型。如阿德里安・麥肯齊（Adrian

Mackenzie）所說：

> 機器學習的技術幾乎都是以轉換、建構或是賦予資料某種型態為中心，再運用這種資料型態來發現、決策、分類、排序、叢集、建議、標記或預測目前狀況，或未來可能發生的事件。（2015: 432）

在如社群媒體這種資料密集的環境中，機器學習演算法已成為辨識資料模式、發現知識，以及預測使用者可能行為和偏好的標準方法。換句話說，正是因為可供模型學習的資料大幅增長，才有了機器學習。在大數據時代，擁有最龐大的資料池，以便透過機器學習演算法偵測出資料模式，已成為競爭力要素。資料庫愈大，演算法就愈具備偵測出資料相關模式的充分條件。

若要了解機器學習，首先得釐清模型是什麼。模型是「為了解決問題，從資料中學習到的資訊」（Flach, 2012: 20）。模型會首先探勘（自動處理）一組資料集，找出後續決策能夠仰賴的常數。從資料中累積發現的多組關係能產生模型，進而「得以用來自動化分類我們關心的實體或活動、預測未觀察變數的值，或是未來結果」（Barocas & Selbst, 2016:7）。以下是臉書應用機器學習部門總監瓦昆・奎諾內羅・坎德拉（Joaquin Quiñonero Candela）對臉書機器學習理念的介紹：

1. 盡可能取得最多資料，確保獲得最高機器學習品質；
2. 將資料轉化成能具備最高預測力的訊號，此過程又叫做特徵工程（feature engineering）；
3. 有了特徵工程需要的最佳資料與工具後，持續擴充演算法的功能。（Candela, 2016）

如此看來，機器學習就是運用資料，建立具備特定特徵的模型。因此，特徵工程，或是說從資料中擷取和選擇最重要特徵的過程，無疑是機器學習最重要的一環。儘管我們通常以人工方式擷取資料特徵，近年來，深度學習技術的發展，也將自動特徵工程納入建立模型的程序當中（Farias et all, 2016）。若演算法以錯誤的特徵為基礎，無論演算法本身設計再精良，依然無法產出優質結果。

那麼，特徵工程要如何運算「重要性」這種抽象概念呢？其中一種方式為考量特定使用者點擊內容的頻率與類型。不過，我們也不難想像，在某些情境中，「重要程度」與點擊內容的頻率無關，而與觀賞或閱讀特定內容的時間長度有關。我想強調的重點是，判斷內容「重要程度」的方式取決於你擁有什麼資料，以及你想最佳化的結果。葛拉斯彼就表示：「一切取決於模型對資料及其代表意義的了解，以及模型的目標和其形式化的方式」（Gillespie, 2016a: 20）。在了解資料及其代表意義方面，除了機器的學習成果，人類最初指定的資料狀態，以及他們所關心的結果也相當的影響力。[10]以監督式學習為例，人類（資料探勘研究員與機器學習專家）首先需要指定目標變數（預期狀態與結果），這些變數將用於定義「類別標籤」，也就是模型應該區分的不同資料類別（Barocas & Selbst, 2016: 8）。以經常應用機器學習的垃圾郵件篩選功能為例：此演算法的目標是建立一套內部電腦模型，以便機器最終能自動執行精準的分類決策（Surden, 2014: 91）。[11]然而，機器學習要完成的各種任務差異不小，分類垃圾郵件是其中一種「較簡單」的任務，幾乎只需要仰賴二元分類即可執行，一封郵件只能「是」或者「不是」垃圾郵件。但本書談及的某些任務與排序和建議有關，單靠二元分類並不足夠。例如：判斷值得報導與有重要性的內容就沒有那麼直接簡單。我們在後續章節（尤其第四章與第六章）會深入探討，世界上其實不存在能直接衡量內容是否值得報導的演算法，因為此概念取決於不同產業和平台建立的系統功能。[12]無論如何，不管是要排序消息來源的內容，或是分類垃圾郵件，有效的模型都必須仰賴我們持續輸入新資料才能達到最佳表現。

最重要的是，誠如麥肯齊所說，世界上存在各式各樣能夠「賦予資料型態」的演算法。例如，針對預測模型，最常見的演算法技術包含羅吉斯迴歸（logistic regression）模型、單純貝氏分類器（Naive Bayes classifier）、K近鄰演算法、支援向量機（support vector machines）、隨機森林（random forest）與類神經網路（neural networks）（Mackenzie, 2015）。然而，伯恩哈德・里德（Bernhard Rieder, 2017）指出，類似單純貝氏分類器的技術在嚴格意義上並不屬於演算法，而是一種常見的「演算技術」，專門用來解決特定的運算問題。如果我們想將這些演算技術變成可實際執行的演算法，就必須加以清楚定義。以隨機森林為例，我們必須指定決策樹的數量，以及每一個決策樹嘗試分離的節點數；至於類神經網路則需要指定隱藏層次的深度。所以某方面來說，儘管有了這些演算技術，我們離創造出真正的演算法還很遙遠，不過，也有一些演算技術可以幫助我們指定這些「超參數」（hyperparameter）。[13]許多軟體本身也具備預設參數，在指定這些參數並獲得資料後，狹義計算定義下的「演算法」就誕生了，然而若缺乏這些參數，演算法就不完整。而要採用哪一種演算技術，「取決於應用領域（例如，你的目的是預測貸款違約還是影像辨識）、技術展現的分類精準度、可用的運算資源，以及其他考量」（Burrell, 2016:5）。以臉部辨識為例，每天有超過三億五千萬張照片上傳到臉書，臉部辨識也是臉書應用機器學習的重點領域。[14]而臉書藉由多種既有資料集訓練其演算法偵測世界上所有的臉孔。要完成辨識臉部這項任務，我們可以部署不同的演算法。其中一項最簡單、快速的學習演算法就是近鄰演算法（Domingos, 2015: 179）。為了判斷某幅影像當中是否有人臉，近鄰演算法會在臉書的整個標記相片資料庫中，找出最近似於這幅影像的照片。「若」這張最相似的照片中有人臉，「則」表示另一張照片中應該也有。臉書的自動標記功能就應用了這套演算法。由於臉書擁有龐大的資料池，工程師能夠以其他照片分享網站無法企及的方式來訓練演算法。臉書的人工智慧團隊最近開發了一套叫做 DeepFace 的系統，這套系統的臉部辨識精準度可以達到百分之九十七・二五，只略遜於人類的平均辨識精準度百分之九十七・五三（Taigman et al., 2014）。這套系統採用所謂的「深度學習」（deep learning）技術，目前全球最頂尖、先進的機器學習架構都採用這套技術。深度學習運用類神經網路，也就是最常用於影像和語音辨識的模型。類神經網路模型旨在模仿人腦的運作方式，透過不同層次的數學處理，使模型接收到的資訊愈趨合理（Condliffe, 2015）。[15]以影像辨識為例，使用類神經網路的系統將在一個層次上分析像素亮度；在另一個層次上分析形狀和邊數、再透過第三個層次分析實際內容和影像特徵，以此類推。這套系統在各層次上皆採用不同演算法來處理資訊，使我們能獲得更細緻的影像分析結果。[16]

然而，最近的影像辨識失敗個案也顯示，機器學習並非完美無缺，且我們能從機器學習失誤的案例中學到不少教訓。例如：二〇一五年五月時，Google 的演算法遭指控有「種族歧視」，因其新推出的「Google 相簿」應用程式，誤把某張照片中的兩位黑人標記成「猩猩」（Barr, 2015）。類似的事件也發生在照片分享服務 Flickr，此服務採用雅虎（Yahoo）的類神經網路，也因為照片中人物的膚色，將其標記為「猿」。儘管這些案例清楚指出機器學習的結果可能大有問題，但也充分展現媒體雖然經常報導演算法，卻不常解釋清楚為什麼演算法會做出特定的錯誤推論，導致大眾對於這些系統的實際運作方式，只有粗略了解。我希望藉由提倡全方位了解演算法、機器學習和大數據的複雜性和多樣性，可以讓我們更加清楚演算法的權力和政治。這些影像辨識出錯的案例直搗問題核心，提醒我們要注意演算法的能動性、義務與責任歸屬，我在下一章節會再討論這些議題。我想現在不必再多言，你也肯定明白訓練資料也是幫助我們了解，機器學習之潛力與限制的重要因素。如梭倫・巴羅卡斯和安德魯・D・塞爾斯特（Solon Barocas and Andrew D. Selbst）所說：「模型學習的內容取決於其接觸到的範例」（2016: 10）。也就是說，這些「種族歧視」的演算法其實點出了重要的問題：Google 原先究竟是用什麼樣的資料集，來訓練影像辨識演算法？資料集中呈現了誰的臉孔？這套演算法又從資料集中歸納出哪些普遍原則與模式？

當我們將演算法視為一系列引導電腦完成特定任務的指令時，演算法基本上就是用來控制行動與未來事件的流程。有時候，我們或多或少事先知道了這些事件的順序，就像我們知道按筆畫排序清單內容時會有什麼結果。不過，在大多數機器學習情境中，事件結果仍不確定。機器學習演算法藉由預測不同結果的發生機率來降低不確定性。換言之，機器學習就是隨著資訊的變化，加強特定事件的發生機率，這也是貝氏定理（Baye's theorem）的原則：「新證據出現時，你對特定假說的信心也會提高」（Domingos, 2015: 144）。[17] 因此，誠如全喜卿（Wendy Chun）所說，我們可以把演算法當成「一套隨著事件發展的互動狀況，所衍生之策略或行動計畫」（2011: 126）。這表示演算法不只隨事件改變，「本身也持續發展」，因為事件不會總是一成不變。在臉書這類由演算法驅動的網站上，使用者對幕後程式系統的發展與維護，有舉足輕重的影響力，因為使用者不斷提供這些系統新資料。臉書的軟體工程師穆孔德‧納拉辛漢（Mukund Narasimhan）就直言：「臉書上的一切內容都是半成品。」臉書的系統設計模型之所以不斷進化，正是因為資料不斷改變。而因為其他要素已經改變，員工也必須不斷調整演算法的實際運作方式（Narasimhan, 2011）。

演算法不單只「隨著」事件改變，也具有改變事件的能力。在講求大數據與資料探勘的時代，演算法顯然具備改變事件發展方向的作用，或至少能夠改變人們對於事件的詮釋。最好的例子就是二〇一一年九月至二〇一三年八月間推出的 Google 流感追蹤器（Flu Tracker）。Google 的流感追蹤器被視為展現大數據潛力的先驅，旨在針對大量搜尋紀錄進行資料探勘，好提前預測流感爆發的時間。據 Google 表示，他們發現「搜尋流感相關議題的人數，與實際出現流感症狀的人數有密切關係」（Walsh, 2014）。然而，在二〇一三年二月，流感追蹤器躍上新聞頭條，因為追蹤器預測罹患流感的人數，遠超過美國疾病管制與預防中心（The Centers for Disease Control and Prevention）統計因類流感症狀就醫人數的兩倍，後者當時仍是用來預測流感的實際指標（Lazer et al, 2014: 1203）。流感追蹤器之所以會嚴重誤判，正是因為追蹤器仰賴 Google 的搜尋演算法。Google 的搜尋演算法會透過自動填寫功能，向使用者推薦關鍵字，因此 Google 自己創造了他們試圖描述與預測的條件。如布萊恩・沃爾什（Bryan Walsh, 2014）所述：「如果資料無法反映真實世界的狀況，又要如何預測未來呢？」

演算法衍生的社會關懷

諸如 Google 流感追蹤器，或是上述更近期發生的資料與演算法歧視問題，無疑鼓勵更多社會科學與人文學者，探討這些數位基礎架構與系統背後的倫理、政治與社會影響。由於第一波的大數據發展狂熱與樂觀主義已逐漸衰頹，我們注意到葛拉斯彼與尼克・希弗（Nick Seaver）提倡的「批判演算法研究」如雨後春筍般出現。過去十多年來，從社會學、人類學、科技研究、地理學、傳播學、媒體學到法學，軟體不再是相關研究的重心，現在研究者反而更著重探究演算法本身（Amoore, 2009; Ananny, 2016; Beer, 2009; Cheney-Lippold, 2011, Diakopoulos, 2015; Gillespie, 2014; Introna, 2016; Karppi & Crawford, 2016; Lenglet, 2011; Mackenzie, 2015; McKelvey, 2014; Seaver, 2013; Striphas, 2015; Wilf, 2013; Ziewitz, 2016）。儘管資訊科學家通常在意的是如何設計出更有效率的演算法，從社會和文化角度探索演算法的研究也開始崛起，試圖釐清演算法在情境實踐中的確切作用。資訊處理與散播的演算邏輯著實在財金（Mackenzie, 2015; Pasquale, 2015）、交通（Kitchin & Dodge, 2011）、旅遊業（Orlikowski & Scott, 2015）、高等教育（Introna, 2011; Williamson, 2015）、新聞（Anderson, 2013; Diakopoulos, 2015; Dörr, 2016）、安全（Amoore, 2013; Cheney-Lippold, 2016）、監控（Braverman, 2014; Introna & Wood, 2004）、流行文化（Beer, 2013）與整體媒體產業（Hallinan & Striphas, 2016; Napoli, 2014）等領域十分盛行。[18]社會科學與人文學者不只關心演算法或其幕後系統的技術細節，更在乎演算系統潛在的意義和影響。葛拉斯彼（Gillespie, 2016a）就說，批判演算法的研究通常更關心演算法作為「形容詞」時的意義，他們關注的是演算法驅動了哪些社會現象，或是追求應用演算法系統的這種社會現象本身。

因為大數據崛起，使得社會科學與人文領域對於演算法的疑慮日益加深，儘管這些疑慮算是晚近才出現的新興議題，其背後相關社會議題的探究卻由來已久。在分析演算法更廣泛應用於社會領域和機構會帶來什麼影響時，我們應該從一套專門研究科技與社會的交集、淵遠流長的知識系譜開始討論。這套知識系譜涵蓋計算科學社會史、新媒體研究、軟體研究、平台研究、科技研究，以及人機互動（human-computer interaction, HCI）等領域。當我們對演算法在當代媒體生態中扮演的角色懷有疑慮的時候，這些領域的研究幫助我們深入了解，與演算法相關的運算技術、軟體系統與資訊架構的權力和政治，貢獻良多。例如，在軟體研究領域，有愈來愈多研究將軟體視為文化產物（Fuller, 2008）。過去十多年來，社會科學與人文學者呼籲人們在技術定義外，更進一步拓展我們對於程式碼的認識（Berry, 2011; Fuller, 2008; Kitchin & Dodge, 2011; Mackenzie, 2006）。軟體研究可視為對「軟體相關事物」的文化研究（Fuller, 2008），而這些「相關事物」的具體定義則可保持相對開放，讓人們自由判斷。也許軟體研究與計算機科學研究途徑的最大差異，就在於這種概念上的開放性。在軟體研究中，軟體的定義是「匯集了關係、形式與實踐，且不斷變化的紐帶」（Mackenzie, 2006: 19），然而，這並不代表將軟體視為文化產物的學者，有意否定軟體的物質性和技術操作性概念，事實上恰好相反。軟體研究學者為軟體在日常生活中的意義與重要性，賦予寬廣定義的同時，對其技術和功能性也相當敏銳。亞歷山大・加洛威（Alexander Galloway）在他的著作《協定》（*Protocol*）中就主張：「任何科技在技術性定義外，都值得、也必須擁有理論性定義」（2004: xiii）。為了了解「控制社會」（control society）當中的權力關係，加洛威認為我們必須先探討科技（在他的研究中，科技指的是 HTTP 等通訊協定）如何運作、又為誰服務。事實上，學界也認為若軟體或演算法的社會批判研究不觸及技術細節，就會產生問題（Rieder, 2017:101）。儘管媒體學者對於是否需要具備程式編碼技術，才能進行軟體或演算法的批判性研究有不同看法，他們顯然也認為可以掌握一定的技術知識更好。[19]

拓寬軟體和演算法的定義，並不表示我們在分析時必然排除技術細節，那這種定義的內涵究竟是什麼？某方面來說，受到行動者網路理論（actor network theory）與其他類似觀點影響，軟體和演算法必須被視為複雜的技術系統，而不是只是一種技術，因為它們的本體地位仍不明確。麥肯齊就主張軟體的「多變本體論」，因其「實體並沒有固定的本質」（Mackenzie 2006: 96），意思是「我們無法蓋棺論定軟體究竟具社會性或技術性；物質性或符號性」（Mackenzie 2006: 96）。同樣地，葛拉斯彼也表示「演算法可能事實上是某種濃縮了演算法、模型、目標、資料、訓練資料、應用程式和硬體的社會技術拼裝體，並將所有事物與更大範圍的社會發展結合在一起」（Gillespie, 2016a: 22）。此外，希弗也指出「演算法並非各自獨立，而是規模龐大、互相聯繫的系統，且當中有不少人介入操縱、調整、更換元件，和試驗全新的編排方式」（Seaver, 2013: 10）。另一種證明演算法不只具有技術性定義的說法，就是將演算法視為特定意識形態或世界觀（Goodman, 1985）。例如，學者已分析了搜尋引擎和高頻交易背後的演算邏輯，如何展現資本主義意識形態（Mager, 2012; Snider, 2014）。另一種看法則與上述的互聯系統觀點類似，強調演算法「實踐上錯綜複雜」（Introna, 2016; Gillespie, 2014; Orlikowski & Scott, 2015），在運作過程中牽涉範圍甚廣。葛拉斯彼寫道：「演算法在設計上就是為了融入現實世界的實踐運作而生，但現實世界也是演算法處理資料的來源所在」（Gillespie, 2014: 183）。研究者已探討社會物質性（sociomateriality）、展演性（performativity）以及糾纏（entanglement）的概念，以便在演算法的技術意義外，了解演算法在實踐、透過實踐建構和被建構方面，發揮什麼影響。因此，值得我們關注的並不是演算法背後的精確指令或定理，而是演算法如何與特定的社會物質實踐整合在一起（Introna, 2016）。

當社會科學與人文學者討論到「演算法式」一詞，也就是演算法作為形容詞的意義時，他們真正關心的「並非演算法本身，而是將演算程序納入人類知識和社會經驗時，衍生的影響」（Gillespie, 2016a: 25）。近期已有不少文化、美學和知識生產的相關著作，討論到將程序性和量化概念納入人類經驗的後果。舉例來說，文化理論家泰德・史崔發（Ted Striphas, 2015）就在著作中提到「演算法式文化」的崛起，他認為網飛和 Amazon 等平台的出現，改變了人類傳統上實踐、體驗和理解文化的方式。[20] 再者，馬克・朗格勒（Mark Lenglet, 2011）也說金融界趨於演算化，不只是因為他們在交易時引入演算法程序，也因為演算法現在已根植於操盤手的思維，促使他們採取特定的行事作風。我在第五章與第六章中將指出這種現象並非金融界獨有，事實上從社群使用者的平台偏好，到媒體業現在將演算法納入新聞實踐與論述的制度環境，都可見一斑。我們甚至可以擁有演算法式的個人身分，最好的證據就是「線上行銷逐漸取代線下行銷」（Cheney-Lippold, 2011: 175）。演算法吸引社會學家、文化理論家與媒體學者的原因，未必與其吸引計算機科學家或工程師的理由相同。儘管演算法仍是一組用來解決運算問題的指令，這個詞彙在數學與社會學上的價值明顯不同。不過，正如葛拉斯彼所說：「強調演算法的數學價值，並非要我們拿演算法與人類的判斷力比較，而是幫助我們釐清演算法在文明發展進程中，引介、特許量化、程序化和自動化機制中扮演的角色」（Gillespie, 2016a: 27）。

演算法引發的當代社會關懷並非新鮮事。演算法作為一種量化、分類、評估與預測的機制，之於運算和軟體設計發展史的意義，不亞於其對於統計、會計與科層化的歷史之影響。因此，演算法誕生的歷史與文化脈絡，就與包含統計推理與大數的歷史和政治（Desrosieres & Naish, 2002; Foucault, 2007; Hacking, 2006; Power, 2004）、量化實務、計數與估價（Callon & Law, 2005; Espeland & Stevens, 2008; Verran, 2001）、排序與評等的文化邏輯（Espeland & Sauder, 2007; Sauder & Espeland, 2009），以及關鍵會計與審計的概念（Power, 1999; Strathern, 2000b）等計算以及各類排序技術的社會史息息相關。此外，演算法權力在當代引發的疑慮，也可視為「對泰勒主義（Taylorism）科學管理理論與工業勞力自動化疑慮的延伸」（Gillespie, 2016a: 27），或者我們也可以將演算法視為「媒體產業一世紀以來，試圖判斷（通常也試圖量化）何為熱門議題的嘗試」（Gillespie, 2016b）。我們顯然得把演算法放進歷史脈絡中討論。誠然，我們可以說民族國家從十九世紀起開始分類與計算人口，導致「數據雪崩式成長」（Hacking, 1991, 2015），是大數據時代演算法的發展溫床。然而，若我們試圖徹底追溯這一套特殊的歷史脈絡，就不免得探索人口普查、打卡制、科層制度的社會史；工業社會、工廠工作和軍用機械的興起，以及電腦、資料庫和人口自動化管理技術的崛起等，這些複雜且彼此似乎沒什麼關聯的議題，最終才能探索透過資料探勘與機器學習技術「形塑人類」（Hacking, 1999）的當代環境。傅柯在「法蘭西學院演講」（*College de France* lectures）中針對此歷史脈絡提出了一個著名的理論，他說這是一套管理人口的系譜學（Foucault, 2007, 2008）。傅柯（Foucault, 2007: 138）說，統計學從認識論來看，就是「研究國家的知識」。統治者的工作就是判斷他們需要哪些資訊，才能最有效率地管理國家，以及如何整理他們需要的資訊。如果說透過統計計算技術，以及近年發展出來的商業資料探勘技術所收集的資料，使演算法得以運行，（科技定義下的）演算法本身也賦予了原本無意義的資料有意義的形態。儘管大數據（人、事物以及兩者互動所產生的資訊量）所擁有的可觀權力與潛力不容忽視，這項技術真正的價值不在資料本身，而在這些資料經過眾多軟體系統聯合組成的基礎架構重組後，產生了全新意義，而演算法在這些軟體系統中恰好扮演關鍵角色。

演算法的權力

本書的大前提是演算法已成為當代媒體生態中權力角力的關鍵。過去十多年來，社會科學與人文學者開始探索、描繪演算法在社會生活中日益增加的影響力，以及這些新興「衍生規則」所催生的全新權力模式（Lash, 2007; Beer, 2009; Cheney-Lippold, 2011; Gillespie, 2014;

Diakopoulos, 2015）。史考特・拉許（Scott Lash）就主張「當媒體在社會上無處不在時，也表示演算法的權力日漸增加」（2007: 71）。若我們要說演算法富有、擁有或是能夠促進、發揮與生成權力，就需要對其定義加以限制與解釋。權力的概念是最富有爭議且重要的詞彙。儘管我們很難三言兩語就解釋「權力是什麼」這個基本問題，傅柯的研究無疑是幫助我們全面性理解權力的管道，他也為這個詞彙提供細緻、多元的解釋。對傅柯來說，權力從來就不是單一概念，根本上權力代表各種不同的關係。在傅柯的學術生涯中，他不斷改變、修正權力的概念，根據特定的情境、制度、知識的目的與政治思想，提出在分析層次上截然不同的權力概念。[21]總體而言，傅柯定義出三種層次的權力關係，也就是自由、宰制與治理技術間的策略賽局（strategic games）。傅柯曾在訪談中說：

> 我們必須將權力關係分成自由意志間的策略賽局（因某些人試圖主導他人行為而產生的策略賽局結果），以及宰制的狀態（也就是我們俗稱的權力）。此外，在權力的賽局與宰制的狀態間，還有治理技術。（Bernauer & Rasmussen, 1988:19）

權力關係的第一種層次，也就是自由意志間的策略賽局，在社會與人類互動中隨處可見。從此相當寬廣的概念來看，所有事物間都有權力關係，因為權力就是社會存在的先決條件。儘管傅柯最為人所知的的是，他將權力概念化為現代社會生產力機器的固有特質，他也仍舊主張權力的概念，可以用來表示特定個人或團體，居於從屬位置的不對稱關係。不過，宰制從不被視為權力的常態，而是例外。權力關係的第三個概念是治理，也就是遵照特定理性思維運作，更系統性且受到規範的權力形式。傅柯對於治理的概念，將權力與宰制的概念劃分開來，因為在這裡他將權力定義為一種導引，以及能夠「形塑決定主體可能採取什麼行動的場域」（Lemke, 2012: 17）。從許多方面來看，這三種分析權力的觀點，可以視為現今文獻中定義演算法權力的各種途徑。儘管大多數作者並未直接以傅柯的用語，來定義演算法權力，將這些討論與傅柯的理論連結，也許能在分析上幫助我們判斷，當我們主張演算法在現代社會舉足輕重時，我們究竟認為演算法帶來什麼影響。

如同傅柯對權力內在特質的描述，拉許認為新型態的資本主義權力即為「**透過**演算法發揮權力」（Lemke, 2012: 17，粗體字為作者所加）。這種形式的權力是由下而上，而非像從前一樣是由上而下發揮效果，且這種權力藉由滲透進「社會的微血管」中，變得與我們的生活密不可分（Lash, 2007: 61）。大衛・畢爾（David Beer）針對社群媒體時代演算法權力的開創性著作，則以拉許「後霸權」時代的權力定義為基礎，他主張支撐社群媒體平台的演算法「有能力形塑社會與文化產物，並直接影響個人生活」（2009: 994）。他以音樂分享平台 Last.fm 為例，認為這種平台的權力在於能夠提供使用者，符合其特定偏好的線上廣播電台。換句話說，這種演算法所衍生的權力在於「形塑聽覺與文化體驗」的能力（2009: 996）。這種透過演算法發揮的權力並非階層或單向運作，而是與生活密不可分。因此，我們可以將這種演算法權力視為一種力量、能量，或是排序的能力（Lash, 2007）。這種將權力視為社會內在特質的觀點，最著名的就是傅柯所提倡，權力於現代社會無所不在的概念，對傅柯來說，在這種情況下，權力非但不具有壓迫性，反而有生產力（Lemke, 2012: 19）。[22]

也有其他學者指出，演算法透過「自動化決策」的能力，自然有規範社會生活的權力（Diakopoulos, 2015: 400）。此處的權力似乎存在於演算法的運作機制當中。根據尼克・迪亞克普洛斯（Nick Diakopoulos）的理論，演算法權力源自「演算法產生的原子化決策，**包含決定優先次序、分類、建立關聯和篩選**」（2015: 400，粗體字為原文所加）。如此看來，演算法藉由決定如何呈現、整理資訊，以及將哪些資訊標示為重要訊息來發揮權力。演算法作為一種篩選工具，決定了要包含或排除哪些資訊，形成了一種新型態的「守門」（gatekeeping）機制（Bozdag, 2013; Helberger et al., 2015; Napoli, 2015）。[23] 與早期認為網路有潛力排除階級，讓人人都有機會發聲的論述不同，現今學者們反而擔心演算法扮演的守門角色，可能嚴重影響公共意見形成的方式（Just & Latzer, 2016）。他們擔心演算法透過形成過濾氣泡（filter bubble），或操縱首先出現在公眾眼前的資訊，進而削弱公共領域的民主潛能，這些擔憂通常會以較傳統的角度看待演算法權力，認為演算法具備權力能夠由上而下，以階層方式發揮宰制功能。也就是說，演算法被認為有權力宰制某人或某事。法蘭克・帕斯奎（Frank Pasquale）在他最近出版的著作《黑箱社會》（*The Black Box Society*）中寫道，搜尋引擎與社群網路透過包含、排除與排序的能力，「能夠確保某些公眾印象永久不變，而其他印象則保持浮動」（2005: 14）。用傅柯的理論加以詮釋，這就是一種政治、社會與經濟宰制的權力，由某一實體主宰，不讓他人看見某些資訊或從事某些活動。帕斯奎這麼說：「我們賦予了搜尋工具超乎想像的權力，來決定我們能看見的內容、我們花時間的地點，與我們理解事物的方式」（Pasquale, 2015: 98）。不過，將演算法定義為有權力宰制某人或某事，似乎使我們不免忽略演算法開始運作前，人類決策流程和程式設計的影響力。雖然帕斯奎提出我們賦予演算法權力時，意思並不是 Google 完全交由演算法來運作，但我們確實常用演算法來代稱這種更分散式的權力。如同本書的主張，若我們要從批判角度探討演算法的權力和政治，首先必須要論證演算法確實有權力。我在下一章中將進一步闡述，我們對於權力實際的歸屬其實並無結論。相反地，我們只能在實踐中研究演算法，探究讓演算法得以存在，並自行發展的場域和情境。

談到演算法決策，就不免伴隨對促進責任歸屬和增加規範的呼籲（Diakopoulos, 2015; Pasquale, 2015），這些呼籲實際上源自我們長久以來，對哪些科技具政治性的疑慮。由此觀點來看，科技從來都不中性，而始終與特定偏見、價值觀和假設息息相關。至少自溫納（Winner, 1986）針對摩斯的低高度拱橋提出影響深遠的見解以來，學界皆隨之呼籲我們必須考量人造物的政治性，尤其要注意這些事物的設計反映了哪些價值觀，以及這些設計選擇中納入了哪些道德考量。[24]舉例來說，盧卡斯・伊特洛納與大衛・伍德（Lucas Introna and David Wood, 2004）就主張臉部辨識系統具有政治性，因為這些監控用的演算法在決定系統設計的風險時，就已挾帶特定假設。伊特洛納與伍德進一步解釋，這種政治性幾不可見，只是「嘗試解決實際問題之枯燥流程的一部分」（2004: 179）。所有人造物都牽涉到人類，也對世界的運作方式抱持特定假設和價值觀，演算法也不例外。以 ATM 的設計為例，「如果你是盲人，或是乘坐輪椅、記憶力不佳，或因殘障而無法輸入密碼的人士，ATM 的設計可能沒有考慮到，要讓你使用 ATM 操作自己的帳戶」（2004: 179）。這裡要強調的重點並非 ATM 設計師在有自覺或刻意的情況下，排除了乘坐輪椅的人使用 ATM 的權利，而是這種系統在設計上，總是習慣性排除某些人事物，因此即便沒有人「授意」這麼做，看起來還是像是有一貫或刻意的設計邏輯（Introna and Nissenbaum, 2000）。

關於意圖性的問題，也就是說，是否有人刻意主張某個人造物，要以特定方式運作的爭議就此浮現。針對機器學習演算法，這個問題更加複雜。這些演算法能夠根據回饋，漸進式地改善表現，此外，機器學習演算法可以「為特定現象建立內部電腦模型，並一體適用於相同現象，但前所未見的全新案例」（Surden, 2014: 93），即使未特別另行編排程式也沒關係。在設計這種可自行持續運作的系統時，我們該如何思考人造物的政治性呢？回到前文所述，Google 相簿應用程式影像辨識失敗的例子，可見訓練資料的本質與演算法本身，同樣值得評估。如葛拉斯彼所述：

> 演算法設計中最常見的問題，就是新資料與訓練資料有某些重大差異……出現了訓練資料剛好未包含，也無法預測到的新現象……某些重要的資訊被視為不相關，或者這類資訊在發展演算法的準備過程中，從訓練資料中被排除了。（Gillespie, 2016a: 21）

確實，如伊特洛納與伍德所主張，我們似乎「完全無法確實將演算法區分出純社會性與純技術性的特質；無法區分因果、無法區分設計者與使用者、無法區分贏家與輸家……。」（Introna & Wood, 2004: 180）不過，這並不表示在研究機器學習演算法時，我們若懷抱特定「設計價值觀」，這套演算法就不可行。誠然，某種程度上，當演算法會將黑人標記為「猩猩」，或是黑人未來犯罪可能性的評分，總體而言偏高（Angwin et al, 2016）時，我們應該仔細檢查這些演算法功能背後的價值觀與假設。不少學者與政策制定者擔心演算法有歧視性，因此呼籲參與演算法設計的公司應該增加透明度，但這只是解決方案的冰山一角罷了。我們實際上應該視種種「演算法失誤」的個案，反映出社會上根本存在的偏見。也就是說，如果用來預測未來犯罪可能性的機器所接受的統計資料，受到幾世紀以來警察筆錄、逮捕紀錄、都市規劃與法政系統中具體存在的種族歧視所汙染，而我們只討論演算法產出的成果有誤判風險，那就大錯特錯了。與其確立（狹義定義下）演算法的預測能力，我們不如從傅柯主張的治理技術理論來探討演算法（Lemke, 2001; Miller & Rose, 1990）。

傅柯用治理（government）與治理性（governmentality）的概念，來分析形塑人類可能性場域的權力和政治。儘管傅柯時常交替使用治理與治理性這兩個詞，但在他晚年的著作中，尤其用「治理」泛指對「行為的導向」（conduct of conduct），而治理性則是行為導向背後的思考模式與理性邏輯（Foucault, 1982; 2007; 2010; Lemke, 2001; Rose, 1999）。[25]湯姆斯・蘭姆克（Thomas Lemke）評論道：「治理的問題意識重塑了傅柯對權力的分析」（2012: 17）。這種權力的概念超越了同意與強制的關係，而是從「行為」的雙重特質：「引導性」與「在特定可能性場域中的行為模式」，釐清權力的關係（Foucault, 1982: 789）。治理攸關「正確配置事物」（Foucault, 2007: 134），涉及「人類與多種事物的關係、紐帶和複雜互動」，這些事物包含資源、環境、習慣、行為與思考模式（Foucault, 2007: 134）。[26]為了解釋此概念，傅柯舉了一個例子。他問道，怎麼做才叫治理一艘船？

> 治理一艘船當然涉及對船員負責，但也包含保護船體和貨物；治理一艘船也必須考量到風向、礁石、風暴和惡劣天氣。船艦治理的特徵包含與水手建立關係、與必須保護的船體建立關係、與必須送到港口的貨物建立關係，以及與其他事物如風向、礁石、風暴等建立關係。（Foucault, 2007: 135）

將治理的分析延伸到對於演算法權力的認識，就是探討如何藉由安排與管理事物，進而以特定方式引導他人行為。對傅柯來說，這種組織力的技術層面相當關鍵，因為我們必須透過許多技術工具才能管理他人行為。[27]例如，伊特洛納（Introna, 2016）就從這個角度探討了演算法的權力，他分析偵測抄襲演算法如何管理學術寫作的實踐。他主張演算法具有讓受治理的主體採取特定行為的權力。以偵測抄襲演算法為例，抄襲軟體可能決定「人們對於原創性與抄襲定義的認識，以及讓主體認為『好』的寫作，就是要讓抄襲軟體偵測不出任何東西來」（Introna, 2016: 20）。從傅柯早期對規訓權力（disciplinary power）的觀點來看（我們在第四章會更進一步討論），治理與治理性的概念藉由主體化的概念緊密相連，成為權力的核心原則。在傅柯的著作中，成為主體的過程與主體的地位，讓權力具有生產力與生成性。

權力只有在「付諸行動」的時候才真實存在（Foucault, 1982: 788）。若套用至演算法權力上，這表示演算法本身並不具備或未擁有權力。相反地，演算法使「特定行為有可能發生，並可能產生特定結果」（Foucault 1982: 789）。「治理性」並非「強迫他人從事治理者期待的行為」，而是「確保主體在強制與歷程中能夠建立自我，或自行改變自我的內涵」（Foucault, 1993: 204）。[28]我認為治理與治理性的概念，對於了解演算法權力尤其有幫助。演算法並不只擁有權力，也構成了「治理技術」。如同傅柯在對安全的分析中所說，統計學讓治理人口變為可能，演算法也是在某些地區或活動上，引導資訊流向和使用者行為的治理工具（Foucault, 2007: 141）。

套用傅柯的理論，將演算法視為治理技術，並不是為了將演算法的分析限制在物質層面。如蘭姆克所述，「分析治理方式時，我們認知的技術概念不只有物質性，也有象徵性意義」（Lemke, 2012:30）。我並非主張將論述與敘事化約成純符號學的命題，而是將其視為具展演性的實踐方式，以及形塑行為管理機制與技術的一部分。本書將會直接或間接處理演算法作為治理技術的不同方式。在第四章中，臉書動態消息演算法明確定義為「以正確配置方式」編排事物（使用者與物件之間的關係）的架構。第五章則強調對演算法的敘事與信念形成了雙重構連（double articulation），透過回饋迴路同時影響個人與演算法的行為。而第六章則討論數位時代，演算法如何治理新聞業，並檢視演算法如何促進我們對新聞的特定看法，並同時影響新聞從業人士的思維，讓他們以特定方式行動和反應。

將演算法當成研究主題

最後，我想針對把演算法視為首要研究主題的原因做出說明。儘管在本書中，我對演算法的定義很廣泛，將其視為層層疊疊的電腦規則，與日常生活的指令，值得注意的是，我不把演算法視為本身全無任何問題的事物。如伊恩・柏格斯特（Ian Bogost）所主張，特別神話演算法，將其作為描述當代文化的指標有其危險性。儘管我同意柏格斯特（Bogost，2015）的觀點，認為演算法並非簡易的單一系統，而具備多種層次且有複雜性，並涉及「多種不同類型的人、程序、物質與機器」，我並不單視演算法為研究主題，或是我所關心的現象而已。正是因為演算法錯綜複雜的本質，我們顯然需要釐清演算法的意義，及其在現實世界中的運作方式。

本書的目標是探索並進一步了解，當演算法融入當代媒體生態的社會結構時，會帶來哪些影響。以演算法為主題主要是為了幫助我們進一步了解，這些程序化作法的修辭語域。也就是說，「正因為演算法在科技狂熱的當代，扮演謎樣的角色」（或是如柏格斯特所說，我們「草率地簡化」了某種更複雜的事物），我們需要更詳盡描述演算法究竟是什麼。當推特（Twitter）與 Instagram 等平台公開表示他們要推出新的「演算法式時間軸」，或是媒體反覆報導「演算法歧視」與偏見時，我們除了愈來愈需要了解演算法一詞真正的意義外，更重要的是，我們還需要了解「演算法」在哪些時候，以哪些方式成為尤其代表「實用」的符號，以及演算法能為誰帶來好處。正如凱瑟琳・海爾斯（Katherine Hayles, 2005: 17）認為運算代表的「不只是數位電腦」，也「不僅限於數位化操作方式，或二進位程式碼」，本書也不只單純將演算法視為能讓機器執行特定動作的逐步指令。[29] 無論是倫敦一家書店將擺放員工推薦書籍的書架，標示為由「人體演算法」推薦；或是BBC推出一個宣稱「人類能戰勝機器人」的電台節目，都顯示當代文化與社會不僅只將演算法的概念侷限在電腦上。[30]

我認為，演算法構成的文化邏輯某種程度上超越「用程式碼編纂的指令」，也緩緩影響人類思考與談論經濟、知識生產還有文化等事物的方式。從軟體的操作性到整體社會，演算法的規模有大有小，不過，我無意在本書中為演算法究竟是什麼下定論，因為演算法並不存在能明確分離出來的特質。我想討論的是演算法的「本體論政治」（ontological politics），也就是「可能性的條件並非先驗存在」，而是受到情境實踐影響，也在情境實踐中得以落實（Mol, 1999: 75）。演算法具有多樣性。也就是演算法絕不會是單一物件。主張演算法具有多重特質，讓我們得以認真探討演算法的多重面向。[31]

安瑪莉・摩爾（Annemarie Mol）的著作《身體多重》（*The Body Multiple*, 2002）說，動脈硬化這種疾病的定義本身並不存在，而是在不同條件下有不同版本的定義。我認為演算法也不只有一種具體形式。這並不表示我們不能稱某個物件為演算法，又或是除了代表關聯性外，演算法什麼也不是。如同摩爾所研究的疾病，又或是約翰・羅（John Law）研究的飛行器，演算法在只有單一定義和具備多樣性之間游離擺盪。正如羅所說：「沒錯，這就是動脈硬化的定義。沒錯，這就是肝臟酒精中毒的定義。沒錯，這就是幫浦的定義。……沒錯，這就是飛行器的定義。這些東西或多或少都擁有單一定義，但又或多或少具有多樣性」（John Law, 2002a: 33）。同樣地，我們可能會說，沒錯，這就是類神經網路。沒錯，這就是C++程式碼。沒錯，這就是 PageRank。沒錯，我們就是這樣歸納日常生活中的對話。這些事情或多或少都具有單一定義，但又或多或少具有多樣性。本書與摩爾和羅的觀點不同之處在於，我並不是要探討特定的物件，例如，特定的飛行器（羅的研究主要著重在 TSR2 戰鬥機）、疾病（如：貧血），或是某種演算法（如：PageRank）。在本書的討論中，單一定義與多樣性的出現，純粹是為了滿足分析需要。有時候，演算法可能看起來像是單一個實體，例如，第四章將提到的臉書動態消息演算法。而其他時候，演算法的定義則可能較不明確，但演算法究竟是什麼、運用在何處的問題則相當重要。演算法本體論政治的影響力，與演算法實際的定義，以及演算法運作的時機沒什麼關係（儘管上述問題也十分重要），而與演算法形成，且開始影響特定情境與狀況的時機有關。

CH 3

既不是黑色的，也不是箱子，理解或不去理解演算法

黑箱是一個探索式的裝置來處理這團混亂
——不是讓世界變得比較不亂，
而是把注意力導向黑箱這個概念，
試圖隱藏起來的混亂

現在不管在社會的任何範圍和領域，都能感受到演算法的威力。演算法不只會過濾新聞、規劃大家在社群媒體上看到的內容，執法機關、金融單位、還有醫療保健產業也不斷地透過演算法來進行決策，對每個人的生活都可能產生重大深遠的影響（Pasquale, 2015）。不過，演算法並不是大家想的那種客觀中立決策機制。關於演算法決策方式的偏見例子多到不可勝數，學者與政策制定者都努力在追求最好的治理方式，讓管理系統能夠為決策負起更多責任。要讓演算法負責，最大的阻礙就是要先了解演算法。我們現在關心、在乎的演算法——例如，大眾媒體平台所使用的演算法——往往受到營業祕密保護所管轄。臉書和Google所採用的演算法就是這兩間公司的「祕製醬汁」，加進了網路上流傳的資訊與數據裡。演算法本來就不透明——不只是為了保護企業，也是一種技術需求，好處理複雜的系統。那麼，「黑箱」（black box）的本質就會讓我們更難理解演算法。如帕斯奎所說，要知道演算法的功能與任務很重要，因為演算法不斷被用來表現權威：「過去基於人類靠深思熟慮所做出來的決定，現在都自動化了」，靠的就是程式所寫出來的規則，而這些規則都「藏在黑箱裡」（Pasquale, 2015: 8）。一般認為演算法的決策神祕又無法摸透，被隱藏在「程式的面紗」與貿易法規後方（Perel & Elkin-Koren, 2017）。很多人都以為只要我們可以讓演算法更透明，我們就有更好的機會，可以治理這些替我們自動做決定的大型企業。

儘管「透明度本身並不是目標」，很多人卻認為要搞懂一件事，條件就是要夠透明（Pasquale, 2015: 8）。美國前總統歐巴馬（Barack Obama, 2009）當時在發出《資訊自由法》（Freedom of Information Act）備忘錄的時候曾表示：「民主需要問責，問責需要透明。」問題還是在於哪些東西要透明，透明又可以公開什麼。妮可・德萬德蕾（Nicole Dewandre, 2015）在評論帕斯奎的《黑箱社會》時，將近來要求演算法更透明的主張，連結到女性主義學者蘇珊・H・威廉斯（Susan H. Williams）所稱的「啟蒙視角」（Enlightenment Vision），這點非常具有啟發意義。對威廉斯來說，「自主的自由模型和笛卡兒的真理模型密切相關。自主的自由主義就是明白笛卡兒思想的人」（2004: 232）。根據啟蒙視角，有透明度才會有理性、自治和控制。如果有資訊被隱藏起來了，啟蒙運動推動者說我們一定要揭露秘密，因為有理解才能有更好的控制。[1]但如果從演算法所散發出來的權力無法輕易地取得，根據笛卡兒的因果觀念，起源的概念和行動的來源就很難定義了，那該怎麼辦？仔細琢磨了知識和感性的分界之後，我在這一章裡所選擇的挑戰，就是要延續上一章介紹的演算法多樣性，建立演算法的認識論。也就是說，當演算法既具備多樣性，又「隱藏在程式的面紗背後」，且似乎「無法捉摸」的時候，我們要怎麼理解演算法？

在這一章裡，我會運用黑箱的概念作為一個探索的工具，來探討當代媒體平台裡演算法的本質，還有我們作為對於演算法有興趣的學者，及社會行動者，如何可能處理演算法，儘管演算法有著看似神秘的本質（或者正是因為如此）。本章不再受到演算法是黑箱的概念限制，而是去探討當我們把演算法看成黑箱的時候，會有什麼風險？這樣的觀點可能會讓我們少問了哪些問題？我在往前探究的過程中，想理解用黑箱來比喻演算法會有什麼限制。把演算法看成黑箱有效到什麼程度？如果我們想要明白演算法，但是不衝著原始碼或程式指令的細節，而是往其他方面努力，那我們會看到什麼？這個其他方面又是哪裡？本章的結構如下：首先，我會介紹把演算法作為黑箱的形象，並主張演算法和大家想的不一樣，並非無法捉摸的黑箱。接下來，我會深入展開我的主張，以關係本體論的方式來處理演算法的概念。這表示我們的注意力將從「演算法是什麼」轉移到「演算法能做什麼」。我的論點是為了描述演算法的權力與政治，關於演算法能動性的問題，不應該著重於能動性在何處，而是何時被確定。最後，針對我們要用什麼方向來理解演算法，我會指出三項方法論策略。

黑箱

▼對於未知事物的問題意識

黑箱的概念被廣泛應用於所有我們（似乎）不懂的事物上。黑箱指的是一個不透明的機械裝置，我們只能看到輸入和輸出，黑箱的象徵和祕密的歷史有關——包括營業祕密、國家機密、軍事機密（Galison, 2004: 231）。[2] 黑箱就是一個內部功能不能被人知道的裝置——至少光靠觀察無法得知處理過程，因為這箱子既然是黑色的，就是要阻擋視線。在歷史中，黑箱顧名思義就是一個黑色的箱子，第二次世界大戰時用來裝戰事所需的機器和雷達設備。在回顧黑箱的起源時，菲利浦・馮・希爾格斯（Philipp von Hilgers, 2011）描述黑箱確實指的是一個「黑色」的箱子，在蒂澤德任務（Tizard Mission）中從英國送交美國，尋求技術支援，開發新科技以贏得戰爭。這個黑箱被送到了麻省理工學院的放射實驗室，裡面還裝了另一個黑箱，內有磁控管。戰時，關鍵科技都必須祕密進行以免落入敵手。反過來，如果看到了敵人的黑箱，你也要假設這個箱子有自我毀滅裝置，所以貿然打開很危險。因此，在這個機密的文化底下，或彼得・蓋里森（Peter Galison, 1994）所稱的「雷達哲學」下，一種思維模型已經為模控學的出現，和複雜「人機」系統的分析和設計鋪好路。黑箱輕易地用來比喻祕密、隱匿、未知。在我們的日常用語中，從大腦到市場和國家，任何事都可以比擬為黑箱。演算法也一樣。

演算法被比擬成黑箱的時候，同時產生了未知的問題。[3]當演算法被當作未知的事物，不只表示我們缺乏相關的知識或資訊。黑箱的概念特指一種未知的情況。關於演算法和營業祕密的透明度與問責度，普遍的論述認為演算法是「可知的已知未知」（knowable known unknows; Roberts, 2012）——意思就是，只要給予正確的資源就是可知。根據普遍論述，我們只需要找到方法來打開黑箱就行了。確實科技研究中「打開黑箱」是一個關鍵的心法，表示破解複雜的謎團，讓一個技術裝置更可靠而單一的。[4]打開黑箱的訴求可見於「審計型社會」（audit society; Power, 1999）裡，呼籲要有更高的透明度與問責度。在審計的氛圍下，組織愈來愈常被要求要公開他們運作的方式。例如，大學要製作更多文件，包括評估紀錄、研究成果、還有資金列表。瑪莉蓮・史翠珊（Marilyn Strathern, 2000a）表示資訊愈多就有愈高的公理值。現今，學者把審計的概念延伸到演算法的領域，認為我們必須對演算法進行審計研究，能偵測出並對抗演算法的差別待遇（Sandvig et al., 2014）。這樣的努力當然很值得欽佩，但我在本章想要檢視的，就是這種把希望寄託在更高透明度，以求理解演算法的觀念。要理解演算法的方法很多，不限於打開黑箱，逐一閱讀所有演算法給機器的程式指令。確實，有些東西「根本無從發現」（von Hilgers, 2011: 42），但把演算法當成黑箱的普遍概念，可能會造成聲東擊西、調虎離山的效果——讓我們沒注意到其他（或許更急迫的）問題和議題。大家太常不假思索就用黑箱來批評演算法，卻沒有仔細檢視這個比喻本身有沒有問題。當我們選用黑箱來描述演算法的時候，到底得到了什麼？失去了什麼？這個比喻可以應用到什麼程度？

把一樣東西說成是黑箱，這可能就不是在陳述事實。我在這一章會討論到，宣稱一樣東西是黑箱可能會有不同的效用。不像蘇格拉底學派把未知視為獲得知識不可或缺的基礎條件，黑箱會把未知轉變成是一個認識論的問題。未知的事物——包括黑箱——會有問題，因為阻擋了視線，最終阻礙了啟蒙運動必備的精神「敢於認識」和「擁有認知的勇氣與無畏」（Foucault, 2010: 306）。對啟蒙運動最卓越的哲學家康德（Immanuel Kant）來說，「不知」就是不成熟，表示大眾盲目地跟隨了別人的領導權威（Foucault, 2010: 305）。唉呀，如果有個東西被刻意地遮掩了，啟蒙大師的任務就是要挖掘真相、水落石出。批評啟蒙視角的人往往針對「暴露或解構內部運作」的觀點，好像有個真相的核心，正等著一個成熟又理性的人（通常又指男人）來挖掘（Chun, 2011; Foucault, 1980; Harding, 1996）。從康德的觀念來看，認知的勇氣不只是和理性主義有關，也會連結到真知的追求。在這個思維下，黑箱威脅到了發現真理的可能。

黑箱可能害我們得不到似乎潛藏在底下的真理，黑箱的這個概念也代表一個職責結束後，會釋出理性主體的裝置，如康德所述，這個主體可以「結束」大家不成熟的思維（Foucault, 2010: 305）。如同麥克・卡隆與布魯諾・拉圖（Micheal Callon and Bruno Latour）建議，「黑箱包含了事實，不必再多想了」（1981: 285）。關於技術或商業黑箱與透明度的討論中，捍衛黑箱最常見的論述就是必須隱匿細節。科學歷史學家蓋里森在寫到營業秘密時（Glasson, 2004），指出機密受法律保障為「反認識論」的一種形式，成為一種必須被遮掩的知識，才能保護商業配方等等。[5]確實，整個黑箱的比喻都奠基在反認識論的概念上。沒有了機密，系統就無法妥善運作。從更技術性的觀點來看，隱匿內部運作的方式可以避免系統被玩弄。如約書亞・克羅爾等人（Joshua A. Kroll et al.）所編的論著所述，「機密會打消系統內參與者策略行為，並避免眾人違法洩漏資料」（2016: 16）。最後，從工程的觀點來看，隱藏大部分的程式或刻意讓程式顯得隱晦難解，是軟體開發過程中很必要的步驟。加洛威指出，「混淆或『隱藏資訊』是為了要讓程式更模組化、更抽象，因此更容易維護」（Galloway, 2006a: 323）。換句話說，讓程式變成黑箱，減少了程式設計師的認知負荷，讓他們能寫新的程式，或設計新功能，而不必把心力耗費在系統運作的每個小細節。

當演算法在現行的論述中被當作黑箱，通常是為了要凸顯演算法的問題，看出演算法可能會造成的傷害或差別待遇。尤其是法律圈不斷呼籲要打開演算法的黑箱。帕斯奎認為「若不知道 Google 在進行網站排行時到底怎麼進行，我們就無法衡量 Google 什麼時候是依善意在幫助用戶，什麼時候是為了商業利益而更動排序結果」（Pasquale, 2015: 9）。帕斯奎擔心的是黑箱社會裡固有的知識不對稱現象，或他所稱的知識「單向鏡」：「這是歷史上第一次，重要企業可以掌握我們日常生活中的所有小事，而我們卻幾乎不知道他們如何運用這些資訊，來影響我們——和他們——所做的重要決策」（2015: 9）。這種知識不對稱影響了新的權力關係——不只是企業掌握了愈來愈多這些被監控的大眾的資訊，企業之間最終也會破壞彼此之間的良性競爭（Pasquale, 2015: 83）。因此法界學者（尤其是美國）更強力呼籲要提高透明度，要求企業讓他們的運作更透明（可參見 Balkin, 2016; Benjamin, 2013; Citron & Pasquale, 2014; Cohen, 2016; Mehra, 2015）。[6]帕斯奎義憤填膺地說，「有黑箱在，你不可能建立一段互信關係」（Pasquale, 2015: 83）。

對於「演算法社會」裡技術細節都普遍藏在黑箱裡，又有哪些被提出的解決方法呢（Balkin, 2016）？對帕斯奎來說，黑箱必須要攤在陽光下，才能杜絕系統可能包含的惡行、歧視或偏見：「演算法應該開放受檢——如果不讓一般大眾檢驗，至少也要讓可以信任的審計人員檢查」（Pasquale, 2015: 141）。在這裡，打開黑箱指的可能只是讓大家能看到原始碼。丹妮爾・希倫（Danielle K. Citron）和帕斯奎在討論如何偵測信用評分系統裡的偏差時，表示「要確實了解，我們當然需要存取原始碼、程式設計師的註解，和信用評分系統最核心的演算法，才能測試人為偏差，但我們當然無法獲得」（Citron & Pasquale, 2014: 14）。其他人比較懷疑是否真的有需要透明的原始碼，並指出這樣的呼籲沒有考慮到，其實沒必要讓所有的細節都完全透明（Kroll et al., 2016）。不過，打開演算法的黑箱可能也代表著放開條件，讓演算法可以被外部合法檢驗。研究員桑德維格和他的同事，在美國聯邦法院近期的一樁訴訟案中作證表示，法律也構成了另外一道獲取資訊的障礙——在這個案件中「導致研究員無法收集數據，判斷網路演算法是否造成歧視」（Grauer, 2016）。很多要求更高透明度的呼籲未必有價值，我在接下來的段落中主張的是：要理解演算法不一定得打開黑箱。事實上，在思考演算法的本體論與認識論時，黑箱或許不是最合適的概念。

不解演算法

專屬演算法很難理解沒錯，這並不表示專屬演算法就「無從得知」。或許很矛盾，但我想要提的是，演算法雖然不是「無從得知」，理解演算法的第一步是要「不解」（un-know），意思就是要讓熟悉的事物變得有點不熟悉。前一章，我們看到演算法對不同的利害關係人，和不同領域的人有各別的意義。這不是說計算機科學家必須放下他對演算法的理解，或是社會科學家應該放棄把演算法當成社會關懷的客體。「不解」（Unknowing）也不代表要把黑箱「黑箱化」。「不解」指的是用不同的角度去觀察，檢查其他地方，或根本不看。要求透明度的呼籲雖然試圖要讓關注的對象有更高的能見度，但能見度可能也會隱蔽真相。史翠珊表示，「要把看不見得東西變成看得見，這一點也不天真」（Strathern, 2000a: 309）。太多資訊也會遮蔽我們的判斷力，讓我們無法看清楚，最終，讓我們無法理解（Strathern, 2000a; Tsoukas, 1997）。「不解」不是要排除我們的認知，而是要挑戰我們的認知。在這個觀念下，我所想的那種不解很接近喬治・巴代伊（Geroge Bataille）的「非知識」（nonknowledge）也就是「一種超越，挑戰我們的思惟與倫理」（Yusoff, 2009: 1014）。對巴代伊來說，非知識不能根絕，而是要加以擁抱，當作是讓我們更充實的經驗（Bataille 1986, 2004）。[7]尚・波希亞（Jean Baudrillard）回應巴代伊的想法，為了劃分知識與非知識，發展出「猥褻」（obscenity）與「誘惑」（seduction）的差異，表示「非知識就是狐媚又魔幻的知識」（Juergenson & Rey, 2012: 290）。換句話說，我們可以把「不解演算法」當成是對演算法充滿誘惑力的特質，更疏離或更投入的方式，因為演算法本來就無法完全以理性的方式充分說明。在實踐的層次上，不解演算法就代表著打開了要理解演算法的黑箱。對計算機科學家來說，這代表著更清楚演算法設計來處理的資訊，會如何影響社會。相對地，對社會科學家和人文學者來說，這代表更清楚電腦和演算法決策的方式（Kroll et al., 2016: 14）。在比較理論和概念的層次上，黑箱的比喻本有其限制，不解演算法代表著要和這些限制正面交鋒。根據卡琳・克諾爾—塞蒂納（Karin Knorr-Cetina）所稱的負面知識（negative knowledge），這項任務就是要闡明黑箱比喻的限制和不完美之處。對克諾爾—塞蒂納來說：

> 負面知識不是非知識，而是理解到認知的限制，以及我們在理解的過程中會犯的錯誤，理解哪些因素會干擾我們的認知，並理解到哪些事情我們不感興趣，也真的沒有很想知道。（Karin Knorr-Cetina, 1999: 64）

若以不解演算法作為理解演算法的第一步，那就要更積極地著手處理看似干擾，或阻擋我們認知的因素。其實，我想要主張的是黑箱的比喻本身就構成了這種干擾。我們企圖打開黑箱的時候，經常忽略了黑箱的比喻到底對不對。把演算法當成黑箱或許比較容易，也比較具體，因為這個比喻讓分析師、政策制定者和外部評論家，都能提出更透明、更開放的訴求，作為讓權力經紀人更負責任的手段。儘管被人稱為是黑的，這個箱子不只隱匿了評論家想揭露的程式，也隱匿了真相：演算法可能不黑，也沒有裝在箱子裡，和大家想的不一樣。

多樣、程序、異質

▼關係本體論與演算法

本章的重點在於把演算法當成黑箱來理解，所伴隨而生的可能性和挑戰。我目前所抱持的觀點，是黑箱的比喻隱匿了自身作為認識工具的限制。當我們以啟蒙的觀點鼓勵開箱的時候，就把能見度當成了獲得知識與控制的管道。演算法並不是個獨立的箱子，而是複雜系統的一部分。演算法往往是各種演算法一同運作，最終歸屬於複雜的系統，特別是臉書、推特、網飛或 YouTube 這些平台的演算法更是如此。這些系統不會只有一套演算法，而是一系列的演算法，聯手創造出一致的體驗。網飛的產品負責人卡洛斯‧高梅茲—烏里貝和尼爾‧亨特（Carlos A. Gomez-Uribe and Neil Hunt）寫道：「我們的推薦系統包含了不同的演算法，一起定義出網飛體驗」（2015: 2）。為了要讓大家稍微了解設計網飛體驗的過程中，需要動用多少演算法，高梅茲—烏里貝和杭特列出了至少八組不同的演算法，包括個人化影片評比（personalized video ranker, PVR），讓每個用戶看到的影片類別內容，排列方式都不一樣；熱門推薦（Top-N Video ranker），會產生精選的推薦名單；還有產生分頁的演算法，會建構每一頁所建議的影片。同樣地，YouTube 的影片推薦系統也不只靠一套演算法，而是依賴許多組演算法，包括了相關影片、推薦影片、搜尋演算法還有內容識別（Content ID）（Davidson et al., 2010）。科技記者威爾‧歐瑞摩斯（Will Oremus, 2016）在知名網路雜誌《石板》（*Slate*）寫道：「演算法其實是上百組更細瑣的演算法所組成，各自解決大問題下的小問題，決定了要給大家看什麼故事。」

不但如此，演算法的多樣性和演算法持續在改變的本質有關。我們在前一章已經看到了，臉書經常被看成是還未完工的半成品。這點不只代表創新無止境，就字面來看，這就是一份整合好的商業計畫，要持續改善演算法以留住用戶。持續改變的精神不獨臉書擁有：這是目前多數網路平台在開發商品的重要方式。所謂的A／B測試就是實驗文化的關鍵，讓這些平台不斷評估各種演算法，互相比較，看哪一種的表現比較好。[8] A／B測試基本上就像焦點團體，蒐集大家對特定產品的意見——最大的差異在於參加A／B測試的人通常不知情。美國平面與線上雜誌《連線》（*Wired*）的記者布萊恩・克里斯汀（Brian Christian, 2012）曾解釋過：

> 一部分的用戶在沒有收到通知的情況下，分別看到不同版本的網頁，網站會比較標準版用戶的行為和測試版用戶的行為。如果新版網頁的表現比較好——有更高的點擊數、網站停留時間較長、購買金額較高——就會取代原先的版本。如果新版網頁表現比較差，那這個網頁就會默默地被淘汰掉，多數用戶都不會看到。

這些「看不見」的實驗已經變成了網路上產品開發的重要過程，對網飛這樣的公司來說，A／B測試被視為「做產品決策時最重要的資訊來源」（Gomez-Uribe & Hunt, 2015: 11）。A／B測試通常會用兩個變數測試兩群用戶，從這裡就可以看出持續改變的邏輯。網飛不只利用兩個變數來測試，有時候會測試五到十種演算法，通常會進行二至六個月（Gomez-Uribe &

Hunt, 2015: 9-12）。每一天，都會同時進行多組測驗。因此，世界上不只有一種「網飛」，而是有許多不同的排列組合（Seaver, 2013）。若我們想了解演算法，實驗的文化會讓這任務更複雜，因為我們免不了會碰到這些問題：要了解哪個版本？哪個測試族群？哪個時間點所用的演算法？那麼，我想建議的是當代媒體平台所運用的演算法既不黑，也不是箱子，而是「事件的」。為了演算法的概念化，這表示我們要拒絕追求演算法的本質和恆久性，並展開本體論的轉移，進入一個以過程和關係構成的世界。

演算法的事件性

理論上，本體論的轉移是因為多元又互相關連的觀點，包括了行動者網路理論與後行動者網路理論（actor-network theory and post-ANT; Latour, 2005; Mol, 1999; Law; 1999）、過程關係哲學（process-relational philosophy; Deleuze & Guattari, 1987; Simondon, 2011; Whitehead, 1978）、能動實在論（agential realism; Barad, 2003; 2007）、和新物質主義（new materialism Bennett, et al., 2010; Braidotti, 2006）。[9]這些觀點不能代表思想的同質性，或一個單一的理論

立場，甚至是在歸屬於同一類別的思想家之中，他們各自強調一種關係本體論，將權力延伸到不同的行動者，包括非人類與超人類。[10]

要把演算法當成充滿事件的來理解，我要借用懷海德（Alfred North Whitehead）的感性，強調過程（becoming）而不是狀態（being）。對懷海德（Whitehead, 1978）來說，實際的存在（actual entities）或實際的際遇（如演算法）結合了異質的元素（或他所稱的「攝握」〔prehensions〕）。[11] 實際的存在為人所知是因為他們的過程，而不是他們的狀態。如懷海德所示，「一個實際的存在靠過程成就自己。他的『狀態』是由『過程』建構出來的。這就是歷程的『原則』」（Whitehead, 1978: 23）。這個把存在當成過程的觀點，突破了較傳統的存在觀，過去都把存在視為物質和本質。確實，「實際的存在就是最終構成世界的真實事物。不必尋找實際存在的背後，還有沒有更真實的東西」（Whitehead, 1978: 18）。這點對於演算法的分析產生了重要的影響，因為演算法落實了更新型的團結與歸屬感，背後沒有「更真實」的事物了。[12] 說演算法是充滿事件的還不夠，我們要把演算法理解為共同成形的一部分。分析的選擇成了研究實際存在的時候，要分析什麼關係和該納入哪些行動者。邁克・邁克爾（Mike Michael）建議，研究過程或事件的價值「不在於他們實證的『準確度』，而在於他們有多少能力可以從現實中（如常規、論述與政治）產生『秩序和失序』」（2004: 9, 19）。[13] 這代表對於演算法的理解已經從「演算法是什麼」的問題轉變為「演算法在特定情況下會做什麼」了。

在最基本的層次上，演算法的功能是體現命令結構（Goffey, 2008: 17）。對程式設計師來說，演算法解決了電腦運算的問題，讓輸入可以直接產生輸出。對用戶來說，演算法提供了協助——也就是演算法幫助用戶找到他們搜尋的項目、把用戶的注意力導向「最重要」的內容、組織資訊產生意義、提供資訊或限制資訊的存取、提供消費或娛樂的建議。我們也可以在演算法形塑個人經驗、提供大家特定的感受時，觀察到演算法的作用，例如，演算法驅動了挫折感、好奇心和喜悅（請參閱第五章）。伊特洛納曾表示「演算法的作用不只是執行了（程式設計師所決定的）指令，演算法還扮演了他們該表達或反映的情緒」（Introna, 2016: 4）。伊特洛納所提的展演性在這裡點出了演算法的表達能力，以及演算法有能力可以在那個世界裡起作用。[14]當演算法變成人們日常生活的一部分，結合到金融市場中，或是捲入了知識產生的過程，演算法就會在這些領域裡有所作為。

演算法在這些情境裡所做的，光靠打開黑箱還無法理解。這並不是像溫納（Winner, 1993）所說，我們打開之後有可能會發現裡面是空的。這比較接近拉圖（Latour, 1999）的提醒，所有的黑箱之所以是黑箱，是因為他們隱匿了他們所呈現的網絡與拼裝體。對拉圖來說，所有的科學與科技成品在成功前，都會經歷黑箱的過程，成功後才會被看見。拉圖有個例子被廣泛引用，他以投影機故障來說明黑箱會洩漏出它自己真正是什麼——黑箱不是一個穩定的物品，而是許多相關的零件配置在一起（Latour, 1999: 183）。機器正常運作的時候，沒有人會多加注意，讓機器順利運作的人和過程就消失在我們的視線裡了（Latour, 1999: 34）。對拉圖來說，黑箱最終會隱身成為網絡的一部分，而黑箱化指的就是這個流程，讓實踐更具體。如果黑箱的比喻太常被用來批評演算法，拉圖的黑箱概念就提醒了我們，應該要嚴格地詳細檢查演算法的運作過程。

關係本體論的核心宗旨是關係物質主義的原則，即「物件不只是展演的道具，而是混種拼裝體中很重要的部分，原本就具有分散的人格特質與關係的能動性」（Vannini, 2015: 5）。社會技術與社會物質性等概念，常用來表達人與非人行動者間的基本對稱結構。[15]從這個觀點來看，社會與技術不會被視為獨立的實體。社會與技術永遠在網絡、拼裝體或混種的共生關係裡交互作用。[16]從關係來看，有一點很重要，新的拼裝體或複合實體生成的能力，不能只被簡化在組成的部分。這些新的複合實體可以「產生新地域組織、新行為、新表現、新行動者和新的現實」（Müller, 2015: 29）。這股能動力（agential force）或許在法文的「佈局」（**agencement**）概念中表現得最明顯。卡隆指出「佈局和能動性有同樣的根：佈局就是排列，同時有能力根據不同的設定，採取不同的方式」（Callon, 2007: 320）。

當然，這些討論會挑起一個棘手的問題，我們要怎麼理解能動性。畢竟，能動性被稱為「哲學中最困難的問題」（Latour, 2005: 51）不是沒有原因。如果演算法很多樣，又屬於混種拼裝體的一部分，或演算法本身就是混種拼裝體，那麼能動性在哪裡？當我們說演算法會做這個、做那個，又是誰或什麼在操縱？儘管關係本體論的學者，可能對於存在與關係的本體狀態有不同的看法，一般都會認為能動性是分散的。[17]對演算法能動力的理論來說，採取關係論的觀點表示要揚棄任何「排列整齊的能動性流動」（Introna, 2016: 9）。就像凱倫・巴拉德（Karen Barad）所說，能動性不是一個人或一樣東西能擁有的特質，而是這個世界持續重新構成的過程（Barad, 2003: 818）。在類似的脈絡中，行動者網絡理論認為，能動性是個建立關聯後引發斡旋的成果（Müller, 2015: 30）。無論人或非人都有潛力可以建立關聯。巴拉德強調「能動性不符合人類意圖或主觀想法」（Barad, 2003: 826）。據拉圖表示：「任何可以創造差異，進而改變事件狀態的人事物就是行動者」，所以我們要問的只是這樣東西有沒有「在其他能動者的行動過程中造成差異」（Latour, 2005: 71）。關係本體論的核心就是要承認非人的關係性與能動力。拼裝體的概念或許比其他的概念，更能解釋關係如何為了不同目的而組裝。吉爾・德勒茲和克萊兒・帕內（Gilles Deleuze and Claire Parnet）認為拼裝體是一種「多樣性，由許多異質的條件組成，而這些條件之間會建立聯繫和關係」，唯一的一致性就是「共同發揮的功能」（G. Deleuze & C. Parnet, 2007: 69）。共同發揮功能的概念很適合描述「在同一拼裝體中，不同的能動者可能擁有不同的資源和能力去行動」（Anderson et al., 2012: 181）。從這個觀點來看，演算法的能動性就不在演算法身上，而在「執行之後不斷變化的結果」（Passoth et al., 2012: 4）。

將能動性看作是分散的觀點很重要。當我們聽到「演算法會產生歧視和差別待遇」（Miller, 2015），或「歧視與差別待遇已經被加進演算法裡了」（Kirchner, 2015），這些話很容易被理解成演算法擁有能動性去產生歧視。像 Google「黑猩猩事件」（請參閱第二章），Amazon 在當日宅配的選項裡，預先排除了黑人區的郵遞區號，或 Google 在用戶搜尋黑人常見的姓名時，就列出可進一步搜索犯罪紀錄的廣告（Sweeney, 2013），在這些例子裡，究竟是誰或什麼人產生了歧視其實很複雜，沒有像媒體標題寫的那麼直觀。

臉書就曾因為「趨勢」功能引發了爭論，二〇一六年五月，臉書又上了新聞，原來他們的趨勢功能並不是「中立客觀的演算法執行的結果」，而是人為篩選和監控。[18] 臉書雇用新聞系畢業生，不斷查看演算法產生的趨勢話題（trending topics），讓相關的題目和標題能有更高的能見度。問題在於這群受僱監控趨勢話題的人類編輯，正好在政治立場上偏左。根據新聞報導，編輯的立場可以從哪些動態愈來愈「熱門」的趨勢中觀察出來。開第一槍的 Gizmodo

網站在報導中表示，「換句話說，臉書的新聞版面操作和傳統的新聞編輯室一樣，反映出員工的偏見和企業的制度與規則」（Nunez, 2016）。在這則報導掀起軒然大波之後，臉書的主管湯姆・史托基（Tom Stocky）透過文字表示：「我們對審查小組訂有嚴格的規範，確保內容中性一致」（Stocky, 2016）。這個事件也促成美國參議員寫信給馬克・祖克柏（Mark Zuckerberg）要求臉書的運作更透明。這封信由共和黨參議員約翰・圖恩（John Thune）署名，要求臉書要仔細回答許多問題，包括「臉書新聞策展人有沒有操縱趨勢話題的內容？」和「臉書將採取哪些行動要求相關人員負責？」圖恩後來對記者說，任何關於趨勢話題的主觀意見，肯定都會「誤導美國大眾」（Corasaniti & Isaac, 2016）。

在這試驗過程中，還是少了適當的詞彙來討論演算法到底在做什麼，或演算法能做什麼，就像在這個例子裡，偏見究竟來自演算法還是涉案人員。偏見、中立、操弄、主觀等文字滿天飛，讓這樁爭議正好很適合討論能動性發生在哪裡。關於這起事件最主要的論述似乎都著眼於臉書不應該宣稱運用演算法來決策，但實際上由人來做出決策。當然，這些論述都忽略了其實演算法本來就是人類打造和維護的。不過，如果是有責任感的人在負責，那麼未來就會比較容易控制，或規範這種「操作」和「主觀排序」。從關係的角度來看，要判斷行動的根源，好像這些行動只會有一個來源，這也會產生誤解。畢竟，如拉圖所說，「要用『行動者』這個字就代表我們在行動的時候，永遠不清楚是誰或什麼在行動，因為舞台上的演員永遠不會一個人演戲」（Latour, 2005: 46）。這案子裡的舞台顯然包含了無數參與者，包括了新聞系畢業生、職業文化、政治立場、工作指導方針、趨勢話題的產品團隊、臉書高階主管、管理階層、演算法、用戶、新聞通訊社等等。

那麼演算法流程的偏見呢？約翰・諾頓（John Naughton）教授研究大眾對科技的理解，他曾經在《衛報》（*Guardian*）的專欄中，表示偏見或人類價值打一開始就嵌入了演算法裡，因為工程師也是人：

> 任何要做選擇的演算法都有設計師所明定的條件。這些條件就表現了人類的價值。工程師可能會覺得他們很「中立」，但過去的經驗已經證實了他們在政治、經濟與意識形態的樹林裡還是小嬰兒。（Naughton, 2016）

當然，透過機器學習演算法，有些人或許會想要主張因為系統的工程師或設計師，不見得是人類，所以人類價值或偏見所產生的影響，似乎不是什麼太大的問題。不過，就像演算法可能「研習了先前決策者的偏見」，也有可能「反映出社會整體所存留的普遍偏見」（Barocas

& Selbst, 2016: 1）。如果要理解臉書趨勢話題爭議中的偏見存在於哪裡，知道其演算法如何運作當然會有幫助。舉例來說，這點可以協助我們知道在爭議期間，臉書依賴幾個新聞出處來判斷「一個主題有沒有新聞價值」（Statt, 2016）。點閱率較高的新聞媒體，如「紐約時報」（*New York Times*）和「有線電視新聞網」（CNN）等傳統媒體機構，在決定一個事件熱不熱門的過程中，有較大的影響力。臉書洩漏的內部趨勢話題編輯工作指南中可以看到：「這份文件指定了十個新聞出處為核心，指示編輯只要根據多少刊物把這則報導放在頭版，就將該新聞主題註記為『全國新聞』或『重大新聞』」（Brandom, 2016）。這份指南和有關編輯工作的內容，與他們在註記報導有沒有新聞價值時，必須做出的決策類別，這些資訊讓我們看到了不同的價值、機制和意識形態，在這看似中立客觀的決策過程中互動。不僅如此，這也有助於了解用戶的角色在形塑演算法的成果時多麼核心。記者以斯拉・凱恩（Ezra Klein）說，用戶是「臉書最偏頗的策展人」（2016）。用戶很重要因為是他們的資料、點閱行為、偏好、人脈關係和溝通行為提供了演算法數據，演算法才能執行。

儘管臉書的動態消息經常被譽為最佳演算法典範，但動態消息離完全自動或毫無人為干預還遠得很。就像熱門主題專區一樣，臉書在動態消息的部分也有人為干預。二〇一四年夏天，臉書成立了一個「動態消息品質專題討論小組」，在田納西州諾克斯維爾（Knoxville,

Tennessee）集合了數百人，由臉書出資，請他們針對所看到的動態消息內容，提供詳細的回饋（Oremus, 2016）。之後，臉書將這個調查小組擴展到全國，付費請具有代表性的少數用戶，每天根據他們在動態消息所看到的內容評分、評價。他們甚至將調查小組拓展到海外。近期，臉書發布了一項調查，要求一小群用戶看兩則並列的貼文，選出最吸引他們的一則。臉書並不是唯一將演算法系統「人力化」的平台。例如，網飛也雇用了多元的「標註員」（taggers），他們的工作就是要評估影片類別、基調、風格，協助判斷用戶接下來可能會想要看什麼。提到音樂的推薦，人力也同樣出現在決策過程中，因為音樂常代表電腦不見得能「理解」的內容類別。Apple 在二〇一五年夏天推出自行開發的音樂串流服務 Apple Music。這項服務就非常依賴策展人和廣播電台主持人來提供推薦，而不只是靠演算法。Apple 執行長提姆・庫克（Tim Cook）在接受《華爾街日報》（*Wall Street Journal*）採訪的時候，說這項串流服務裡「大家都很喜歡人類策劃的內容」（WSJ, 2015）。Spotify 的品味檔案（Taste Profiles）負責人阿傑・卡立亞（Ajaj Kalia）認為「像音樂這麼充滿情緒的東西……一定要有人類參與」（Popper, 2015）。因為電腦「不懂得真正欣賞音樂」，Spotify 在全球各地雇用了三十二位音樂專家規劃播放清單，每週持續更新（Knight, 2015）。差不多就在 Apple Music 上線的時候，Spotify 推出了「每週新發現」（Discover Weekly），這是個由演算法產生的播放清單，比較接近破解人類品味的情緒標準。「每週新發現」背後的演算法，每週一根據用戶獨特的品味檔案推出建議的播放清單，將用戶的品味和其他喜歡同一位歌手或音樂家的播放清單來比較，加以彙整（Heath, 2015; Pasick, 2015）。假設他們會喜歡相同的音樂，接下來，演算法會檢視其他人加了哪些該用戶沒聽過的音樂到他們的播放清單裡，推薦給用戶（Popper, 2015）。「每週新發現」的主管麥修・歐哥（Matthew Ogle）將這個流程描述為「魔術過濾器」（Pasick, 2015）。不過，演算法只是魔術中的一部分。多數關於「每週新發現」的媒體報導，都強調最重要的成分是其他人和他們編輯的播放清單。歐哥回想起媒體平台運用大數據和演算法作為修辭策略時，他堅持若從演算法的角度來思考「每週新發現」就會忽略了重點，因為「這一切都來自數據，而數據是人類創造的——演算法只是大規模地把這些點都連起來……『每週新發現』**從頭到尾都是人類的作品**」（Heath, 2015，粗體為作者所加）。這些例子不只讓我們看出人類一直都被包含在演算法裡，不管是終端用戶提供了資料數據讓演算法可以學習，或是人類專家雇用來協助演算法運算出音樂品味或影片基調，也讓我們看到了若是把能動性歸屬於人類或演算法，都會有瑕疵。這裡的重點不是我們必須抉擇能動性究竟屬於誰，或哪樣事物。能動性並非伴隨著設計者、用戶，或演算法。關係論的視角很明確地「拒絕了任何本質主義或孤立的解釋，去區分人或非人的能動性」（Schubert, 2012: 126），而是說明不同實體的結合或拼裝，是變得更加人性還是非人性。如前一章所表明，演算法擁有一個多變的本體，表示對於能動性在哪裡運作的問題，不能給出一個決定性的答案。需要解釋的是變化的連續體。接下來，我要提出：若想知道什麼讓演算法更貼近人性（社會）或是非人性（科技），我們可以把注意力從能動性在哪裡，轉移到什麼時候能動性會被發動，並且是藉由誰的行為。

演算法什麼時候發揮作用？

臉書的熱門主題爭議和其他「演算法人力化」的例子，不只是讓我們質疑能動性的來源，還暗示了我們要問一個政治意味更強烈的問題：什麼時候會產生能動性？要代表誰？目的是什麼？真正的爭議不是臉書雇用了新聞系畢業生，干涉演算法的決策過程，加入他們自己的人為偏見，判斷新聞價值。爭議在於選擇性的人類與非人類能動性。大眾對於臉書熱門主題爭議的反應中，明顯看到演算法只有在部分時候很重要。我認為這就構成了一個很重要的思考維度，來探討演算法的政治——不是演算法本身做什麼，而是不同層面的演算法是如何，和在什麼狀況下，可以或不可以讓特定行動者在特定情境下運用。[19]當我們把注意力從行動的適當來源，轉移到在特定情況下動員行動來源的實踐時，我們或許得以理解演算法是如何，或在什麼時候變得至關緊要（演算法的重要性將於第六章討論）。[20]為什麼有時候演算法會因為歧視而受到責備，可是在相似卻不同的場合裡，人類會因為偏見而被「指控」？臉書雇用新聞系畢業生來策劃趨勢話題，為什麼會有爭議，而在新聞機構，不雇用新聞系畢業生才有問題？換個方式想，為什麼臉書可以運用演算法來處理新聞，但如果是新聞機構用演算法而不用人力，就會變成問題呢？這些問題和類似的問題不能靠本質論來回答。演算法並不是被安排好的；演算法不是數學表式，或人類意圖的表現，而是在一定狀況下持續的成就。也就是說，演算法會變得比較非人性（科技），或是比較貼近人性（社會），端看演算法和什麼有關。在臉書趨勢話題事件中，演算法因為爭議改變了配置。面對各界指控人類編輯的主觀偏見，臉書決定辭掉這二十六位受僱編輯，並為趨勢話題模組撰寫簡述的新聞系畢業生。為了減少偏見，臉書宣布會用機器人來取代他們。臉書依然在產生新聞的過程中保留了人力，但「一個更由演算法驅動的流程」，將「讓我們的團隊可以針對主題做出更少的人為決策」（Facebook, 2016）。這個案件中值得注意的不是趨勢話題究竟由演算法或人類所管理，而是不同標準如何被援引，並與爭議的內容建立關係。也就是說，「演算法」看似中立客觀，而人類主觀又有偏見。重點是演算法打一開始就不中立，人類也不是打一開始就有偏見，這些描述性的標誌都有一定的脈絡和背景。去除了這些脈絡，也就沒有這些標誌了。[21]

從關係物質主義的觀點來看，最重要的問題「不是哲學性質的問題，是政治的」（Mol, 2013: 381）。回到前一章最後介紹的本體論政治觀念，在當代社會要理解演算法怎麼會產生重要性，不是要定義演算法是什麼，或是演算法在什麼時間點運作，而是要問演算法如何被制定，又如何合作，創造出不同版本的真實。許多爭議都和演算法與人類的連續體有關，這麼多例子對照後，顯示的是演算法並非天生是好或壞、中立或偏頗的機制，而是會根據不同的因素、利益、利害關係者、策略和政治，而顯得好或壞、中立或偏頗。「本體論政治學」這個詞就是要強調真實永遠不是被安排好的，而是透過互動所形塑、出現。[22]我們不是要判斷誰採取了行動（或在這個例子裡是誰產生了歧視與差別待遇），最值得探究的問題是，行動者什麼時候會做出特定的行為（Passoth et al., 2012: 4）。

當我們把注意力從能動性是什麼、發生在哪裡，轉移到什麼時候會有能動性、能動性在特定狀況下屬於誰，我們或許會開始看到將演算法比喻為黑箱的概念，不只是個本體學或認識學的主張，而是一個政治的主張。如同我在本章開頭所說的，把一樣東西比喻成黑箱有很多功能。演算法的黑箱不只是未知，而且在很多狀況下構成了林賽・麥克高伊（Linsey

McGoey, 2012）所稱的「策略性未知」（strategic unknown），被理解為策略性地駕馭無知。麥克高伊主張，策略性未知強調「對組織和個人來說，培養無知通常比培養知識更有利」（McGoey, 2012: 555）。以災難控制來說，專家宣稱無知，可以緩和大眾對於災難或醜聞咎責。有策略地動員未知，組織和個人可以堅持他們不可能提早知道，或偵測到災難。這種無知往往在演算法和軟體的論述中也會用到。

事實上，機器學習和人工智慧的領域，似乎常常看起來像是一個策略性未知的領域。在最基礎的層次上，機器學習演算法的運作似乎杜絕了所有形態的確定性。因為機器會「自行」學習，不需要刻意透過程式設定去學習，所以沒有辦法知道究竟特定的結果是什麼造成的。保羅・杜里希（Paul Dourish）在思考機器學習的到來時說：「在我接受計算機科學訓練的這幾年裡，製作一套演算法就是為了要知道一件事。演算法是最可靠的程序，可以推導出可預測的結果。演算法運作的結果可知且明確」（2016: 7）。機器學習的技術卻產生了未知：

> 當我的信用卡公司認為消費行為很「可疑」，於是暫時封鎖我的信用卡時，沒辦法明確解釋到底什麼很可疑——他們知道有些事情不對勁，但不知道是什麼事。（2016: 7）

確實，在機器學習的脈絡中，決策規則來自「分析後的特定數據，但分析方式沒有人類可以說明」（Kroll et al., 2016: 6）。雖然這些基礎的不確定性，可能會讓那些想理解演算法的人覺得很討厭，但這不確定性也可以用來重建麥克高伊所稱的「知識不在場證明」（knowledge alibis），即「可以利用高層專家的無知來辯稱自己無知的能力」（McGoey 2012: 563-564）。麥克高伊寫道：

> 知識不在場證明有一個特質，那就是**應該知情**的專家在**不知情**的時候，特別好用。這是因為透過他們的專業，某個現象不可能得知的主張就有了合理性，而不會只是因為無知所以無從得知。如果專家都不知道，沒有人會知道。（2012: 564，粗體為原文所加。）

大家往往辯稱他們缺乏有關演算法的知識時，拐彎抹角地提到他們沒辦法更早知道，因為根本沒人辦得到。《大西洋》雜誌（*The Atlantic*）近期有一篇文章的標題就直白地說：「就連寫演算法的人都沒辦法真正清楚演算法的運作方式」（LaFrance, 2015）。這個不可知的概念的真實程度有多高？儘管要說明資料數據中有哪些圖型，被機器學習演算法的模型利用確實很難，但這些系統的大原則和運作邏輯都很清楚。這就是為什麼最初要使用演算法。主張沒有人類能真正說明演算法運作的方式，或圖型辨識中的決策規則，或許是更著重於軟體的組織建構，而非演算法本身。如前一章所討論，大規模的機器學習系統，其實是機器學習演算法的組合網絡，串接在一起運算出新興的特性（例如，搜尋）。當我們在面對動態消息或搜尋引擎時，我們面對從來都不是一套套從數據表中，訓練單一模型的演算法，而是而是如同樂高般拼湊堆疊的機械學習系統。往往，許多機器學習系統都在處理同樣的工作，但是用戶只會看到表現最好的前三套演算法，所聚合出來的結果。如果前三名當中有一套演算法的成效很差，就會自動被淘汰。我們必須牢記的是，這些階層和結構是由團隊裡的成員所打造，所以一個人要了解一切的能力很有限，就如同一個人要理解哥本哈根大學如何運作，充滿挑戰。但同時間，團隊可以從試錯的過程中理解演算系統，感覺到演算法系統可能故障的原因，或什麼造成瓶頸的產生，他們就能完成自己的工作。23

然後，高層專家的無知不應該影響我們不同地去理解。如果演算邏輯精確的設定方式無法輕易追溯——例如，檢驗機器在類神經網絡中的不同層級裡學到什麼，這點也不應該阻止我們質疑其本身的古怪之處，尤其是當平台只要以無知為藉口，就能便宜行事的時候。克里斯提・桑維（Christian Sandvig, 2015）表示：「平台供應商往往推廣說他們的演算法，可以在沒有人為干預的狀態下運作，而且這些演算法不是經過設計，而是被『發現』或發明出來的，成為那個領域內科學與工程研究的邏輯顛峰。」當事情不照原本計畫發展，或平台被指控進行言論審查、差別待遇或偏見，演算法作為策略性未知就是一個很方便的理由了。當然，如同卡隆和拉圖巧妙地提醒我們：「黑箱永遠都不會完全關起來，或好好地釘牢……但是宏觀行動者可以讓黑箱彷彿是一個幽暗密閉的容器」（Callon and Latour, 1981: 285）。若一筆特定交易被認為很可疑，或信用卡公司無法解釋為什麼演算法做了這種判斷，那當然很奇怪。不過，理解演算法式的事件不見得可以解開原因，因為演算法有能力可以創造出確定的「秩序和失序」（Michael, 2004）。當一個事件的身分不確定時，就有機會可以詢問新的問題。在信用卡公司的例子裡，這個問題不見得會是「為什麼演算法會有這個結論」，而是「這個結論暗示因為人們在使用演算法，以及這些演算法的實踐，對不同的人造成什麼影響，會出現什麼樣的真實」。

就透明度來說，我們也要提出功能與期望的問題。當挪威最大報《挪威晚郵報》（*Aftenposten*）和挪威首相艾娜・瑟爾貝克（Erna Solberg）在二〇一六年九月點名臉書，指控臉書的演算法箝制言論自由，刪除了舉世知名的普立茲獎照片「戰爭的恐懼」（Terror of War），因為他們預期演算法會以特定的方式運作。他們認為，演算法應該可以區分獲得普立茲獎的經典新聞照片和「一般裸照」。除了這個事件之外（我在第六章會再談），還有其他例子是關於能動性有所區別的行動，例如，在究竟是演算法還是人類的錯這個問題上。透露出關於演算法，我們需要了解的或許不是演算法本身，而是我們自己的理解限制。或許我們不只應該擔心演算法出錯了，還要問演算法是不是做了原本該做的事？為什麼臉書審查了一張小女孩的裸照就會被指責，而事實上，這本來就是演算法被期待要做的事？因為理解演算法，我想要主張，或許就像以克諾爾—賽蒂娜的方式質疑「負面知識」，我們要試著層層剝開類神經網絡，或進入真正的原始碼。換句話說，當我們試著理解演算法的時候，我們也必須考量到哪些事情會干擾我們的認知、我們對哪些事情沒有興趣、我們不想知道哪些事情，以及為什麼。

黑箱的比喻隱匿的不只是演算法內部的運作，也隱藏了未知在特定狀況下，作為維持控制與否認責任的策略資源。我之前已經提過，把演算法比喻成黑箱是一種聲東擊西的障眼法，這個比喻是一種策略性未知，讓知識被掩蔽或模糊了焦點。需要仔細檢驗的不見得是藏在箱子裡的內容，而是政治與社會風氣何以持續將演算法比擬為黑箱。問題不在於我們能不能夠理解演算法，而是什麼時候比較可能理解演算法。也就是說，演算法什麼時候會被架構為未知、為了誰、又有什麼目的？

三種方法論策略

儘管目前已經點出了認識論的限制，我想要在本章最後提出三種方法論的策略來（不）理解演算法。廣義來說，這些策略對應到本章討論過的不同種類的無知，著重於處理演算法看似黑箱的本質。策略不只這三項，若有學者要把演算法作為文化分析的對象，便可參考這幾個可能的方法論路徑。

▼對已知的未知進行「反向工程」

啟蒙運動刺激我們去挖掘行動的來源，但我們有另一個作法那就是跟隨模控學（Cybernetics）的提示。模控學是一門研究動物與機器的控制和傳播的科學（Wiener, 1948）。模控學在探討系統與環境間的關係與回饋機制。神經精神病學家羅斯・阿什比（Ross Ashby）在《模控學緒論》（*A Introduction to Cybernetics*）中，談到模控學和事物是什麼無關，重點在於這些事物做什麼（1999 [1956]: 1）。在這本書裡，阿什比花了一整章來講黑箱的問題，他認為黑箱挑戰了必須「從內容物中盡可能推導」的工程師（1999 [1956]: 86）。對阿什比來說，黑箱不見得是障礙，可能就是日常生活的一部分。黑箱不是例外，黑箱才是常態。很多東西看似隱藏了起來無法取得——直到我們發現了裂縫和漏洞，才讓我們看到裡面。

理解演算法的第一步不是要把「不可能看到黑箱內部」當成是認識論的限制，用這種方式「取得知識簡直白忙一場」（von Hilgers, 2011: 43）。如同阿什比承認：「在日常生活中，我們往往遇到許多內部機制並非完全公開檢測的系統，最適用黑箱作為方法來看待」（Ashby, 1996: 86）。因為不透明、不可見、秘密都不是認識論裡的異常狀況，而是人生中的基本狀態，黑箱也不是我們該害怕的東西，而是可以「對應到新洞見」（von Hilgers, 2011: 32）。阿什比認為實驗者面對黑箱的時候，應該進行的任務不見得是搞清楚黑箱裡面有什麼，而是要問哪些特性會被發現，哪些仍舊無法發現（Ashby, 1999）。因為重要的不是事物本身，而是事物會造成什麼，模控學不會要求我們揭露箱子中準確的內容，而是針對黑箱的輸入和輸出去實驗。

每個演算法能讓我們發現和描述的部分，根據脈絡有所不同，所得到的資訊量也不同。不過，就算是在看似封閉、隱藏的系統，如臉書和 Google，還是有很多事情可以被知曉。不只有駭客、玩家、發送垃圾郵件的人，和搜尋引擎優化專家，才能進行演算法的實驗或嘗試。依反向工程的精神，即「從任何人造物擷取知識，或設計藍圖的過程」（Eilam 2005: 3），我們可能會想要從演算法如何運作，和一般「運作邏輯」等問題來理解演算法（Wardrip-Fruin, 2009）。新聞學與新聞研究的領域裡，已經有很多演算法「反向工程」的教學範例（Angwin et al., 2016; Diakopoulos, 2014）學界也呼籲要進行「演算法審查」（Hamilton et al, 2014; Sandvig, et al., 2014）。

謎化機器的運作過程沒有幫助，我們也不應該把演算法的邏輯，想像成是比人心更隱匿、更黑箱的東西。演算法不像人類，我們可以問人類他們的信念和價值是什麼，但儘管如此，我們的確可以試著找其他方式，讓演算法「說話」。就像民族誌學者繪製出人類的價值和信念，我認為繪製出演算法運作邏輯，則可以稱為「技術誌」（technography）。[24] 如拉圖所述，「要發明特定的手法才能讓它們（科技）說話，也就是說，描述自己，敘述它們讓其他——人或非人——做了什麼」（Latour, 2005: 79）。我所指的技術誌，是一種描述或觀察科技運作過程的方式，以檢視多元行動者（包括人與非人）的相互作用。民族誌學者想要透過人類賦予於世界的意義來理解文化，技術誌則先問演算法暗示了什麼。雖然伯恩哈德・里德（Bernhard Rieder）本人並沒有用這個字，但我認為他詳細檢視眾多演算法技術的方式（Rieder, 2017），也可稱為是他試圖描述「演算法的世界觀」，這是我在使用「技術誌」這個字的時候想到的。里德說明了不同的技術邏輯——以貝氏分類器為例——包含了特定的價值與假設，必然會影響特定系統的運作邏輯。

從阿什比的模控學脈絡來看，技術誌要尋找的不是顯露出軟體運作過程中，所隱藏的真相，或是揭露演算法的確實公式。其實目標是要理解軟體的機制和運作邏輯。加洛威說，問題是「如何運作」和「為誰運作」（Galloway, 2004: xiii）。民族誌學者會觀察、做筆記、詢問眾人的信念與價值，阿什比筆下的觀察員和技術誌人員要描述他們所見，以及他們認為自己看到了什麼。面對黑箱演算法的研究員不見得需要很清楚程式（雖然這當然是優勢）。阿什比指出，「不需要技巧！記得，我們的假設是對箱子一無所知」（Ashby, 1999: 89）。

一般來說，我們可能會建議先從面對已知的未知開始，理解自己的知識限制。例如，對於計算機科學、數學或社會科學的關鍵概念，要知道哪些才可以幫助理解特定的演算法脈絡？接下來，我們也可以選擇去追溯許多「技術製造物與集合所環繞的符號學系統」（Mackenzie, 2002: 211）：詳述技術規格的專利申請書和類似文件、新聞聲明、機器學習技術的會議報告、開發者與工程會議的記錄文件、公司簡報、媒體報導、部落格文章、臉書申請上市的報告等等。最後，我們可能會想要盡力來實驗這些系統，或甚至自己來編碼。下一章會看到，演算法的技術誌不需要精細的實驗，或詳細的技術知識，而是要有決心面對未知的已知，不要把黑箱看成是認識論的障礙，而是個有趣的挑戰，可以用很多方式來敘述（但非所有的方式）。

▼與未知的已知的現象學邂逅

第二項策略建議用另一種方式來理解演算法，將注意力放在我們儘管不知道，卻了解的事物。從現象學的觀點來看，理解演算法就是要注意社會行動者對他們所用的系統，發展出反身性關係的方式，以及這些經歷會如何形塑他們的線上體驗。現象學透過「隱性知識」（tacit knowledge）、「非知識」和「實踐知識」（practical knowledge）等概念理解演算法，理解演算法在特定狀況下行動者如何看待並釐清演算法。在這個案例中，假設演算法是未知的已知，表示要強調人類知識的生產力，即透過經驗和具體投入生活環境所獲得的知識（Ingold, 2000）。儘管演算法在嚴格的技術與數學層面依然未知，仍然有許多隱性形式的知識潛藏在背景當中，並且可能衝擊到那些演算法作為程式指令成形的生活方式。當失聯以久的朋友，忽然出現在臉書動態消息上；或者你在訂房網站上觀望的飯店，以廣告的方式呈現在你面前，似乎不管你在網路世界走到哪裡，這則廣告就會跟到哪裡；或是網飛好像會「讀心」，總是知道你現在的心情適合看什麼電影，在有關演算法產生的體驗和效果的分析中，演算法變成隨處可得。

處理黑箱的概念時，我們認為要理解演算法，我們需要知道的甚至可能不在箱子裡。如同我們已經看到，對阿什比和其他早期的模控學家來說，黑箱不是一道障礙，而是一種嘗試和探索實驗的方法（Kaerlein, 2013: 659）。以黑箱的模控學觀點作為基礎人類條件，很像是心理學家尚・皮亞傑（Jean Piaget，他本來是動物學家）的兒童認知發展理論。根據皮亞傑的玩樂學習法，「孩子建立世界觀的方式，就是透過自己輸入腦中的黑箱，將經驗轉化為個人對於具體事務的理解」（Murray, 2012: 902）。這裡不明確地討論知識，而是強調理解是一個持續又有趣的過程。如生物學家溫貝托・馬圖拉納和弗朗西斯科・瓦雷拉（Humberto Maturana and Fransico Varela, 1987）後來表示，知識不會反映出真實的世界，而是應該從經驗中建構意義。

這裡的重點在於生活和演算法邂逅之後，如何建構成形並獲得表達。現象學的方法也會考量到演算法「已經嵌入特定狀況裡」（Berry, 2011: 121）。阿爾弗雷德・舒茨（Alfred Schütz）是把現象學引入社會學分析的先鋒，他認為經驗與人類從經驗中衍生的知識，都有脈絡和情境，依照不同的相關性範圍與社會角色，而有所差異。不是每個人都必須知道演算法是什麼，或是演算法如何運作，但「我們不知道演算法運作的過程和原因，以及我們完全不清楚演算法的來源，並不影響我們順利地處理情境、事物和人。」（Schütz, 1946: 463）。運用「尖端科技所準備的最複雜的裝置，而不知道這個設計怎麼運作」（Schütz, 1946: 463）只是人類生活中很自然的一部分，但是對於想理解或嘗試理解的人們來說，有著多大相關性的區別。現象學分析找出相關性的細微變化，來理解一個被視為理所當然的現象，如何變成需要更多調查的領域。例如，尼克・庫德瑞（Nick Couldry）和他的同事（2016）近期提出了「社群分析」的概念，以現象學研究社會行動者如何利用「分析」，來反省和調整他們在網路上的存在感。他們認為，「社群分析的方式對於數位時代下社會學方法的拓展，帶來與眾不同的質的貢獻」（Couldry et al., 2016: 120）。在這個大規模數據分析更有份量的世界裡，調查行動者他們自己如何和愈來愈量化的環境互動也很重要。以舒茨（Schütz, 1946）的話來說，我們可以把行動者想成是「掌握充分資訊的公民」，而他們想要在這個根本不確定的世界裡，對於自己的下落做出「有理由充分的評價」。

以現象學理解演算法，就要挖掘人們和演算法產生「奇怪的際遇」（Ahmed, 2000）時，創造意義的能力。第五章會說明，人們就算不知道演算法到底是什麼，或演算法運作的方式，也能明白演算法。當演算法處理資訊後的結果感覺不太對、讓人很驚訝、或覺得特別好笑，覺得自己受到這些結果影響的人，就會注意到演算法機制，並加以評估。就庫德瑞等人（Couldry el at., 2016）所描述的社群分析而言，關係到外貌或認同感時，行動者能會花時間反思要怎麼影響這種運算邏輯，這麼做的時候，他們具體參與改變演算法模型，這就是為什麼研究行動者和演算法打交道的經驗很重要。

▼探詢策略性未知的全形

最後一項方法論的策略，著重於檢視演算法在特定實踐中的全形（configuration）。唐娜・哈洛威（Donna Haraway）的形象化（figuration）的概念，在這裡特別有幫助，因為這個概念指出了共構關係中的每一個形象（figure）。哈洛威在她的研究生涯中，發展了形象與形象化的概念，來討論不同的元素如何在物質上或論述上結合，形成了大體上連貫的關係。哈洛威最知名的形象或許就是賽柏格（cyborg），可以被理解為跨越身分界線的結合。作為一種形象，賽柏格並非一種固定的身分，而是由不同而且往往互相衝突的概念所組成。形象化則連結了「不能融入更大整體的矛盾」，因為每個想法儘管互相衝突，仍然都還是「『必要且真實的」（Haraway, 1991: 149）。

將演算法概念化為一種包含並暗示了相互衝突想法的特定形象化，我們或許得以研究演算法的生成，以及演算法在特定情況下產生重要性的不同方式。以形象化來說，演算法的身分用很多不同的方式被建立和破壞，分析師的任務就是要研究演算法什麼時候會特別適當，並挑戰概念上的區隔，如社會與技術之間。探詢演算法的全形，先從追溯演算法特定的文化、歷史、政治存在，和演算法如何透過實踐而存在開始（Suchman, 2004）。在這一章裡，我已經將這個過程描述為原本要問的是，演算法的能動性在哪裡發生，到能動性在什麼時候，被誰基於哪些目的發動。

這裡關心的不是黑箱作為一件事物，而是「黑箱化」的過程，先讓演算法看起來好像是個穩固的箱子。如果黑箱的比喻太任意使用來批評演算法，拉圖的黑箱化概念提醒我們：我們可能該仔細檢查，不同的行動者在把演算法比喻成黑箱的時候，有哪些既得利益。如本章所討論，演算法據稱不可知，不一定是個問題。這點也可能是策略性地運用來培養未知，有時候對於行動者來說，無知比知情更有利。在第三個方法論的選擇裡，提到了策略性未知的觀點，就是要點出將演算法的形象化視為特定的認識論現象有很深沈的政治意圖。到了第六章，我會用全新的角度來看待這些問題，檢視演算法如何透過不同的方式被徵用、想像、並設定為新聞的實踐和產物。

小結

先做個整體的結論：看似放進黑箱裡的演算法構成了許多認識論的挑戰，每一項障礙都有一條方法論的路徑，可以獲得很多收獲。社會現實複雜又混亂的本質不是問題。就像演算法是運算問題的解決方案，我們不能期待如何理解演算法的這個問題有單一的答案。參考羅的說法：「有一件事情很確定：如果我們想要思考現實有多混亂，我們就要教導自己用全新的方式思考、練習、連結、學習」（Law, 2004a: 2）。這一章裡，黑箱是一個探索式的裝置來處理這團混亂——不是讓世界變得比較不亂，而是把注意力導向黑箱這個概念，試圖隱藏起來的混亂。

我提出了三個步驟，但不代表研究演算法的時候，只有這三種方法可以思考。首先，不要把「不可能看到黑箱內部」當成是認識論的限制，用這個方式「取得知識簡直白忙一場」（von Hilgers, 2011: 43）。而是要問哪些部分可以被知道、哪些部分不能被知道，以及在每個特定的案例裡，你要如何找到方法讓演算法說話。第二，不要期待真相會從幕後走出來，或是躺在箱子裡，等著我們的雙手去掀開蓋子，而是將演算法所尋求的這些信念、價值、想像作為出發點。第三，記得黑箱沒有外表看起來那般無縫的。不同的行動者和利害關係人在特定的歷史脈絡中，為了特定目的構成了黑箱。重要的是，它們會進化、具有歷史、會改變、會影響，也會被它們所明確吩咐的事物影響。我們常常在討論演算法的時候，假定演算法是單一、穩定的人工製品，而演算法就是被「包裝」成正是那樣的感覺。

CH 4

生活至上：當工程師參與其中

演算法從來就不中立；
它反映了寫出這些演算法的人的價值觀與文化假定

十幾年前，一個宅宅的哈佛資工系大學生和幾個朋友，成立了全世界史上最大的社群網站。臉書據稱每天有十四億活躍用戶，兩萬五千一百〇五位員工，二〇一七年十二月的市值是五千三百億美金。臉書不只是個讓用戶可以「和親朋好友保持聯繫」的網站。[1] 臉書也是個百億企業、軟體公司、新聞網站、業務單位、電腦平台和基礎建設。電影《社群網戰》（*The Social Network*, 2010）巧妙地表示臉書也是一個傳說、創業家的夢想，和理工宅男的童話故事。臉書不只是一個由創辦人祖克柏所主演的好萊塢故事，還是一個經過細心規劃的品牌，在過去十年中已經被行銷為一間科技公司，裡面都是年輕、活潑、充滿創意的駭客和高手。臉書的任務就是要讓世界更開放連通。

的確，研究發現在全球許多地方，「臉書就是網際網路。」近期的新聞報導指出，「數百萬臉書用戶不曉得他們在使用網際網路」（Mirani, 2015）。印尼、奈及利亞、巴西和印度等地的用戶接受調查的時候，很多人都說他們沒有使用網路，但他們經常用臉書。儘管有些媒體報告說青少年逐漸離開了臉書，轉移到其他社群媒體平台，如 Snapchat，但臉書的活躍用戶數與分享內容量規模龐大，在歷史上前所未見。在美國，臉書仍是最受歡迎的社群媒體網站，大量用戶依然相當活躍。皮尤研究（Pew Research）在二〇一四年，針對社群媒體使用方式進行研究，發現臉書用戶中有百分之七十，每天都會登入網站，高於二〇一三年的百分之六十三（Duggan et al., 2015）。如果說對很多人來講，臉書改變了他們生活的方式，這一點也不誇張。臉書的影響包括大家和親朋好友溝通與協調的方式、接收與閱讀新聞的方式、找工作的方式，以及被雇主辭退的方式。臉書構成了度澤所稱的媒體生活，形塑了「我們體驗世界、理解世界，並且在這個世界裡採取行動的方式」（Deuze, 2012: 5）。如我在本書所論，我們的生活經驗不只是被廣義的媒體所滲透，更是愈來愈被演算法的原則所滲透。演算法生活（Algorithmic life）是一種生活型態，由演算法交織而成——各種演算表式與邏輯，能和不能改編、翻譯、或整合的原料。我們會看到臉書就坐在這個演算法結構的中央，讓能夠量化、聚合和轉為程序的數據更為明確，並產生價值。這個結構就是本章的主題，我要探討的問題是：軟體發明了什麼樣的群體？如果，就像范迪克（van Dijck, 2012）所說的，臉書靠演算法設定連結，將所有的人際關係包裹在程式裡，那我的問題就是臉書採取了什麼方式？

要檢驗這一點，我要討論臉書的動態消息，把重點放在演算邏輯如何從根本掌控與組織消息。如果臉書是一個電腦平台，讓大家能把其他東西放上去，如果臉書是一個傳播的建築模型，那麼動態消息就是這個模型裡的傳播管道，經過設計來方便傳播的空間。儘管臉書宣稱要開放，動態消息許多根本層面上和尤爾根・哈伯瑪斯（Jürgen Habermas）與其他政治理論家所期望的理想公共領域截然不同，他們的想法基礎是互相審議與辯證。這樣的用意並非意味了動態消息的傳播領域與公共領域模型之間的相容性，不是沒有其所保證的。我想要表達的是：動態消息是相當政治的，某種程度上在治理層面占有一席之地。我並不是指議會政治的政治，而是廣義的政治，如世界上不同存在方式的際遇與衝突（請參閱第一章）。如法國哲學家賈克・洪席耶（Jacques Ranciére, 2004）所提出的理論，政治關係到感性分享的重新配置。在這個觀念裡，政治在「視野的建立，以及什麼是可以看見、聽見的，能說、能想、能做、能完成的形態」方面，富含生產力（Ranciere, 2004: 85）。這是一種告知經驗沒有一個正確位置的方式。從這個意義來看，權力與政治不限於議會政府或統治機構。如哈伯瑪斯等政治理論學家認為政治主要是在非正式公共領域裡，透過論證所產生，的一種權力的論述形式（Flynn, 2004），我也建議將用接近物質的維度來理解政治。溫納在他極具發展性的長島低架橋與番茄採收機的研究（Winner, 1986）中主張，技術的安排會在特定用途上，建立社會秩序。放到演算法的領域裡，我們可以開始把演算法想成是政治裝置，代表了特定的設計決策，會影響這個世界要怎麼建立秩序。畢竟，如麥肯齊所說，演算法會「選擇並執行一種指令，犧牲其他指令」（Mackenzie, 2006: 44）。我在本章所關心的就是對於感性的安排與分配。從傅柯式的感性來看「權力的微觀物理學」，問題不在於權力顯然歸屬誰，或是權力作用於哪裡，而是權力會在什麼時候運用、如何運用：演算法技術和實踐如何推動權力，讓權力生效。

在深入檢視動態消息之前，我們要先認知到「電腦運算中不可否認地具備文化維度」（Berry, 2011: 17）。軟體、程式和演算法雖然是數學、邏輯與機械的產物，但他們也一直被製造、維護和銷毀。電腦史學家麥可・麥何尼（Michael Mahoney）說「程式設計師打造軟體的目標就是要讓某件事情成真」，所以軟體「在建構的過程中，就納入了開發者想做的事」（1988: 121）。如我在前一章所述，若研究標的是個商業的社群媒體平台，如臉書，要研究程式設計師想要做什麼事可能很難，因為軟體工程師的動機和意圖，往往和他們所服務的公司一樣晦澀不透明。文化人類學家希弗批評媒體學者著重於理解大眾平台的技術細節，忽略了工程師怎麼想、怎麼做，多數研究員還是無法進入這些公司的內部。究竟社群媒體產製研究的文獻貧乏，是不是因為無法取得資料，或是研究人員對用戶與消費行為不感興趣，原因並不清楚。尼克・庫德瑞（Nick Couldry）提到文化與媒體研究時，指出「產製往往不受到重視，因為沒有被看成是一個可觀察日常行為的領域」（引自 Mackenzie, 2006: 14）。或許過去的社群媒體研究真的是如此，但愛麗絲・馬維克（Alice Marwick）關於矽谷社群媒體「科技圈」（technology scene）的民族誌卻突破了盲點。馬維克在她的著作《狀態更新》（*Status Update*, 2013）中，說明軟體如何表現出一群用戶或一群創作者的價值——尤其是軟體特點如何反映出科技圈的文化信仰，看出他們眼中這個世界是如何組織和架構起來的。

從「設計的價值」（values in design）這個觀點來看（Flanagan and Nissenbaum, 2014），工程師、設計師和軟體開發者所持有的文化信念和價值很重要。如果我們想要理解軟體和演算法，如何滲透到日常生活的結構裡，一定要明白並認真看待人工製品並非中性的這個觀念。經由讓讀者認識臉書並且把本章討論的研究目的定位在動態消息，我要先探討臉書的工程文化。我會讓大家看到文化和物質性並沒有分開，而是與生俱來就纏繞在一起。當我們接受了科技和實踐會共構的觀點，本章的重點落在社會科技框架的物質面。[2]這點不應該被當作是一種因果關係的主張，而是要知道學界儘管採取了關係的觀點來看待社會與物質，但還是會因為分析或實證的目的，而「傾向」其中一邊。相較於第五、六章會比較「傾向」社會面，來分別檢視社群媒體的用戶，與新聞從業人員的口述歷史，這一章則傾向物質性的不同方面——空間與科技。接下來，我會採用傅柯在《規訓與懲罰》（*Discipline and Punish*, 1977）的權力建築示意圖，來建立分析框架，以動態消息為例，來理解演算法媒體如何透過程式，設計我們的社會性。

臉書與駭客之道

我們看到祖克柏在公開場合現身的時候，總是穿著褪色的灰上衣或是大學的毛衣，這並不是巧合。不管在大家的想像裡，用戶和這位神祕的創辦人之間有什麼差距，樸素的上衣發揮了功能，讓世界知道他只是個平凡人。他不是為了金錢、華服或各種精品才踏上這條路。他只是想要把工作做好，盡力地「為社群服務」，這是他自己首度在這間公司親自參加公開問答時，被問到為什麼他總是穿著T恤的時候說的。[3] 對祖克柏來說，這件T恤可以讓他少做一些不必要的決策。他說那些決策「會讓你很累，消耗你的精力。」每天都不必挑選衣服讓他可以有更多時間「打造最好的產品和服務。」祖克柏說，這件T恤讓他可以把所有的時間和精力都用來「完成公司的目標，達成任務，連結全世界的每一個人，讓大家可以和自己所愛和在乎的人連結在一起」（Facebook, 2014）。這件上衣不但讓大家覺得他是個認真工作的執行長，也強化了他見義勇為、溫厚耿實的形象，利用程式和連結性完成目標。T恤不只是認真的象徵，還是另一個族群的制服——駭客。

臉書很知名的一點就是不斷培養自己的文化和管理風格，他們稱為「駭客之道」（Hacker

Way）。祖克柏有一封親自撰寫的信，被納入了臉書掛牌上市的註冊文件裡。信中說駭客之道是一種建立方式，在這過程中「不斷改進與反覆修改」（Facebook, 2012: 69）。祖克柏認為駭客在媒體裡的形象並不公平。事實上「駭客（hacking）只是代表快速打造出一樣東西，或是測試極限。」臉書已經說過了，「駭客」這個詞有很多不同的版本和意義。臉書的駭客不是史蒂芬・李維（Steven Levy）在他的知名著作《駭客》（*Hackers*, 2010）中，所描述的一九六〇年代大學駭客，也不是加布里埃拉・科爾曼（Gabriela Coleman, 2014）在研究匿名者時，描述的地下駭客。臉書的駭客「總是相信有改善和優化的空間，沒有一樣東西已經至善至美了。他們就是要去修正——通常還當著那些認為不可能的人，或是滿足現狀的人面前」。駭客之道的特色包含了幾項核心價值，表現於精練的口號和名言中，這些句子不但可以在臉書的公開文件裡看到，工作環境裡也隨處可見。臉書在加州門洛帕克（Menlo Park）總部的兩棟辦公大樓正面，就看得到「駭」這個字，辦公空間也「紋上了各種標語，不斷諄諄教誨，傳遞速度與持續改善的價值，像是：『快速行動，打破陳規』『這條路只走完了百分之一』『做完比做到完美更好』」（Fattal, 2012: 940）。臉書的總部在二〇一一年十二月搬遷後，現在甚至坐落在「駭客大道」上，祖克柏的辦公室正對「駭客廣場」。記者昆汀・哈迪（Quentin Hardy）在一篇精采的《紐約時報》文章中，鉅細靡遺地描述臉書辦公空間的內部裝潢，如何經過仔細的設計呈現出這間公司開放與改變的文化：開放的空間格局，隨時可以開會，沒有人有秘密，還有交誼區可能會無預警地換掉沙發，就是要讓創造出一個持續在改變的空間。「同樣地，臉書首頁的設計變化就像『移動家具擺設』一樣」（Hardy, 2014）。駭客文化深植於臉書，已經成為了這間公司現在對外和對內介紹時最主要的方式。

不過，駭客的身分卻不總是在臉書文化的一部分。外在的駭客品牌必須先創造出來。二〇〇八年，臉書雇用了文化與員工品牌經理茉莉・格拉漢（Molly Graham）來打造並傳達企業故事。格拉漢認為保羅・布拉罕特（Paul Buchheit）的部落格文章定義了臉書的品牌識別，他是二〇〇九年就從 FriendFeed 加入臉書的員工。這篇文章將駭客活動重新定義為「應用哲學」，那是一種思考與行動的方式，「格局更大、影響力更深遠，勝過電腦裡幾行巧妙的程式」（Buchheit, 2009）。據葛拉漢所述，「當布拉罕特寫下那篇文章，他寫下了臉書基因的故事」（Firstround, 2014）。

臉書的基因不只會對外溝通，也會對內溝通，並且「安裝」在每位新員工身上，這是臉書工程師在部落格文章裡所用的描述（Hamilton, 2010）。剛錄用的臉書工程師必須要經歷六週的戰鬥營，學會軟體組合裡的所有細節，並且接觸到程式庫的廣度與工程的核心工具。不僅如此，如臉書戰鬥營的發明人與長期在臉書服務的工程師安德魯・博斯沃思（Andrew

Bosworth）所說，戰鬥營就是個訓練場，要「灌輸文化」。[4] 新進員工打從一開始就會被耳提面命要「勇敢無畏」，這個信條是臉書工程的核心。[5] 就像這間公司和程式庫會一直變化，他們的工程師也被期待要能持續改變。臉書的工程師不管做什麼，都會一直被提醒要加快速度。在戰鬥營裡，加快速度的意思就是要馬上寫真正的程式，公司會期待新進員工在第一週就能將程式上線，發布到網站上。加快速度對臉書的黑客松（Hackathons）也很重要，這是駭客文化的另一個基石。臉書每六週就會安排一場黑客松，要在短暫又密集的時間內設計出新產品。有些臉書最受歡迎的產品就是在黑客松裡做出來的，像是「讚」的按鈕、時間軸、聊天功能。

最終，無形的文化會體現於有形。以雷蒙德・威廉斯（Raymond Williams, 1985）的理解，「文化」指特定生活方式中，明示或暗示的意義與價值。臉書戰鬥營的新聞報導指出臉書期望工程師要「像忍者一樣敏捷，隨時就緒要改變方向」（Bloomberg, n.a.）。皮德拉姆・基欣尼（Pedram Keyani）是臉書的工程主管，也很積極倡導企業文化，他說文化需要滋養才能進化，而且需要靠管理來體現。大膽、迅速、開放、重視影響、建立信任感，構成了臉書的核心價值與信條，據稱創辦人祖克柏就很完美地體現了這些價值（Keyani, 2014）。二〇一四年初，祖克柏在臉書十周年的活動中，回顧他所說的「目前這個精采的故事」，思考著在茫茫眾生中，為什麼是他們這幾個人建立了臉書。畢竟，他說：「我們當時都只是學生。」簡答：「我們只是比別人更在乎怎麼讓這個世界連結在一起。我們沒有忘記初衷」（Zuckerberg, 2014）。重視開放的標語和信條在臉書無處不見，儘管，或正是因為這間公司一直被指控不開放。[6]祖克柏很著名的幾點就是他會在公司週會中，公開回答員工的問題；產品發表隨時「公開」沒有「秘密」；而且當臉書搬離了原本的總部時，大樓內大部分的牆都被打掉了，就是要支持並反映出臉書「開放的溝通環境」（Keyani, 2014）。

祖克柏的上衣、移動的家具和開放的辦公空間，都不只是富含寓意的配件，不是要在科技的帆布上刷幾筆文化的塗鴉而已。祖克柏不屑為了生活小事費力氣，不應該被當作公關的空話而忽略，臉書總部重新裝修也不是為了表現風格而已。那麼，為什麼要提到樸素的上衣和駭客文化？從文化就是整體的生活方式這個觀點來看，科技是文化不可缺的一部分，也不能分割（Slack and Wise, 2002）。要理解軟體和演算法，文化很重要，因為文化和軟體原本就共構，而且纏繞在一起（Pickering, 1995; Slack and Wise, 2002; Williams, 2005）。確實，如電腦史學家納森・恩斯門格（Nathan Ensmenger）表示，「軟體就是運算科技和社會關係、組織政治、個人理念相交之處」（Ensmenger, 2012; Haigh, 2001）。祖克柏的個人理念就是要讓世界更開放、相互連結，臉書的組織目標是要讓用戶保持投入，才能確保營收穩定，用戶想要看到有趣的故事，繼續和他們在乎的人保持聯繫。這些個人理念、組織政治、社會關係，和軟體形塑世界的力量，相交最強烈之處莫過於臉書的動態消息。因此，打從一開始，我們就必須認知到臉書所稱的駭客文化，已經深入了程式和產品中，因為這都來自臉書工程師的文化生活。當祖克柏宣稱簡單的上衣讓他少做一項日常生活的決定，因此能將心力完整地投入於他的目標和動機，這也說明了全世界最大的社群網站的執行長，對於人類自主與決策有什麼看法。同樣地，臉書工程師每天的生活中，都會看到家具不斷搬移，或是把內牆打掉讓員工可以隨時隨地開會討論，這都不只是室內建築師的設計決策。這些行為具體表現了「施工中」的精神，發揮在臉書的工程文化裡。如臉書負責管理所有大樓的不動產主管約翰・特南斯（John Tenanes）談到臉書總部的格局時，直白地表示「就是設計來改變思維」（Hardy, 2014）。

特南斯所暗示的工程師的養成工程，明顯地挑戰了人工製品都是社會建構的產物這個想法，好像社會是個已知的現實。工程師不是單純地設計建造人工製品，就如同他們的意圖和想法是一連串討論和深思熟慮的結果。這樣深思熟慮的思維早就已經滲透到了物質中，不管是一件衣服、總部的建築、或是工作場所的基礎建設。就如同電腦運算的文化維度很重要，其中的物質維度也同樣重要。以成因和決定而論來思考軟體與演算法的權力明顯不可行。科技研究學者長久以來主張物質、實踐與政治必定糾纏（Gillespie, Boczkowski, & Foot, 2014: 4），傳播學者間仍傾向將科技建構為文化的結果。如莉亞・李夫魯夫（Leah Lievrouw）表示，傳播學者根本不會認為物質人工製品和裝置，有任何類似權力的特質，就算有這種想法也不重要（2014: 24）。受惠於科技研究的共同決策準則，還有科技與文化實踐的互相形塑，同時明確地反對在社會科技二元中，偏向社會或文化的這一面，我將在這一章更仔細地關注動態消息的（非）物質結構的具體設計和設定。呼應物質與社會之間，共同生產或動態關係的觀念，權力不再能被視為抽象的「力」，或制度「結構」，而是在社會實踐、關係、實物與人工製品的具體型態中，可被觀察和舉例說明的力量（Lievrouw, 2014: 31）。

面向動態消息演算法的圖表

我喜歡權力的問題，這項興趣源自權力愈來愈透過軟體成形的觀點，而軟體和程式無所不在，溜進了日常生活裡的「技術潛意識」中（technological unconscious; Lash, 2007; Thrift, 2005）。我認為演算法的生產能量不限於在這個世界裡負責斡旋，演算法更能透過他們被授與的能量在這個世界裡運作，改善社會結構、關係如何成形和知曉。想要透過軟體和演算法來探究權力確實好像很嚇人，或甚至是個不可能的任務。不過，我的意圖不在於把權力看作一種可以一口氣完整被定位、描述的總體化力量來探尋。如前幾章所討論，演算法能發揮權力的方式不僅一種，權力向來表示著創造新現實的能力。所以我們需要的是權力的圖表（diagrams）或地圖，追蹤權力如何、在什麼時間點、於特定情況下，透過特定方式運作，並發揮作用。[7]德勒茲在研究傅柯之後主張「每個社會都有自己的圖表」（Deleuze, 2006: 31），這裡的重點在於演算法的圖表，要理解為權力策略的製圖法。在這方面，傅柯對於圖表的建築、科技與概念本質分析，提供了一套有用的方法論與分析框架，可以用來檢視臉書的動態消息。

傅柯的權力建築模型有效地強調空間可以「被設計來讓很多東西能看見，並且以特定的方式看見」（Rajchman, 1988）。這樣的觀點提供了一個有用的方法，透過建築架構的方式來分析演算法，其中嵌入的技術手段讓權力可以「煽動、誘導、引誘、簡化或挑戰、放大或限制、提高或降低可能性」（德勒茲引自傅柯，2006: 59）。關於為權力的製作地圖，傅柯的治理與治理性觀念也提供了精細的建築形塑概念，他在《規訓與懲罰》（Foucault, 1977）首度提出，多種的過程、測量方法、計算與技術，在組織和安排社會性中發揮作用。以分析的角度來看，這代表要聚焦在演算法安排和組織事物的方式、特定的技術與程序、以及個體與集體的個體化過程中運用的機制。[8]

我將在本章討論重新考慮權力的技術與建築組織的重要性，如傅柯所言，藉由強調能見度的分析方法。能見的過程，或被賦予能見度的過程，是高度競爭的權力遊戲，媒體扮演了關鍵的角色。儘管傅柯沒有特別將他的能見度理論和媒體連結在一起，他在《規訓與懲罰》裡所發展的框架，協助說明了媒體參與的方式，媒體把能見度設定為可以、應該被看見與不可以、不應該被看見之間擺盪的現象，也在誰能夠和不能夠看見誰之間擺盪。因此，要檢視新的能見度模式，問題在於什麼時候一樣東西會被看見、如何被看見，而不是什麼會被看見，並且是透過哪一種特定的政治安排、架構和設計。雖然傅柯的文字著重於「權力的方式」，我想要提出的是其無可避免地和演算法發揮作用的時機，連結在一起，就如前一章所討論。如果權力的方式在於「產生效力的實踐、技術、和程序」（Townley, 1993: 520），那麼在這個例子裡，演算法的時機就表示了不同的時間點上，這些程序的效果重要或不重要。我在本章將透過深入解析動態消息和其背後演算法的運作邏輯，調查被斡旋和建構的能見度概念。我將討論傅柯所謂的經建築架構的能見度體制，檢驗全景敞視主義圖，作為一種有用的分析與概念框架，來理解可感性以什麼方式在社群網站中被治理。[9]我的意圖不在於明確說明臉書在用程式捕捉世界時，所扮演的角色，而是開創一條思考的途徑，關於能見度如何在網路上被演算法所建構的全新狀況。

動態消息

動態消息於二〇〇六年上線，這是臉書最主要，也是最成功的功能。動態消息就放在用戶首頁的正中央，會連續播出眾人的更新狀態，讓用戶看到他們的朋友在做什麼。從一開始，動態消息就常常改變設計和功能，次數多到他們在二〇一三年八月，發表了一系列部落格文章，名為「動態消息新知」（*News Feed FYI*），讓大家可以更容易地追蹤、掌握最重要的改變。[10]存在了十五年，動態消息已經從原本單純地將眾人更新動態，按照時間先後順序排列，變成了現在完全由機器學習演算法編輯和控制。在一個二〇〇九年的舊版本裡，動態消息分成兩類，有容易識別的標籤，讓用戶可以選擇要看「即時動態」（live feed）或是「頭條動態」（top news）。動態消息在二〇一一年秋天改造為一串由演算法管理的內容後，臉書開始在「即時狀態」（Ticker）裡面顯示即時更新，設置在首頁的右欄。臉書儘管一直在變化，但是從那時候起，經過過濾的動態消息在中間、即時狀態在右邊的格局幾乎一直延續了下來。

因為本章所用的實證材料，大多來自二〇一一年四月至八月間，在我自己的臉書個人檔案所收集的資料，所以要先確定當時動態消息的狀態和設計。當時，動態消息區分為兩個不同的版本，預設的「頭條動態」和「最新動態」（most recent）。根據臉書使用說明（Help Center），這兩者的差異在於「頭條動態聚集了你的朋友所分享的訊息中，最有趣的內容；而最新動態則過濾出你的朋友即時從事的活動」（Facebook, 2011）。快轉到二〇一五年的使用說明，動態消息有了不同的說明。動態消息不再區分即時消息與「頭條動態」。聚集和過濾等會明確顯示出軟體動過手腳的字眼，也都被拿掉了。二〇一八年一月起，臉書表示：

> 你在動態消息裡看到的文章，都是為了要讓你和你在乎的人事物保持聯繫，就從你的朋友和家人開始。你在臉書上的連結和活動會影響到哪些文章會「搶先看」（see first）。一篇文章得到的讚數、回應和留言數還有文章的種類（如：照片、影片、動態更新），也會影響文章在動態消息裡的序位。（Facebook, 2018）

我們所見到的是演算法明顯地消失了，似乎被用戶與網路的能動性給取代了。稍微回想一下二〇一三年年底，臉書使用說明如何描述動態消息的邏輯：「動態消息演算法運用許多因素來決定熱門消息，包括留言的數量、誰發表了這則更新，以及這則更新的種類」（Facebook, 2013）。臉書在二〇一四年夏天進行了廣為人知的情緒實驗，在這場實驗過程中，臉書的使用說明就已經順手把提到演算法的部分，都改成了以人為本的因素。二〇一四年當時使用說明裡，關於動態消息的描述做了這些改變，其中或多或少還延續到了今日。現在動態消息的能見度似乎被「你的連結或活動」，以及「一則更新收到的留言數與讚數」所決定。如果用戶覺得動態消息「經過操作」，自己成為了實驗對象，這些描述的更動可以說是臉書試圖將一部分的控制——與責任——歸還給用戶，就算只是形諸於文字。但我們並未做好任何準備。

讓我很快地回顧動態消息與演算邏輯的重要變革與發展，為我的主張提供脈絡。臉書有許多最重要的功能都是在二〇〇九至二〇一一年間推出，包括「讚」的按鈕、開放內容協議、即時通和時間軸。對用戶來說，不斷改變的動態消息，一直都是熱議和苦惱的重點，尤其是預設設定、隱私設定、透明度和平台可用性等。早些年，標示不同消息版本的標籤，有很明顯不同的視覺元素，因此，讓用戶很好控制，或看起來很容易控制。有些人可能會覺得動態消息分為「最新動態」和「熱門動態」，只是代表一邊經過過濾、一邊沒有，臉書在十年的歷史內不斷讓我們看到，每件事都未必是我們想的那樣。在二〇一一年二月臉書改變了「最新動態」的設定和選項。臉書推出了兩項基本設定，一個看起來好像沒有經過過濾，會顯示出「所有朋友和專頁」的更新，另一個經過過濾，只會列出「你最常互動的朋友與專頁」。這不只是臉書又改變了動態消息的功能，讓大眾抗議而已，臉書將「最新動態」的預設設定，更改為只列出「你最常互動的朋友與專頁」。多數用戶都以為動態消息，代表每位朋友即時分享的每一則更新，其實，動態消息已經經過了編輯，就像「熱門動態」一樣。最引起爭議的是臉書完全沒有通知用戶就更改了預設設定。如果要手動更改，必須找出下拉式選單，捲到最下方，那個選項無法引起注意。不過，注意到這項變化的用戶很快就開始警告其他用戶，指出這些改變代表大眾不會看到他們應該看到的所有資訊（Hull, 2011）。

揭露「最新動態」經過過濾，只是臉書平台功能這些年來傳出的爭議之一，這間公司一直在面對這些爭議。除了隱私設定不可靠，也很惹議之外，動態消息經過過濾的爭議顯然指出了用戶期望與現實脫節。我們在下一章會更詳細討論用戶對於科技如何運作，或應該如何運作的期待與觀感，和那項科技實際的運作，同樣都可能會影響到用戶的媒體實踐。除了剛才的例子裡，用戶發現他們沒有看到他們應該看到的所有資訊，臉書的情緒實驗也顯示出，要求臉書這樣的軟體公司承擔責任有多麼重要。在二〇一四年六月下旬，新聞爆出臉書對用戶的情緒「動手」，全球超過五十萬名隨機挑選的用戶，在動態消息裡看到的正面與負面動態數量都被更改過（Goel, 2014）。臉書研究員在學術報告中發表了實驗結果。這項實驗在二〇一二年一月進行了約一週，過了一年半才在大眾媒體上看到用戶的怒吼。儘管效果渺小，這樣實驗掀起了關於演算法、人體試驗與相關規範的龐大爭議（Meyer, 2014）。這波學術刊物所引起的媒體熱潮中，最讓人驚訝的不是文章裡所描述的實驗，而是公開之後大眾普遍都感到很詫異。就像大眾認為「最新動態」應該要呈現什麼，臉書的情緒實驗顯示出，眾人對於科技如何運作與科技應該如何運作，還是有很多頑強的看法。如葛拉斯彼（Gillespie, 2014）在部落格文章指出：

> 顯然有很多很多臉書用戶還不知道他們接收到的資訊，都是經過篩選整理過的朋友更新的子集合，儘管這件事實已經被證明是真的，也持續「公開」了好一陣子。但不僅如此。很多用戶知道他們會看到朋友的更新，卻不懂背後的準則。很多人知道，可是他們在特定時刻使用臉書的時候，卻不會想到。很多人知道，也覺得他們理解這些準則，但他們其實誤解了。我們和臉書演算法一起生活，不代表我們完全理解臉書演算法。

確實，我們才正要開始搞懂生活在一個逐漸由演算法仲裁和治理的社會，有著什麼樣的意涵。雖然臉書運用演算法來選擇哪些更新會出現在動態消息的頂端，已經「公開」了一陣子，但我們也不能忘記這個時間的間隔其實很短。不但如此，這項資訊究竟會產生什麼結果也有很大的差異。我們可能永遠無法清楚地知道臉書的科技——軟體和演算法——的運作細節，但仍有足夠的方式讓我們可以知道其運作原則和邏輯。如我在前一章所主張，演算法永遠沒有黑到，或隱匿到不讓人檢視它們的功能、假設和內涵價值。模控學的提示沒有要求我們揭露箱子裡實際的內容物，而是利用其輸入和輸出來實驗。接下來，我會帶領你看臉書演算法中最重要的準則，可以讓大家在動態消息上看到「最有趣」內容。白皮書、資工會議報告、臉書申請文件和臉書工程師的演說影音裡，都曾揭露或討論到關於動態消息的技術細節，而我將從這些資料裡，解析臉書演算法的運作邏輯。不僅如此，我使用的資料還包括了許多新聞報導、科技媒體的部落格文章，如《連線》、《大西洋》雜誌、Techcrunch 網站、Mashable 平台、《紐約時報》和《衛報》。這些文件都已經經被動態消息的技術機制，讀取和編碼過了。專利申請書內的技術細節包含了許多重要資訊，說明系統如何運作，以及發明者的想像。和所有論述一樣，專利說明書也必須仔細閱讀，理解它們如何被製作出來，作為特定商業脈絡下的表意裝置。為了測試這些文件裡所描述的運作邏輯，我也會提出我自己利用動態消息所做的技術誌。那麼，臉書演算法編輯動態消息的原則和邏輯是什麼呢？

動態消息排名演算法

據工程師魯奇・桑維（Ruchi Sanghvi）表示，臉書在二〇一〇年四月召開第三屆 f8 工程師大會時，首度「不小心洩漏了動態消息的魔法」，讓開發者（和社會大眾）看到了當時所稱的 EdgeRank 演算法。[11]現在，EdgeRank 的概念已經大幅被更廣泛的演算法，或動態消息排名演算法所分別取代了。我在此處會交替運用這些術語，有時候指 EdgeRank，但多數時間是把負責動態消息排名的演算法稱為臉書演算法。[12]我們先從頭開始。工程師阿里・斯坦伯格（Ari Steinberg）在二〇一〇年推出 EdgeRank 的概念時，解釋說這是個「判斷圖表重要性」的演算法，可以用來決定動態消息裡的每一則更新要如何排序。

對臉書而言，圖表中的每一個項目（即近況更新、相片、影片等）都可視為一個物件，與物件的每一個互動（如「按讚」或「留言」）都會創造一個「邊」。EdgeRank 的公式顯示，圖表中一個物件的排序，就是各個邊排序的總和。用斯坦伯格的話來說，我們可以把每個邊想成擁有三個主要的元素：發生的時間、邊的類型（留言或按讚），以及創造這個邊的使用者。針對每一個使用者，臉書會根據特定觀看者跟該使用者的互動程度，來計算一個分數，像是他們多常在使用者的近況更新上留言、觀看他們的個人檔案，或是傳訊息給他們。公式裡的權重元素則將每一種類型的邊賦予權重，例如，留言的權重可能就比讚還要高，諸如此類。此外，斯坦伯格建議要訓練模型找出不同類型的邊，其適當的權重高低，暗指了機器學習技術的運用。最後一個要素是時間差，因為斯坦伯格表示，新鮮度也是十分重要的（Kincaid, 2010）。把每個邊的親和度、權重和時間差分數相乘，就可以算出 EdgeRank。然而，現在的臉書演算法已經無法單純地分解成三個獨立的要素了（或許從來就沒辦法）。使用者無論何時造訪臉書，平均都有一千五百則動態可看。當然，使用者不管什麼時候都不可能看完這麼多動態。因此，臉書的任務就是要決定哪些動態最值得被看見。根據朋友的關係、互動的頻率、貼文收到的讚數和分享數、使用者過去跟某些類型的貼文互動的程度等數據，臉書「就能夠針對任一臉書使用者，給予任一臉書貼文一個『相關性分數』」（Oremus, 2016）。[13]每一則貼文的相關性分數確立好了之後，排序演算法就會把貼文排成正確的順序，供使用者觀看。

一套什麼樣的內容才具相關性，或新聞價值的內建假定，是貼文是否會出現在動態消息這個半開放空間的關鍵因素。有多少朋友對某則內容留言、是誰張貼該內容、該內容的類型是什麼（即相片、影片或近況更新），這些只是決定某個邊排序前後的幾個因素而已。排序愈高，物件就愈可能出現在使用者的動態消息上（Kincaid, 2010）。臉書的一項專利申請書裡說到，這個系統「在選擇性地提供內容給使用者的過程中，運用了有關使用者的不同資訊類型，包括使用者的個人檔案物件、活動紀錄和邊的物件」（Luu, 2013）。使用者的個人檔案物件，指的是使用者明確與系統分享的所有陳述資訊；活動紀錄儲存了在平台上所發生的各種互動，如成為一名歌手的粉絲，或新增一個活動；邊的物件儲存的是使用者與其他節點之間的連結方面的資訊，包括使用者之間的連結強度，也就是系統計算後得到的親和度分數（Luu, 2013）。換句話說，這個演算法假定使用者跟所有朋友之間的連結，並非都是同等的。有些朋友「算起來」比其他朋友還重要。這群算起來比較重要的朋友，指的是使用者互動較為頻繁，或是較為「親密」的那些人，比方說，在聊天室，而非塗鴉牆上與朋友交流。此外，動態消息演算法也會突顯，或是貶降特定類型的邊，因此互動類型便成為決定性的因子。跟某人在臉書聊天室聊天，很可能會比給他的貼文按讚還重要。經過測試後，臉書發現「當人們在臉書上看見較多文字形式的近況更新，他們自己也會書寫更多近況更新」，特別是如果這些近況更新是由朋友、而非專頁所發佈的話（Turitzin, 2014）。誠如負責動態消息排序的產品經理克里斯・圖利岑（Chris Turitzin, 2014）所說：「因為如此，我們會在使用者的動態消息中，顯示更多文字近況更新。」較可能誘發使用者做出互動的內容類型，能見度和優先度自然較高。臉書的工程師安德魯・博斯沃斯（Andrew Bosworth，他常被認為是動態消息的發明者）與克里斯・考克斯（Chris Cox）在一項專利文件裡寫到，系統會根據一個或多個使用者活動和關係，來判定過去、現在和未來內容的整體親和度：

> 某些使用者互動獲得的權重及／或排序，可能比其他使用者互動還要高，進而影響整體親和度。舉例來說，使用者寄送電子郵件給另一名使用者的這個互動，所獲得的權重或排序，可能比使用者單純瀏覽另一名使用者個人檔案頁面，所獲得的權重或排序還高。（Bosworth and Cox, 2013: 6）

這個演算法裡內含一個特定的循環邏輯。你要在朋友的相片或近況更新上按讚或留言，這些內容必須先讓你看到才行。每當使用者跟一個邊產生互動，就會提高他與創造這個邊的人的親和度。比方說，我們可以假定留言的權重比按讚高，因為做這個動作需要付出較多努力。系統會分配排序和權重給使用者進行的活動，以及跟這些活動有關的關係。確立一個邊的權重時，會用到許多不同的變數，包括：取得資訊之後過了多少時間、取得的頻率、跟資訊取得者之間的關係、跟對取得的資訊同樣感到興趣的人之間的關係，以及實際取得的資訊之間的關係（Bosworth and Cox, 2013: 5）。在決定要讓使用者先看到哪些動態時，臉書也會把特定類型的內容視為優先。例如，跟所謂的「生活要事」有關的內容項目——像是結婚、生子、新工作、搬新家等——可能「就會在選擇提供給使用者觀看的動態消息中，被優先排在前面，以確保最切合的資訊先被看見」（Luu, 2013: 2）。除此之外，特定類型的邊的權重高低，也很可能視臉書任何時候所出現的內部動機而定。假如臉書的目標是要推廣某樣產品，如「問題」或「打卡」功能，那麼跟這些功能的互動，就有可能排序得比較前面。這是可以理解的，畢竟動態消息是讓使用者注意到新推出（或被冷落）的功能的最佳途徑。

此外，權重也讓親和度函數可用在系統內的各個演算法，實現不同的目的。除了「動態消息演算法」，「廣告投放演算法，以及朋友推薦演算法」也可以取得親和度的數值，瞄準適當的內容和推薦（Juan and Hua, 2012）。故，親和度分數或許會構成有用的社會代言指標，為廣告提供社會脈絡，讓某位使用者看到（Juan and Hua, 2012）。舉例來說，「社群網站系統有可能會向在社群網站個人檔案中，顯示跟某個樂團具有親和度，且住在樂團即將舉辦表演的場地附近的使用者，顯示該演唱會的廣告橫幅」（Adams and Pai, 2013: 1）。親和度分數也會被系統用來判定，該自動邀請哪些朋友玩社群遊戲，或推薦使用者「戳一下」哪些朋友等，交流感情的溝通形式。

臉書坦承，連結強度可能會根據時間和脈絡而有所不同。由於使用者的興趣時常在變，權重也會不斷調整，以更好地迎合特定情況。原始的 EdgeRank 公式便強調時間差這個因素，顯示時間是很重要的。雖然有很多社群媒體的即時串流帳號都很棒（Berry, 2011; Kaun and Stiernstedt, 2014; Weltevrede et al., 2014），臉書的演算法邏輯卻顯示，動態消息不見得是受到當下時間的邏輯所掌控。臉書等演算法社群網站重視的是「對的時間點」，而非「即不即時」。畢竟，誠如臉書在「動態消息新知」這系列的部落格文章中，再三強調的：「我們的目標是在**對的時間**向對的觀眾呈現對的內容，讓他們不會錯過對他們而言重要的動態」（Kacholia, 2013; Ge，2013; Owens and Vickrey, 2014; 粗體字是此處加上的）。臉書上的內容和活動規模龐大，或許限制了內容的即時呈現，但臉書所面臨的真正挑戰，其實不是如何按照時間先後呈現動態，而是如何在不斷增加的內容洪流中，找到最有趣、最有關聯的內容（Luu, 2013）。演算法社群網站的關鍵時間要素不在於即時，而在於「吉時」（kairos）。[14] 所謂的吉時指的是在正確或恰當的時機，說或做一件事（Smith, 1969），可以幫助我們理解演算法執行的是哪一種表時動作。約翰・E・史密斯（John E. Smith）表示：「『正確的時機』跟順序有關，也就是特殊的時間排列位置的概念」(1969: 1)。史密斯把順序和時間放在一起看，顯示正確的時機只能藉由過去和未來的相對時間點來理解。在持續變動的狀況下，時機變得至關重要。

那麼，動態消息演算法如何判定時機正不正確？臉書將時機適切的內容，放在動態消息較前面的方法之一，就是把趨勢話題計算在內，在流行趨勢一出現時，就讓人們看見相關動態（Owens and Vickrey, 2014）。如同推特的趨勢話題，趨勢這個概念可能不像乍看之下那麼直白。葛拉斯彼（Gillespie, 2011）表示：「定義『趨勢』、『熱門』或『最受歡迎』話題的演算法並沒有那麼簡單，而是經過了巧妙設計，去捕捉平台提供者想要捕捉的東西。」趨勢的算法並不單純，而是非常明確的。趨勢是會讓數字衝高的話題，超越了互聯使用者的單一群集，可能是勝過轉發內容的新內容，或者是勝過目前流行用語的新用語（Gillespie, 2011）。雖然，臉書大體上把趨勢視為在某個特定時間點大受歡迎的物件、話題或事件，但是趨勢的計算機定義卻遠比這個複雜許多。[15]張貼在臉書上的動態，如果跟目前流行的趨勢話題有關（例如，跟某個全國性的體育賽事，或特定主題標籤有關），就比較有可能出現在動態消息的上方。另外，埃里希．歐文斯與大衛．維克里（Erich Owens and Darid Vickrey, 2014）指出，要判定應該在動態消息上顯示哪些內容，不只是跟先前的互動次數——例如，得到的讚數——有關，也會取決於人們選擇「在什麼時候」按讚、留言和分享。除此之外，適時性指涉的不單單僅有當下的事件。在動態張貼多天後顯示，或許才是對的時機。臉書把這稱作「推動態」（story-bumping），意思是沒有被使用者滑到的內容，會根據互動和其他因素的計算，又重新出現在動態消息中。從動態消息演算法很明顯是針對特定的時間和脈絡，來提供內容的這點，可以看出「吉時」的順序特性。祖克柏等人在一項跟動態消息有關的專利申請書中解釋：

> 例如，假使有一位使用者正在規劃一趟旅程，他可能會對最近剛出遊的使用者的動態、被其他使用者視為活動的旅程動態，以及旅遊方面的資訊非常感興趣，回家後卻大幅降低對這些關係、活動、物件或分類及其子分類的興趣。故，跟另一位最近剛出遊的使用者有關的媒體內容項目，其權重可能會比其他媒體項目還高，但在使用者回家後，權重就會大幅衰退，變得很低。（Zuckerberg et al.，2012: 5）

親和度、權重與時間就跟動態消息本身一樣充滿變動。由於總是不斷在改變，又受到非常精細的微調，要輕易辨明動態消息的特定狀態是不可能的。就好比臉書公司總部的家具，動態消息讓使用者每次登入時，都會進入一個設計得稍微不太一樣的空間。雖然總部的沙發不太可能真的這麼頻繁移動位置，或是被移到大樓內完全不同的區域，但是重點其實在於持續變化的可能。每天進到總部時都無法確定辦公室變成什麼樣子，跟臉書使用者登入時，所會面對的不確定性是很像的。兩者最主要的差別是，使用者即便進到臉書這棟虛擬大樓了，可能也永遠不可能知道自己身在什麼樣的環境之中。沙發移動過，很容易就能察覺；A／B測試就不是這樣了。使用者永遠不會真的知道自己目睹了什麼，或者顯示在他們螢幕上的那個世界是怎麼產生的。活在被演算法操控的環境之中，就代表我們要學著活在當下，不要期望擁有一模一樣的際遇。[16]此外，這也表示我們必須承認當我們在談論 EdgeRank、動態消息演算法，或隨你怎麼稱呼的這個東西時，我們談論的其實是一個「大概的」內在邏輯，而非準確的數學公式。[17]

大體而言，系統的設計是要讓使用者的互動次數最大化，並將它認為最有趣的內容呈現出來，希望使用者會更有可能「採取行動」（Juan and Hua, 2012）。這些演算法的運作所內含的期望邏輯，最重要的目標不是要加強某種本就存在的文化邏輯，而是要建立一個能夠將主體各個行動的發生率，納入考量的治理模式。畢竟，「這些預測接著可以激發更多使用者互動」（Juan and Hua, 2012: 2）。透過這裡舉例的臉書演算法，來理解臉書平台允許或限制網路能見度的確切方式，我們就能開始重新思考依賴演算法架構進行操作的能見度體制。我將在本章衍伸傅柯的「全景敞視主義」概念，因為這個概念所提供的分析很有用，至今仍非常適合用來探討能見度受科技建構的方式。

重新思考能見度體制

演算法建立了能見度在網路上被建構起來的新條件。社群網站經過了精心設計，是決定人們如何交際與交流的計算機空間。如我們目前所談到的，以演算法作為其中一部分的社會科技拼裝體製造了一些條件，將數據化為有意義的形式，決定了我們數位裝置螢幕上會出現的東西。想要了解感性分享是怎麼發生、具有哪些可能的影響，我們先得回答能見度是怎麼產生的，背後有何種機制、邏輯和治理的實際做法。

▼全景敞視主義

針對事物如何成為能見的事物被顯示出來，傅柯有兩個基本的概念，從他的奇觀（Spectacle）和監控概念即可了解。這不僅跟在特定歷史脈絡下看見了什麼有關，更重要的是有什麼能夠被看見，而可見與可說的場域又是如何被建構，好讓某個能見度體制顯現。社會學家約翰・湯普森（John Thompson）解釋，奇觀指的是一小群主體被多人所看見，而從十六世紀以降開始出現的監控機制與規訓型社會的興起有關，指的是一小群主體確保了多人的能見度（2005: 39）。全景敞視監獄這種建築型態，就是監控這種能見度模式的知名例子。

傅柯沿用傑瑞米・邊沁（Jeremy Bentham）的全景敞視監獄草圖，試圖說明特定建築構造固有的監控力量。全景敞視監獄是一種監獄建築構想，由圓形建物和中央的瞭望塔所組成。這種建築構想的原則是要將主體——無論是「瘋子、病患、罪人、工人或學童」（Foucault, 1977: 200）——置於永久的能見狀態之中。傅柯表示：「接著就只需要安排一位監看者在中央的塔內」，就能創造可能有人在觀看的感覺（1977: 200）。除了實際安排一位獄卒在塔內，這種設計的目的更是要創造一個人們永遠無法確定，自己是否正在被監控的空間。傅柯進一步地闡述：

> 這就是全景敞視監獄的主要功用：讓囚犯處在一個知道自己永遠能被看見的狀態之中，進而確保權力的自動運作。在這樣的安排下：監控的效果是恆久的，即便監看的動作沒有持續；權力的完美使得實際行動變得不必要；這種建築裝置成了一種機器，創造並維持不需要依靠施展權力者的權力關係。簡言之，囚犯會困在一種由他

們自己所持有的權力處境當中。（1977: 201）

總是被監控的這種可能性所帶來的不確定感，無可避免會導致主體跟著調整自己的行為，彷彿他們確實受到永久的監控。因此，監控便意味著永久的能見狀態。這個為滿足時代需求而出現的建築裝置，其特殊屬性建構了傅柯的能見度概念，而這個概念的新穎之處在於它點出了權力的技術組織方式。傅柯表示，全景敞視監獄不是夢想中的建築：「它是被簡化成理想形式的權力機制圖像……它其實是政治科技的樣態」（Foucault, 1977: 205）。權力「的原則不在一個人身上，而在某個軀體、表面、光線、目光的協同散布裡，在內在機制所產生的關係，使個人受困其中的安排裡」（Foucault, 1977: 202）。突顯全景監控的圖像功能的同時，傅柯也提供了一個強大的分析框架，幫助我們理解不同的能見度模組，以及能見度的安排機制。

約翰・萊赫曼（John Rajchman）討論傅柯時指出：「除了單純顯現權力，建築還有其他使權力『被看見』的方式。這不僅跟建築展現了何種象徵或符號有關，也跟建築讓我們看見關於我們，及我們內在的東西有關」（1988: 103）。傅柯同時從負面和正面的角度，把能見度想成是權力的一種組織方式，顯示「空間的設計是要讓東西看得見，而且是以特定方式被看見」（Rajchman, 1988）。監獄、醫院、社群網站在本質上都是「被建構的能見度」的空間。全景敞視建築所創造的能見度領域，主要不是透過某種圖像或視覺符號體制來運作的，而是透過某個存有方式的技術架構來運行，讓人們意識到或注意到自己可能持續受到觀看。把能見度凸顯為一個系統、一個圖像，就是在凸顯「個體彼此之間、階級組織排列，以及權力中心與管道配置的散布」（Foucault, 1977: 205）。這個關於能見度之物質或技術架構的概念，在談到新媒體這個主題時，特別有趣又切題。在軟體的物質（或者該說是「非物質」）條件下設計出來的空間，同樣是為了以特定方式讓某些東西變得能見，進而變得可知。

▼無法被看見的危機

臉書的能見度模式（猶如動態消息演算法所展演的）跟規訓型社會的能見度模式，有個十分有趣的相異點。全景敞視監獄確保永久能見度的威脅所帶來的不確定感，被深深烙印在主體心中，繼而使主體調整自己的行為。全景敞視監獄圖像的其中一個前提在於，能見度是均勻散布的，每個個體被觀看的可能性是相同的；反之，動態消息並沒有平等地對待每個個體。臉書上沒有可察覺得到的中央監看者，在監視所有人，讓每個人都被永久地注視。在臉書上，沒有所謂的「被看見的危機」，只有「無法被看見的危機」，而這主宰了主體的行動。

問題不在持續受到觀看的可能性，而在持續消失、不被看重的可能性。為了出現在動態消息中、為了變得可見，就必須遵循臉書這個建築內含的特定平台邏輯，

無法被看見的危機既是像字面上說的那樣，也是具有象徵意涵的。全景敞視監獄的建築形態所造就的能見度體制，使得「一個人被完全看見，卻完全看不見」（Foucault, 1977: 202），而臉書的演算法安排則造就了一種很不穩定的能見度：一個人從未被完全看見，卻也從未被剝奪看見的能力。就跟全景敞視監獄一樣，我們可以說個別的臉書使用者占據的空間是相同的，因為就好像牢房被小心設計成一模一樣的空間，使用者的個人檔案也代表「提供了固定位置並允許流通」（Foucault, 1977: 148）的模板。如同傅柯所描述的那些特定機器（軍隊、監獄、醫院），在臉書上真正重要的並不是那些實際的個人。因為如此，空間才被設計成使得個體可以互相替換。臉書使用者個人檔案的通用模板架構，不是要提供空間給特定的個人，而是要創造更容易整理安排使用者數據的空間。因此，系統並不在乎個別使用者，只要它能透過解構、重組使用者提供的數據，來茁壯發展就好。全景敞視監獄的建築構造，將所有囚犯主體置於同樣的永久能見度之下，但是臉書演算法卻沒有同等對待其主體——它把某些主體看得比其他主體重要。全景敞視的空間安排造成的結果是，能見度充斥在建築之內，感覺就像外來的力量加諸的威脅；但是，臉書系統的能見度卻似乎是以反方向操作。動態消

息演算法的建築架構，不會自動將能見度加諸在所有主體身上，能見度並非無所不在，反倒是稀有的。隨著臉書平台上的內容、使用者和活動日益成長擴張，能見度只會變得更稀少。臉書廣告產品行銷團隊的負責人布萊恩・柏蘭（Brian Boland）說，這就表示「動態消息的競爭愈來愈激烈」，而且「任何故事想在動態消息獲得曝光率愈來愈困難」（2014）。

為了知道究竟有多少貼文被顯示在動態消息裡，我做了一個可以算是「逆向工程」的實驗。[18]還記得上一章說到，了解演算法的第一步就是不要因為不可能看見黑箱內部，而把這看作認識演算法的限制。相反地，我所謂的「科技組成調查」首先試圖回答演算法令人聯想到什麼，使用的方法就是從演算法的結果反推其「觀點」。我花了幾個月的時間（二〇一一年三月到九月）用我自己的臉書帳號，來比較「頭條動態」和「最新動態」的內容差異。二〇一一年四月是這項調查最緊湊的時間，我每個星期進行了數次比較，將整個頭條動態的動態加以截圖，並手動計算最新動態裡的貼文數。我挑出頭條動態當中最晚發表的動態，接著把它跟在相同時間戳記發表的最新動態進行比較。在二〇一一年四月隨機挑選的某日，最新動態發表的貼文／更新共有兩百八十則，而同一時間內出現在頭條動態裡的貼文則有四十五則。乍看之下，似乎只有百分之十六的動態被放到頭條動態中。由於時間差是臉書動態消息演算法的其中一個重要已知因子，故我們可以假定，距離動態發表的時間愈近，進入頭條動態的可能性就愈大。我的實驗證明，假使動態是在過去三小時內發表的，它出現在頭條動態的機率會落在百分之四十到五十之間。除了從即時串流當中朋友創造的更新裡挑選，頭條動態還會顯示一些量身訂做的貼文，是沒有出現在最新動態的。我把這些稱作「交流動態」（communication stories），因為它是從兩個朋友之間近期的交流互動產生的。[19] 臉書上的交流動態通常會以「甲回應了乙的相片」，或「甲說乙的連結讚」這樣的形式出現。若把這些量身訂做的動態計入，躋身頭條動態的機率就只有百分之十二。在四十五則貼文裡，有十七則屬於交流動態。這十七則交流動態大部分都具有互動程度高的共通點。例如，一則典型的貼文會說：「安娜回應了克萊兒的相片」，並且同時顯示「11個人按讚」及「檢視所有14則留言」。臉書不僅為頭條動態量身訂做了特定的動態，這些動態跟其他類型的邊相比，也得到很多能見度。「質」的強調應該是為了給人活動很頻繁的印象，以降低參與平台的門檻。

另一個截取自同一實驗的頭條動態樣本顯示：出現的四十二則貼文當中，僅三則由我的「朋友」所發表的貼文，沒有他人創造的任何互動（也就是沒有人按讚或留言）。換句話說，充斥在我的頭條動態裡的動態，明顯都帶有互動性質。雖然在我有系統地研究動態消息的那六個月裡，特定貼文類型的分布具有差異，但是不具備重大互動的貼文，似乎都被過濾掉了。朋友貼文若缺乏任何互動形式，幾乎就不會躋身頭條動態，這一點更證實演算法偏向使帶有互動性質的貼文，變得更有能見度。不管多麼嚴謹地計算、比較這兩種貼文，頭條動態的確切貼文比例基本上難以判定。

不過，我的初步實驗證明了臉書後來所證實的：平均而言，臉書使用者真正看到的東西，只占可以看到的東西的一小部分。「在一個人登入臉書可能可以看見的一千五百則以上的貼文當中，動態消息只會顯示約三百則」（Boland, 2014）。躋身動態消息成了一種競爭優勢，尤其是對愈來愈多的商業專頁來說。在臉書，你必須受演算法所選才能被看見。在動態消息演算法的邏輯裡，能見度是一種獎勵，而不像傅柯的全景敞視監獄概念一樣，被視為懲罰。跟我在蒐集本章所提供的數據的那時候相比，今天的情況更是如此。在二〇一一年前半年，頭條動態消息主要會綜合顯示朋友和專頁發表的貼文，強調的是群集貼文，也就是我所說的交流動態，藉此讓人產生活動和互動持續不斷的感覺。雖然「甲回應了乙的相片」這類動態，還是會出現在動態消息裡，但是現在這些動態大部分都屬於跑馬燈動態，這個規模小了許多的動態。臉書產品長克里斯・考克斯在談到動態消息自二〇〇六年誕生後所歷經的變化時，表示最顯著的改變來自他所謂的新興活動類型，亦即「社團」發表的內容（King, 2013）。確實，當我在二〇一五年初寫下這段文字時，我加入的各個社團所發布的貼文，在動態消息顯示的內容類型中占據的比例，的確較先前提高許多。現在，各式各樣的尋屋社團、當地買賣交易社團，或社區社團的更新，也在跟朋友和專頁張貼的更新競爭，希望在動態消息中爭取人們的注意力。

從根本上來說，演算法是具關係性的，因為它們需要依靠某種外部輸入（數據）才能運作。演算法不是只代表了一個僵固、預先設定好的架構，被認為是像「流程圖、程式碼或者偽代碼那樣的配方，或一套步驟」（Mackenzie, 2006: 43）。演算法亦是流動、可適應、可改變的。這個意思是，臉書演算法不只是高高在上影響使用者；其權力源自與使用者之間的交互關係。例如，動態消息新知這系列的部落格文章顯示，「喜歡在動態消息觀看影片的人，他們的動態消息上方，就會出現較多影片」（Welch and Zhang, 2014）。這套邏輯不僅有著明顯的循環性，會顯示出差不多的內容類型，演算法的能動性——它行動的能力——最終是掌握在使用者的手中。因此，臉書的動態消息演算法怎麼處理我所提供的數據，從根本上也操之在我，以及我跟「朋友」之間的關係上。這也是「機器學習」這個現代計算機文化特性背後的原理。比方說，頭條動態的更新顯示會根據我造訪臉書的次數產生變化，因此要概略算出躋身頭條動態的貼文比例有多少，是相當不容易的。我在二〇一一年的九月隨機挑選一天，比較了瀏覽最新動態前後的頭條動態內容。當時，有超過三百則新貼文出現在最新動態。[20]比較後，我發現這兩次頭條動態所顯示的貼文有百分之三十四左右的變化。[21]在瀏覽最新動態之後，頭條動態裡的四十七則貼文，有十六則馬上變不一樣了。回過頭檢視臉書演算法的運作方式，就能解釋這顯著的改變。第一次瀏覽頭條動態時，演算法似乎較強調「時間差」這個機制，因為我知道距離上次登入臉書已有一段時間。然而，瀏覽完最新動態後，臉書「知道」我已經「更新完畢」，於是便把其中的十六則貼文，用系統計算出來會讓我比較感興趣的貼文取代。第二次瀏覽所出現的十六則新貼文，全都是在瀏覽時間後的十二到二十三小時之間發表的，而且不是屬於「交流動態」這種類型，就是按讚和留言數量很多的貼文。除了使用者瀏覽臉書的頻率，所花費的時間也很重要。也就是說，不斷變化的動態消息不只會考量使用者瀏覽貼文的頻率，也會考量使用者花了多少時間跟貼文互動。演算法建築架構的運作雖然十分動態，因此要分析其運作方式很難，但我們可以把這視為形塑其運作環境的特定方式（Mackenzie, 2007）。我們或許可以說，作為使用者生成內容的守門員，臉書的動態消息演算法，將能見度定義為一種不能視之理所當然的東西。能被看見的程度，以及跟軟體的「可變本體論」有關的「被消失」的可能性，所造成的不確定感，使能見度變成一種少數人擁有的事物。因此，在動態消息上獲得能見度被建構成應該嚮往的一件事，而不是令人備感威脅的一件事。

故，在臉書上所經歷的無法被看見的危機，就不僅是一個充滿象徵意涵的現象，而是非常真實的。臉書創造的能見度體制，雖然跟傅柯在討論監控時所描述的能見度體制——旨在創造永久能見度的狀態——不同，但規訓仍是這個新圖像機制的一部分。雖然在德勒茲（Deleuze, 1992）描述了後工業時代之後，人們大多認同規訓型社會已轉變為控制型社會，我卻不認為規訓圖像和由軟體所控制的空間，這兩者之間會互相矛盾。規訓圖像指的純粹是讓主體成為「自我服從的原則」（Foucault, 1977: 203）；規訓指涉的權力類型，透過讓主體對自己的行為負責來節省運作。這些依然可以套用在現代機器學習技術所蘊含的反饋迴路邏輯。不同於「德勒茲轉折」（Deleurze turn）所表達的概念——我們已從規訓型社會過渡到控制型社會，我比較同意馬克・凱利（Mark Kelly, 2015）的說法，那就是控制型社會的許多層面，早在傅柯提出規訓的概念時，就已被提及。傅柯認為，「規訓『造就』個體，是同時將個體視為客體及自我活動之工具的一種權力的特殊技巧」（Foucault, 1977: 170）。這把特定的行為準則加諸在特定的人類多重性上（Deleuze, 2006: 29）。必須要特別點出的是，傅柯發展出規訓權力這個概念，是為了解釋權力與主體化的二元性——「訓練」主體用特定的方式思考和行動，進而成為自己行為準則規範的原則。經由正確的訓練方式，主體就可充分發揮成為有用

▼參與式主體性

個體的潛能（Foucault, 1977: 212）。傅柯找出正確訓練的三種技巧：層級觀看、使評判常規化、檢驗。這樣來看，我們或許可以說動態消息演算法施展的也是一種規訓權力的形式，因為套用傅柯的話，規訓能夠「修理、遏止或規範行動、釐清困惑、驅散以無法預測的方式，四處遊蕩的，由個體組成的緊實群體、建立計算過的散布」（1977: 219）。

對臉書而言，有用的個體會進行參與、交流、互動。參與式主體顯然是臉書的演算機制所創造，遵循的邏輯跟維持規訓權力時，使用的正確訓練技巧很類似。首先，「無法被看見的危機」導致被淘汰成為非常有可能發生的事情，或許因此激起了人們參與的渴望。這個例子清楚點出傅柯相信權力既會帶來侷限性、又會帶來可能性的雙重邏輯。倘若無法遵守蘊含的參與邏輯，能見度就會受限，但是同一套邏輯又可以產生能見度，使其成為可能。正如傅柯所言：「不從——不符規矩、偏離規則——是規訓罰則的特殊之處」（Foucault, 1977: 178）。因此，不遵守建築程式制定的規範是該受罰的。也就是說，不在臉書上進行參與會使你受罰，讓你無法被看見，同時看不到對你來說可能「最有趣」的內容。

第二，凸顯留言和按讚數量特別多的那些貼文，讓人感覺好像大家都在進行參與和交流，也會促使人們跟著按讚或留言。模擬會創造印象，而傅柯認為自我管理背後的驅動力量正是印象。霍夫曼（Hoffman）在闡述傅柯的規訓權力概念時，解釋道：「規訓權力會根據常規進行評判。他把常規描述成一種行為的標準，把行為類型分成『正常』和『不正常』」（2011: 32）。臉書創造出大家都在參與的印象，同時也暗示參與才是常規。根據傅柯所說，常規化創造了「各種程度的常態，表明一個同質社會體的成員制度，但是也影響分類、層級化與階層的散布」（Foucault, 1977: 184）。動態消息演算法可以說運用了規訓技巧，藉由強調並偏好參與、分享與社交的社會科技安排來建構主體，進而產生「理想的使用者」。由於互動是衡量內容有不有趣的手段，按讚、留言和參與便成為主體接近這種理想常態的過程。

第三，演算法建構的參與式主體，仰賴受歡迎程度這個隱含的概念。展現互動程度高的「邊」很明顯重新強調了一些為人所熟知的文化假定，及大眾媒體邏輯：受歡迎這件事會孕育更大的受歡迎程度。因此，臉書上能見度的組織方式，蘊含了一種循環邏輯——受歡迎會提高被看見的可能性，進而增加產生更多互動的可能性。螢幕上出現鼓勵使用者「檢視所有14則留言」、「檢視所有9則留言」，並且明白秀出「克莉絲汀娜和其他7人按讚」的這類交流動態，更加深了受歡迎的貼文會被賦予能見度的印象。演算法在強調特定連結受歡迎程度的同時，也強化跟注重民主和賦權的 Web 2.0 論述，背道而馳的能見度體制。雖然我們可以肯定臉書是個允許使用者參與的空間，但它的軟體卻證實某些參與形式較為理想；從本章提及的特定能見度機制當中，就能看出理想的參與形式為何。

小結

每天在臉書上活躍的使用者多達十二億八千萬人，因此在決定用何種方式，向哪些人呈現什麼樣的內容這件事上，演算法的實踐、技術與程序扮演了十分強大的角色。演算法從來就不中立；它反映了寫出這些演算法的人的價值觀與文化假定。然而，這並不表示我們只要問問那些程式設計師，就能了解演算法。探索演算法如何被創造出來的相關民族誌研究，或許可以告訴我們有哪些因素構成了演算法的運作方式，但是程式設計師本人並不比其他人還會明確表達出自己的偏見、價值觀或文化假定。反之，本章旨在透過探究演算法的社會物質性來理解演算法的權力與政治。在嘗試回答「動態消息如何運作？」、「動態消息運作的目的可能有哪些？」等問題之後，我認為我們應該以批判、建築的眼光解讀演算法。在仔細研讀有描述到臉書動態消息運作方式的可取得公開文件，並系統化地觀察、分析我自己的動態消息之後，我揭示了幾個層面，可以說明該平台是如何想像社會性和主體性，進而有系統地將之嵌入、寫入演算法的構造與機制裡。本章雖然強調演算法的物質政治，但是物質性卻從未脫離社會領域，或從中獨立出來。近年來，社會科學和人文學科特別專注於演算法這個分析主題，顯著傾向過度強調演算法的因果能力，彷彿演算法是一種容易識別的單一物體。有一點很明顯：我們急切需要將演算法視為具有歷史意義的，把演算法放置在製造與消費這個更大的歷史框架中檢視。同時，文化理論學家還必須解決社群網站演算法朝夕更迭的問題。在這一章，我試圖處理演算法歷史性的議題，探討軟體設計師持有的文化觀點與價值觀，並明確列出擷取數據的日期和時間。這表示，我們必須承認動態消息及其演算法源自某處；以特定方式演化；會被用特定方式談論；被蒙上神祕面紗；反映了特定的觀點與假定；企圖實現特定的科技、經濟與文化目標；短暫穩定後又再次轉變等等。這也表示，鑽研演算法拼裝體永遠只是在鑽研一系列事件短暫的追溯和穩定過程。

確實，本章在分析動態消息演算法的時候，揭開了軟體的「可變本體論」特性（Mackenzie, 2006）。把祖克柏喜歡穿灰色上衣這件事當成一種演算法的暗喻，或許有些牽強，但是他的穿著的確揭示了他的某些價值觀與信仰。雖然接觸臉書工程師的管道有限，我們仍舊找到了不少蛛絲馬跡，告訴我們平台如何操作、平台的執行長和管理階層是怎麼思考和說話、程式碼如何製作、工作如何安排、文化為何重要、文化如何被塑造成品牌，以及所有牽扯其中的人所持有的價值觀、常規和文化假定為何。這些蛛絲馬跡包括但不限於：移動家具的原則、臉書總部刻意設計來要改變臉書員工思維的實體布局、專利文件裡描述的技術性內容、研發論壇常見的工程師言論、媒體報導以及使用者介面。本研究顯示，演算法是個體發生的，因為需要解決的問題總是在改變。雖然要如何呈現最有趣的內容，這個問題沒有變，構成趣味性或關聯性的因素，卻取決於特定背景脈絡。臉書永遠沒有完成的一天。無論我們講的是實體的沙發或動態消息排序演算法，此研究主題天生就是動態、常變、可變的。在機器學習的時代，用來預測使用者行為的模型，因不斷增加的使用者數據而不斷變化，使得捕捉系統運作的邏輯原理變得格外困難。假如像傅柯所說，規訓權力是透過訓練主體充分發揮潛能、進而成為有用個體的方式來實現，我們可以發覺演算法的規訓正逐漸顯現。我們現在正在訓練機器從已知數據組成的資料庫中，正確地學習。然而，我們才剛開始了解——更別說「著手處理」——的是，所謂的「正確訓練」指的是什麼，而確保演算法充分發揮潛力、進而成為有用機器的技術又是什麼。

傅柯所描述的規訓權力特色，有很多都很適合用來描寫臉書的封閉建築構造，及其含蓄的參與和互動要求，像是封閉的功用、自我控制的創造，以及人類多重性的訓練。然而，傅柯將監控理解為「永久能見度」的一種形式，這個概念便無法用來解釋創造出短暫（而非永久），且在顯現和消失之間擺盪（而非把能見度平均加諸在所有人身上）之能見度模組的演算法邏輯。雖然傅柯是把權力的組織安排，放在某種固定的科技和建築框架之內敘述，建築透過其構造來加諸能見度的這個概念，似乎不會跟新媒體不穩易變的組織安排特色有所衝突。無論是數位或實體的空間，絕對都有一個限定的範圍。但，這並不表示新的元素出現時，空間不能擴張或改變。根據傅柯所說，規訓是具向心力的，安全是具離心力的。這意思是，規訓的作用是要隔離一個空間或決定一個片段，而安全的裝置「則有持續擴張的傾向」，總是在融入新元素（Foucault, 2007: 67）。安全無法取代規訓，就如規訓無法取代統治權，只能彌補或補充之（Foucault, 2007: 22）。

我在這一章沿用傅柯的全景敞視主義概念，目標是想要知道把一種能見度的分析理論，應用在（非）物質建築上有沒有用處。我依循傅柯的說法：「全景敞視監獄必須被視為一種可概化的運作模型、一種用人類的日常來定義權力的方法」（Foucault, 1977: 205），用圖像的方式來理解動態消息演算法，藉此提供一個有建設性的門路，來探究不同的能見度體制如何實踐。認真看待社群網站的物質層面，我們便能知道政治與權力如何在這些平台的技術基礎之中進行操作。用傅柯的話來說，動態消息可以視為一種治理形式，事物配置對了，就能獲得適當的結果（Foucault, 2007: 96）。演算法或許就是事物配置或者洪席耶所謂感性分享的關鍵所在。動態消息排序演算法的操作邏輯是傅柯監控概念的翻轉。參與式主體性不是來自某個全知視覺機器的威脅，而是來自隨時可能消失、遭到淘汰的可能性。

CH

5

情感地景：日常生活中接觸的演算法

人們不只「藉著」演算法的幫助發揮影響力，
在使用演算法的同時，人們也能影響演算法

我使用推特超過十年，但我仍不懂推特到底該怎麼用。我無法得心應手地發布推文，也沒辦法清楚解釋這個平台的功能。然而，和大多數使用者一樣，我把推特當成向追蹤者群發表即時微網誌的平台，專門供我發表簡短的片段思緒、資訊或連結。對許多人來說，推特體驗最顯著的特色，就是貼文摘要以即時且逆時序的方式排列。因此，推特在二〇一六年宣布將推出「演算法式時間軸」來取代經典的即時摘要時，感覺就像違背了平台最初的宗旨。當推特宣布這個消息，就像現在任何平台要做出重大革新時，無庸置疑地得面對大眾的怨聲載道。那時憤怒的使用者集結在一起，用主題標籤來表達他們的不滿。連續數天，甚至長達數週，「#RIPTwitter」（#安息吧推特）的主題標籤展現了人們對於引進演算法的不滿。「你們可能再也看不到我的消息了，這都要多謝推特天才的全新演算法系統……#RIPTwitter。」[1]「我之所以熱愛推特，就是因為它沒使用演算法。不過這點似乎要改變了。#RIPTwitter。」[2]「每次聽見演算法我都要心碎一次。#RIPTwitter。」[3]本章節從「#RIPTwitter」事件開始討論起，並非因為這起使用者抗議事件有多特別，而是因為這些推文以及其他無數類似推文告訴我們，演算法已逐漸成為我們日常生活的一部分。如桑維（Sandvig, 2015）所述，在二〇〇六年至二〇一三年間「『演算法』一詞出現在全球主要報章的次數，成長了五倍」。這個數字大約是從二〇一三年開始爆炸性成長，現在新聞媒體皆經常性地報導與演算法相關的消息。儘管許多人可能還未察覺演算法，如何徹底影響他們的網路體驗（Eslami et al., 2015），我們還是（或者正因不了解而）感受到一種圍繞著演算法而生的「感知結構」（structure of feeling）（Williams, 1977）漸漸浮現，種種因演算法而起、雜亂無序的衝動就是最好的證據。[4]

本章的大前提是演算法已成為一種習慣，且人們駐足於媒體空間時，就會感覺到它的存在。這並不是說演算法必然刻意地向使用者表現自己的存在，而是說演算法有能力讓人感覺「好像感覺到了什麼」（Stewart, 2007: 74）。有時候，像是#RIPTwitter 這類抗議事件，會使這種感覺具象化，在這些時刻，我們「彷彿可以清楚看見集體共感的脈動」（Stewart, 2007: 74）。然而，大多數時候，在枯燥的日常生活中，我們幾乎不會注意到演算法衝動的影響。（讓我們回想一下，例如我在上網時，不知不覺注意到里斯本旅館住宿建議，或是派對禮服的定向廣告〔如第一章所述〕；還有信用卡公司在原因不明的情況下就基於安全考量禁用卡片等詭異事件〔如第三章所述〕）。儘管演算法大多數時候神出鬼沒、難以捉摸，在這些時刻卻清楚地現明真身。此時，演算法因為能夠驅動特定的情感衝動、論述、抗議、感覺，以及憤怒、困惑或愉悅的情緒，而很奇妙地變得有型有體。

在本章中，我們將放下前一章所討論的演算法規訓權力，轉向討論充滿在演算法情感和現象學層面的權力「微觀政治」（micropolitics）。我對「微觀政治」的定義近似於傅柯

（Foucault, 1978）的「微觀物理學」（microphysics），我認為此概念能幫助我們洞察特定日常實踐和技術的發展潛力。更具體地來說，微觀政治是「在互動情境中，或是透過互動情境而產生，幾乎細不可察的權力轉移現象」，而且「不同類型的互動會產生不同效果」（Bissell, 2016: 397）。這種權力與政治並不必然是以壓迫、規訓或是營造階層為目標，反而具有生產力，因為這種權力與政治可以產生執行與覺察特定事物的能力。我所關心的則是演算法如何接觸人，以及這樣的互動能賦予什麼能力，又造成哪些限制？情感（affect）的概念在此之所以重要，是因為我們能藉此闡釋演算法較不為人所知的感性面，這對於我們了解演算法式生活的權力與政治來說至關重要。本書並不會再更深入地探討「情感」的概念（已經有許多專門討論此概念的著作），基於本書的討論需要，我們可以簡單說「情感」代表著生活中「超越或是遜於理性」的場域，包含「心情、熱情、情緒、張力和感知」（Anderson, 2066: 734）。[5]我將藉由觀察使用者如何接收與理解演算法在日常生活中扮演的角色，聚焦討論各種演算法牽動人的情感，或受到人類情感牽引的案例（Deleuze & Guattari, 1987）。

然而，本書的重點並非評估人類實際有多大程度，感受到演算法的存在，而是要強調經驗與情感互動也是有意義的演算法知識（關於演算法現象學研究途徑的討論請參閱第三章）。我的論點是，演算法不只對人有影響；人也會影響演算法。知道人和演算法都會是「受影響對象」很重要，因為我們能藉此拓展關於媒體使用和觀眾權力的經典討論。人們不只「藉著」演算法的幫助發揮影響力，在使用演算法的同時，人們也能影響演算法，無論在論述上或是物質面，人們都可以調整並重新設定演算法。如第二章所述，社群媒體平台上的機器學習演算法絕非一成不變。這些演算法藉著持續回應使用者輸入的內容，而不斷改變形體和發展。前一章的主旨是將演算法當成建築性權力（architectural power），強調演算法是一種透過排序和權重，確保「正確配置事物」的治理技術；而本章則要探討演算法作為文化想像時的「生產性權力」（productive power），以及使用者在重塑其周遭演算法式空間時，所扮演的重要角色。

與演算法互動

試想以下情境：麥可（Mike）按下了「貼文」按鈕後靜靜等待。通常不超過五分鐘他就會看到人們開始「按讚」和「留言」，但這次卻什麼也沒有發生。身為一名獨立音樂家，麥可必須靠自己宣傳音樂，好確保能吸引到觀眾。臉書似乎是自我行銷的絕佳平台，而麥可也自認已經懂得駕馭他所謂的「臉書遊戲規則」。例如：「在特定的晚上發布、謹慎選擇用字，以及動態最初收到的迴響，都能幫助動態發揮更好的效果。」他從先前經驗得知「如果一則動態在貼文後十分鐘內，沒有收到足夠的迴響（按讚、留言、分享），在動態消息上的排序就會下降，最終消失在茫茫貼文海中。」麥可剛推出了一張新專輯，亟需散播這個消息。他挑選了一個良辰吉日，仔細琢磨動態更新的用詞，刻意用上像是「哇！」還有「這太棒了！」這類詞句，好增加貼文的能見度（至少他覺得這樣會有幫助）。不過在他貼文之後，什麼也沒發生，這則貼文最終消失在網路深處，沒有人下載他的專輯，他也只收到零星幾個「讚」。[6]

再讓我們看看另一個狀況：瑞秋（Rachel）是臉書重度使用者，但最近她覺得「臉書的演算法正在摧毀她的友誼」。[7]她從臉書甫推出之際就已加入這個平台，且擁有超過七百位臉書好友。她認為自己是一個懂得社交而且外向的人，不只時常貼出動態更新，也常在他人的貼文底下留言。不過，幾星期前，她看到一位高中老朋友的貼文，而瑞秋幾乎要忘了原來她們兩人是臉書好友。瑞秋好幾年沒見過這位朋友了，但突然間，這個人「就這麼出現在她的動態消息牆上」。瑞秋很好奇，她到底都錯過了些什麼？那些臉書沒有發布在瑞秋動態消息摘要上的朋友貼文，都寫了些什麼呢？瑞秋說：「一想到臉書每天從我動態消息中隱藏種種資訊和人物，就讓我震驚不已。這麼看來，我感覺自己在社群網路上，似乎只和一群特定的朋友交流，而我基本上根本忘記了自己還有其他數百位朋友。」[8]

這些情境不只描繪了媒體使用者所經歷的古怪感受，也呈現了許多人們以各種方式和當代媒體平台背後的演算法式真實與原理邂逅的平凡時刻。對於二十一歲的麥可來說，臉書演算法儼然成為他日常生活中相當重要的一部分。身為音樂家，他仰賴臉書平台來行銷自己的音樂作品、和粉絲與追蹤者互動，以及和其他一樣居住在洛杉磯、想法相近的藝術家一起加入同一個社群。麥可說他與演算法的互動，就像在玩一場以貼文能獲得的讚數和留言數為指標的人氣評比遊戲。從許多方面來看，麥可的經驗都讓人想起我們在前一章所提到的「無法被看見的威脅」。為了化解這樣的威脅，麥可制定了他認為能確保自己維持關注熱度、並被更多人發掘的策略和技巧。然而，令人沮喪的是，他的做法並沒有用。臉書演算法令瑞秋感到沮喪的原因，則和麥可的感受不同。和麥可不同的是，居住在紐約市，現年二十四歲的記者瑞秋並不「依賴」演算法謀生。但作為記者，她注意到最近有愈來愈多關於演算法的新聞報導。《華盛頓郵報》（*Washington Post*）有篇文章就以臉書的演算法為題；而自那時起，瑞秋便努力嘗試在自己的動態消息中，找出演算法運作的痕跡。當一位高中老朋友的貼文無緣無故出現在瑞秋的動態消息牆上，而這個人甚至對瑞秋的其中一篇貼文「按讚」之後，瑞秋終於找到了演算法的蹤跡。在遺忘了自己有哪些好友這件事上，瑞秋說她感覺彷彿演算法試著代表她做決定，最終影響了她經營友誼的方式。我們得深入思考自己對於這類日常與演算法的互動有何看法，以及這些例子是否能說明演算法如何形塑我們的生活經驗？

談及人們與演算法互動的經驗，會讓人誤以為我們是在說人們有意識地與演算法互動，或是早已注意到演算法，或至少對於演算法是什麼一絲了解。不過，現有的研究指出，事實完全不是如此（Eslami et al. 2015; Rader& Gray, 2015）。從許多方面來說，詢問人們如何面對演算法，其實就像在問他們自己是如何開始嘗試理解，無法單憑感官覺察的事物，而這一直以來都是重要的科學史研究議題。[9]許多科學與科技創新都並非顯而易見，例如奈米科技、無線射頻識別（RFID）或是各種感應器技術。和演算法一樣，這些技術皆嵌入在電腦、布料或其他更明顯可見的介面上。釐清不確定與未知的事物是重要的人類經驗，無論是追求未來、戀愛或是了解物理學和氣候變遷，我們都必須要有能力釐清不確定與未知的事物。當人們面對生活中隱而未現且不確定的事物時，總是會試圖建立所謂的「心智模型」（mental model）（Schutz, 1970; Kempton, 1986）、「詮釋框架」（interpretive frame）（Bartunek & Moch, 1987）或「民間理論」（folk theory）（Hirschfeld, 2001; Johnson-Laird & Oatley, 1992; Johnson, 1993）。為了使用這些技術，人們會試圖弄懂這些技術究竟是什麼，而他們會透過各種不同方式來理解技術，例如，透過視覺化、找自己較熟悉的事物來類比，或是運用比喻。媒體論述、文化人工製品、故事、軼事和共同文化信念，這些東西都可以「為人類提供詮釋的權力，引導他們使用特定技術」（Poole et al., 2008）。由於描繪如人工智慧和機器人等陌生現象的電影和大眾文化意象，愈來愈無遠弗屆且受歡迎，我們對這些現象自然也產生愈來愈多的公眾理性和辯論（請參閱 Suchman, 2007）。[10] 演算法也一樣，我們很少接觸數學或是技術形式的演算法，當人們接觸或是「看見」演算法時，通常都是看見以簡化圖像呈現的公式（如：EdgeRank 公式）、演算法新爭議的報導（例如，最近就有報導指控臉書及其「演算法」箝制言論自由，因為移除了經典的「戰爭的恐懼」的照片），又或是電影和各種藝術作品等文化媒介呈現的演算法。

這麼看來，發現就連計算機科學家也難以說明，或以文化方式表達演算法究竟是什麼，就不足為奇了。[11] 然而，誠如桑維（Sandvig, 2015）所述，在嘗試讓大眾更了解演算法的同時，我們可以注意到演算法在認識論上的突破，那就是「演算法現在也有自己的公共關係需要經營」。也就是說，演算法除了早期在技術和教育方面的意象外，現在也在不同的表現情境中以實體化方式呈現。演算法成為行銷產品，透過商業化圖像呈現的數學公式，在眾多第三方行銷顧問、技術部落格，和其他行業的媒體出版物中傳播。演算法成為公關產物的過程，和查爾斯・柏澤曼（Charles Bazerman, 2002）所說的「具有代表性的停損點」（representational resting point）並無二致。柏澤曼在研究愛迪生電燈的文化史時主張，在這項發明「創造全新的體驗和意義前」，為電燈創造廣為世人所能接受的形象，作為穩定的參考點很重要（2002: 320）。[12]演算法與機器學習確切的具有代表性的停損點仍懸而未決，但簡化的數學公式，或是機器人的形象，絕對是其中一部分。雖然公式可能使演算法看起來像是科學的產物和中性的管道，這卻和人們日常的演算法經驗大相逕庭。如同麥可和瑞秋的故事，人類經驗中的演算法並非一套數學公式，而是演算法所催生的心情、情感和感覺。因此，心智模型觀點的分析力有限，不是因為人類為理解陌生技術和隱性流程所建立的理論，通常都不準確（Adams & Sasse, 1999; Wash, 2010）；也因為這些理論正確與否其實未必重要。

從現象學角度來看，我們關心的是這些看似隱藏或陌生的技術流程，如何促成或限制人類的行動和方向。在人們的日常生活中，真理（不管這究竟是指什麼）未必最重要，而是實用知識（Thrift, 2007: 21），也就是讓人們「能夠且戰且走，在人生道路上前行時，可以參考的知識」（Ingold, 2011: 154）更重要。換句話說，人們只需要知道必要的知識，即可以有意義的方式參與演算法營造的世界，並從中找出自處之道。以麥可為例，臉書的動態消息演算法就像阻礙他通往成功音樂事業的守門人。只要他對演算法的理解，足以確保追蹤者接收到一切之於他個人，或是他的音樂事業有意義的資訊就好了。而這種知識並不區分人類對演算法的想法孰是孰非，只將這些想法當成幫助人類了解演算法為何、以及何時重要的工具而已。

研究個人的演算法故事

常見的理論是「個人使用者無法真正體會演算法對他們生命的真實影響力，因為演算法很少、甚至幾乎不曾與個人對話」（Cheney-Lippold, 2011: 176），但在本章中，我主張人們確實能體會演算法的影響力，演算法或許不會直接與個人對話，卻會透過個人表達演算法的意念。我想在此分享一系列個人的演算法故事，這些故事來自人們的網路使用體驗。從二〇一四年十月至二〇一六年八月，我花了超過兩年時間，收集社群媒體使用者的個人演算法故事，我透過電子郵件，以及和三十五個人進行面對面訪談，了解他們對演算法的看法和認識。這組資料集也涵蓋內容包含熱門主題標籤，如#RIPTwitter 和#InstagramAlgorithm（#Instagram 演算法）的兩千多則社群媒體使用者推文，以及探討演算法議題的部落格貼文，和報章討論區紀錄。我的研究受到茲茲・帕帕克瑞斯（Zizi Papacharissi, 2015）的影響，她將推特上以特定主題標籤為中心的集體論述，當成感知結構浮現的證據，而我將進一步探討此概念。我認為除了主題標籤外，還有關於演算法的不同貼文，都能算是表現使用者感受到演算法存在的情感地景。讓我們再次回溯麥可與瑞秋的例子，我原先是從收集推文開始了解他們的演算法故事。他們的推文僅透過寥寥數語就表現出困惑和挫折感：「臉書的演算法真的令人非常沮喪」（麥可）；「臉書的演算法把友誼都毀了」（瑞秋）。[13]當我發現自己的推特動態摘要中出現這類訊息時，不禁開始好奇它們是從何而來。麥可和瑞秋為什麼會發布這樣的推文呢？

我的方法論可以說是藉由處理日常生活中，人會感覺到演算法存在的場景、情境、事件和干擾，探究在演算法中的，以及透過演算法生成的情意地景場景學。使用「場景學」（scenographic）一詞表示我的方法論關懷與羅倫．伯爾蘭（Lauren Berlant）和凱瑟琳．史都華（Kathleen Stewart）這些作家和學者類似，他們兩人都研究日常案例或情景，企圖更清楚掌握情感互動的過程。史都華（Stewart, 2007）認為場景不只是一種方法，也是分類方式，讓我們得以將日常情感當成一系列事件分析，而這些事件集合起來能夠呈現居住在當代美國的生活體驗。如德瑞克．麥柯馬克（Derek McCormack）所述，場景或情境「讓我們得以集結對這世界的各種感受，同時拋出問題，試圖釐清驅使人們產生這些感受的力量，如何成為場景故事的一部分」（2015: 93）。伯爾蘭則將情境定義為「一種事物的狀態，代表某事在日常生活的活動中逐漸發展的過程，可能具有意義。是一種已完成動作，或是正在停止動作的狀態」；也能「影響意識，讓人感覺某事正在發生」（Berlant, 2011: 5）。我認為演算法能夠產生這種突如其來的存在感，且人們能夠藉著感受和述說自己與演算法互動的故事，來「體驗」這種存在感。這和情感的概念十分相似，但並不完全相同。正如帕帕克瑞斯（Papacharissi, 2015）所說，情感讓我們有感受，是一種讓我們可能產生特定情緒的活動。她說我們可以把情感當成「走路的步調」（2015: 21），例如，走路步調快可能導致並放大壓力的感受；而緩慢、輕鬆的步調則讓人平靜。在我的研究中，我關心的問題是，我們該如何看待演算法活動的力量，以及如史都華所說，這些活動如何提供我們「回應的動機」（Stewart, 2007: 16）。

我的研究從這些看似平凡的人所撰寫的推文出發。我關心的是如何釐清這些促使人們對演算法運作方式有所回應的情境。[14]在收集資料的兩年間，我定期在推特上搜尋一些特定關鍵字與關鍵字組合，包含「臉書演算法」、「演算法與臉書」、「網飛演算法」、「演算法與網飛」等。[15]我每隔幾週就會在推特上搜尋，並手動瀏覽一連串推文，並將看起來像是抒發個人情緒，而非行銷導向的推文，截圖記錄。我運用這些在推特上收集的研究檔案，有時與最近針對演算法發布推文的使用者聯繫，詢問他們是否願意回答一些關於該推文的問題。這些推文的內容包含：「推特演算法認為我的品味很糟糕，令人不爽」；「臉書，也許世界上並沒有可以捕捉人類經驗的演算法」；「我覺得 Spotify 的演算法能讀懂我的心思，我覺得這項功能很棒，但也很詭異」；「網飛演算法是喝醉了吧」；「臉書的演算法讓我很困惑，我覺得這套演算法認為我應該減肥、我很窮以及我是個單身孕婦」。我總共與二十五個人進行過非同步的電子郵件通訊，以及同步的電腦聊天，以討論和推文相關的問題。[16]在二〇一六年春天時，我另外與十位二十出頭的資深社群媒體使用者，展開了半結構式訪談，討論他們的媒體使用習慣，以及他們認為演算法在這些媒體互動中扮演的角色。[17]

我在編碼收集到的回答時，首先根據促使答題者「有動機回應」的情境和狀況進行編碼。女性主義哲學家莎拉・艾哈邁德（Sara Ahmed）對奇遇（strange encounters）的定義如下：「受到某事影響就是我們會去評估這件事物。我們可以透過觀察身體對事物的反應來完成評估。而要賦予事物價值，就是要形塑我們周遭的事物」（2010: 31）。在編碼這些訪問和電子郵件通訊的內容時，我愈來愈明白這一點。因此，在第二次編碼時，我轉而分析這些文字如何明示或暗示地來評估或者合理化演算法的影響，以及他們對於演算法的認識，如何影響受訪者使用相關平台的經驗；以及他們是否制定策略和技巧來應對演算法，若有，他們又有什麼策略；以及他們對演算法的任何問題與疑慮。儘管這些文字並不能作為呈堂證供，卻著實記錄了「在平凡的情景中，人們能夠感受到分散但有形的力量凝聚起來」（McCormack, 2015:

97）。因此，重點不在人們說的故事，是否「正確」代表了演算法是什麼（就算他們真的正確說出了演算法的本質也一樣）。相反地，個人的演算法故事是要表彰人對於演算法是什麼，以及演算法運作方式的想法和觀感。也許最重要的是，這些故事展現了人們對於演算法應該是什麼，所懷抱的想像和期待。

與演算法共存

人們會在各種情境下與演算法互動，例如：最近剛買的聖誕禮物商品廣告出現在全家人共用的電腦上（驚喜都沒了）、古怪的推薦、幾乎要忘掉的朋友，在沉寂多年後突然又出現在你的臉書動態消息牆上。儘管我在本章節中訪談的對象，聲稱他們對演算法的了解程度不一，但我們還是歸納出了幾個探討演算法何時重要、又為何重要的議題。在本章中，我將這些議題分成幾個子節討論，這些子節的標題皆改寫自受訪者的回答：「人不是一道數學題」，旨在說明演算法製造的各種錯綜複雜的連結，無論這些連結讓人訝異、感到不可思議、有趣或困惑，它們的共通點就是受這些連結影響的對象，都不會覺得這些連結無關緊要。「彷彿參加人氣王大賽」則在討論演算法如何藉著「感性分享」（Ranciere, 2004）來定義差異，藉由決定受眾能看見的人物或事物，劃定了能見度政治的領域。「人氣王大賽」的概念和演算法如何形塑個人身分和身分經驗有關，並說明人如何因為演算法有透過不同方式篩選內容的能力，而察覺到演算法的存在，甚至進一步評估演算法的價值。最後「刻意點擊特定內容」則探討演算法，或者更精確地說，人們對於演算法運作方式的想像，如何觸發他們在社群媒體平台上的特定應對方式。人們會制定各種策略和技巧，好讓自己「受演算法認同」（Gillespie, 2016），或不受演算法認同。資料顯示，受演算法影響不單只是被動地觀察演算法的效果，又或是僅些微注意到演算法的存在，而是能實際透過回應與創意展開的結果和行動。

▼人不是一道數學題

請容我介紹潔莎（Jessa）。她和男朋友兩人現在都是二十多歲，剛剛搬到紐約市工作。這對情侶已經在一間分租公寓裡住了一個半月，他們睡的充氣床墊消氣的速度似乎與日俱增。潔莎和男朋友常在討論自己有多渴望睡在一張真正的床墊上，當潔莎在 Craiglist 網站上尋找可以承租的新公寓時；她的男朋友則負責在 Amazon 上挑選床墊。結果，一天早晨，潔莎在瀏覽臉書的動態消息時，突然注意到一張充氣床墊的廣告。她困惑至極，並為此發了一則推文說：「老天啊，臉書到底是怎麼知道我睡的是一張充氣床墊？」[18]儘管這樣的連結可能只是巧合，卻帶來深刻影響。在潔莎發現原來她在網路上的點擊和瀏覽行為，皆會定期受到追蹤，好客製化線上廣告體驗時，不禁覺得演算法對她的了解帶給人一種難以言喻、毛骨悚然的感受。[19]

來自紐約，二十三歲的學生凱拉（Kayla）也有類似的經驗，她因為臉書演算法似乎把她當成一個「又窮又胖的單身孕婦」而困惑不已。[20]她說，沒錯，自己前幾天確實貼了些抱怨自己又窮又單身的動態，因此收到一些交友網站和貸款的推薦，似乎還算合理，但當演算法在推薦她交友網站外，也推薦了給孕婦使用的應用程式時，那可就怪了。凱拉和潔莎一樣，對於演算法分析她身分的方式有些推論。她猜想：「仔細一想，那些提供給孕婦的建議，可能源自我曾為了尋找合適的新生兒派對禮物，在某個網站上搜尋了布置嬰兒房的建議」。[21]儘管演算法根據使用者行為所做的推論，在邏輯上合理，但從社會與文化角度來看，將交友網站和給孕婦的建議並列，就讓人有些不舒服了。許多受訪者都聲稱自己並不真的了解演算法究竟是什麼，但當我詢問他們會如何定義演算法時，似乎總是將演算法的技術面與社會上人們接收到的成果區隔開來。以夏儂（Shannon）為例，這位四十多歲的職涯諮商師碰巧在部落格中提到了泰勒絲（Taylor Swift），而現在，臉書的演算法似乎就把她當成了一位「持有美國運通卡的十二歲少女」。[22]夏儂說她「搞不懂臉書的演算法到底是什麼，至少她不清楚演算法的技術」，但是知道「演算法會擷取一些線索」，也許是透過她的日常活動，或她提供的個人資訊，「從中找到關鍵字，並試著向她提供相關內容」。她認為，儘管在技術上這一切似乎都很合理，但感覺上卻不大對。當我請她舉例說明演算法如何分析她的身分時，夏儂說：

> 我在當週稍早於臉書上發布了部落格貼文後，突然間，在臉書上「找上門來」的廣告都是泰勒絲的演唱會門票、她代言的產品（例如，美國運通卡），而不是我們假設中年女性通常會有興趣的產品，像是除紋霜和減重產品。[23]

雖然夏儂認為這起泰勒絲事件很好笑，她也常覺得這些定向式廣告「對我個人做出了一些臆測，而我個人並不怎麼樂見這些猜想，因此感覺有點受到冒犯」。這就是演算法作為「分析機器」（Elmer, 2004）的工作，演算法試著透過詳盡的消費者資訊分析，來塑造出一種身分認同，而這種認同是為了預測消費者未來的需求而生。以統計推論和歸納邏輯為基礎的分析演算法，並「不必然以理性為立足點，且可能會產生不理性的刻板印象和歧視」（de Vries, 2010: 80），而究竟演算法能否產出「正確」的判斷，事實上也不重要。如卡提亞·迪·弗里斯（Katja de Vries, 2010）所主張，錯誤的識別結果不只是錯誤的配對，又或單純不恰當的判斷而已，也可能給了我們空間去思考人們建構身分的經驗。

體驗演算法地景的重點就在於了解演算法如何藉由個人投入的資訊，來引導和做出某些聯想。借用提姆．英戈德（Tim Ingold, 1993）的理論來解釋，特定地景的特質，取決於這種地景的體驗讓參與者觀察到了什麼，以及懷抱何種期待。對羅蘋（Robin）來說，Amazon 老是搞不清楚她的性別這件事，不只好笑、令人困惑，同時也讓她身為跨性別者的主體定位，一則更加真實，一則也更加虛幻。他說：

> 我是才剛開始轉換性別的跨性別者。這似乎讓 Amazon 困惑到不行。Amazon 老是想推薦我一些商品，卻總是出錯。有時候，這些錯誤明顯到非常好笑：「我注意到您購買了一些化妝品，我想您應該也會想買些電動工具？」（而我從來沒有買過電動工具）。

羅蘋一直在想，「一家公司到底願意冒上多大的風險來做這樣的事情」，像 Amazon 這樣的公司在分類使用者時，真的願意嘗試參考所有可能的人口資訊，而不只是利用那些不會危及他們利益的資訊嗎？

> 如果讓我檢視自己過往的消費紀錄，並試著產出一套關於我身分的論述，我幾乎能夠肯定這就是一個跨性別者的消費紀錄，而不會說這是一對剛好兩個人穿的衣服和鞋子大小都一樣的異性戀情侶。但在這種情況下，誤報所招致的負面反應，卻很可能會破壞一切潛在的銷售機會。[24]

羅蘋不只因為演算法機制無法正確分類她的身分，也因為這些系統中潛藏的異性戀霸權論述而困擾。身為一位正在經歷跨性別轉換的人士，因為分析機器無法為她界定出清楚、明顯的身分空間，而更顯出她特異的主體位置。在我與海頓（Hayden）的訪問中也出現類似問題，他也是一位跨性別者，而他使用社群媒體的主要目的，就是閱讀 Tumblr 與 Instagram 上的性別轉換的相關部落格。他並不怎麼喜歡演算法總是把他當成「兩位結為伴侶的使用者」，儘管「實際狀況可能大相逕庭」。如果這就是演算法簡化人類思考和身分的方式，海頓認為社群媒體的發展方向顯然有問題。他直接說：「人並不是一道數學題。」[25]

如果我們不再認為演算法「無害」，並轉而要演算法不能逃避、必須持續接受更單刀直入的質問，就會發現在演算法配對錯誤的現象背後，其實大有文章。對蕾娜（Lena）來說，臉書演算法總在和她對自己生命的看法作對。她已不再是過往的自己，卻總覺得被自己的過去給牽絆。她不再和以往的朋友們來往了，彼此也沒有共同的興趣，她從國家另一邊的德州鄉間小鎮，搬到了紐約市讀研究所。她深刻認同自由派的價值，當然也投票給民主黨。然而，蕾娜在動態消息上看到的一切資訊，似乎都來自共和黨支持者，以及那些只在乎名人八卦的人。這明顯地與她對自己目前的身分認同迥異，而臉書一副看透她的樣子，也令她惱怒。她不喜歡「自己社群網路上的資訊，和她關注的事物與信念，完全不同調」。儘管她猜測自己擺脫不了過去，是因為她大多數的臉書「好友」都是在德州鄉村上高中時所加入的，而她在搬到紐約市後，並沒有加入太多新好友，她依然認為臉書演算法「誤判了她的社群網路偏好」。[26]雖然在「現實」生活中，她的過去已成往事，但演算法系統卻限制了她，使她無法真正「展開新生活」。畢爾（Beer, 2013）認為，這些封存的檔案藉由定義有哪些是相關、且可以擷取的資訊，來記錄並形塑了我們的記憶。若演算法創造的世界和我們現實中經歷的世界不一致（正如蕾娜所說）呢？我們過去的生活和經驗又有多大程度，得以永遠限制我們的社群網路分析資訊？

記憶強而有力，不過吉光片羽的事件卻能有延續一生的影響力。記憶就像是逼真的夢境，或是早晨半夢半醒間的思緒。我們既可以隨心所欲地喚醒記憶，也可以靠意志力抹煞它。記憶是將我們與過去連結，並讓我們能夠投射未來可能方向的事物。記憶是一種際遇、分心、機遇、白日夢或否認。在數位時代，我們可以製造、鼓勵，甚至用程式編造記憶，來讓人願意更加投入、分享更多資訊，並促進互動。對艾伯特（Albert）來說，這正是機器的缺陷所在，他在推文中寫道：「我想，可能沒有一套演算法有能力捕捉人類經驗」，[27] 當我請艾伯特進一步解釋這則推文時，他說：

我的推文是在談論臉書近期推出、失敗的「年度回顧」。他們建立的演算法讓人回想起某些最糟糕的回憶，像是孩子過世、離婚等。這則推文的重點是，雖然演算法可能是（也可能不是）一套有效地，向正確對象提供正確廣告的好工具，演算法可能不是製作情感內容，或是以人類方式互動的最佳途徑。[28]

促使艾伯特發布推文談論演算法侷限的事件，是艾瑞克．邁爾（Eric Meyer）與「殘酷演算法」的故事，艾瑞克的臉書「年度回顧」中，出現了他最近逝世的女兒的照片。對邁爾和那些經歷不願意回想的痛苦回憶的人們來說，演算法編排和重新包裝的內容不只提供實用的生日提醒，也並不體貼地一再提醒他們生命中的悲劇記憶。這些以數位方式呈現的回憶在奇怪的時候出現，讓你「在驚訝中抬起頭來，又或是因警覺地注意到這種自己無法徹底了解的影響力，而產生古怪的感受」（Stewart, 2007: 60）。然而，這樣的事件對艾伯特來說，再明顯不過地告訴我們，「演算法最顯而易見的特質，就是它不過就是機器而已」。艾伯特說，演算法顯然缺乏了「人類的判斷力，所以不會想：『我猜這個男人肯定不想被提醒他的女兒今年過世了，所以儘管這則貼文有很多人關注，我還是不會放進年度回顧裡。』」演算法系統確實是「運用一套互相對比的規範來評估個人偏好，而沒有人類具備能謹慎地從中干預或改變演算法的決定」（Beer, 2013: 77）。

二十一歲、活躍的 YouTube 使用者萊恩（Ryan）也有類似想法，他認為演算法在嘗試以機械方式解決人類問題和渴望時，遇到重大難關。萊恩認為演算法的問題在於「它們只是根據趨勢和過去行為決策，無法預測你未來的樣子，而且假設你會持續和過往一樣的日常行為」。演算法並沒有考量到「人心變幻莫測，而且總愛嘗鮮」。[29] 這也是為什麼萊恩很喜歡那些花費大量心思經營自己 YouTube 頻道的人，尤其是那些他所追蹤、稍有名氣的 YouTube 網紅，他們會直接請粉絲提供下一部影片的拍攝意見。對萊恩來說，這些 YouTube 網紅就像是「人體演算法」，他們確保觀眾能取得想收看的內容。萊恩相信他們「比自動演算法更準確，因為電腦演算法並不像真人一樣，能真正了解人類的偏好和特徵。」這精準地呼應了海頓所說的，人並不是一道數學題：人比數學算式還要複雜、難以預測，不可能只分解成電腦能夠處理的幾個簡單步驟或指令。事實上，海頓覺得從根本上來看，演算法並不聰明。例如，演算法無法分析「風景」（views）可以是指美麗的景色，但也能剛好是嘻哈歌手 Drake 的最新專輯名稱。因此，當海頓最近在 Instagram 上發布夕陽和風景的照片，並全部加上「風景」的主題標籤時，他顯然沒興趣追蹤那一大票演算法為他推薦的追蹤對象。從大多數受訪者的回應中我們可以清楚發現，問題並不只在於演算法可能誤判人的想法，事實上演算法可能完全無法得知人在想什麼。

▼彷彿參加人氣王大賽

演算法可能無法判斷人類的複雜度和情緒向性，似乎也會增強及放大某些傳統社會規範和階級。對受訪者來說，這點在他們察覺演算法有能力根據內容、人物的人氣和重要性進行篩選時，尤其明顯。其實演算法並不是唯一會按人氣篩選內容的工具，媒體一直以來的運作原則，都是偏好特定的意見和人物。大衛．阿爾特德和羅伯特．史諾（David Altheide and Robert Snow, 1979）在他們極富影響力的媒體邏輯研究中即證實，大眾媒體的基本運作原理，就是賦予某些意見更多的重要性和意義。以人氣作為評判標準的運作邏輯，在社群媒體平台的運作上更加鮮明，這些平台通常會加入某種個人化的排序機制，以區分較受歡迎與較不重要的內容（van Dijck & Powell, 2013）。從技術上來看，人氣與個人化很難兼容（Amatriain, 2013）。人氣通常是指根據通用的「重要性」概念，來提供建議；而個人化則要滿足人人迥異的偏好。澤維爾・阿瑪特里安（Xavier Amatriain）在一篇論文中，解釋了網飛推薦演算法背後的模型，這套模型的目標是「找出一種比根據項目人氣排序，還要來得有效的個人化排序功能」，好滿足各種使用者偏好（2013: 3）。此目標不只適用於網飛，基本上所有試圖以某種方式篩選和排序內容，進而留住使用者注意力的平台，都會這麼做。

對平台來說，在質與量以及在高關聯性／高人氣與個人實際互動間取得平衡，是一項核心挑戰。當他們無法成功取得平衡時（通常都是如此），使用者肯定會注意到。為什麼呢？舉例來說，當凱蒂（Katy）只看浪漫喜劇，網飛卻推薦了一部恐怖電影；或是 OKCupid 的配對演算法似乎只推薦熱愛戶外活動的對象給羅蘋，但羅蘋只想聽演唱會和享用美食時，難道他們不會發現有哪裡不對勁嗎？因為有許多人愛看恐怖電影；又或是健美身材和健康主題似乎成為交友軟體上的潮流，但並不代表這些東西適合所有人。當臉書這類社群媒體平台總是傾向讓使用者一再看見同樣的人物或同類型的內容時，我們不難注意到背後潛藏著一場人氣競賽。二十五歲的品保工程師盧卡斯（Lucas）說，他閒暇時花了大量時間在玩社群媒體。最近，他發現自己的臉書動態消息牆完全沒有跳出新內容了：

在四小時內，我一再看到五、六則相同的動態，出現在我的動態消息牆頂端。我在臉書上的社交圖譜算是相當廣闊（我有一千多個「好友」），所以完全沒有出現新內容會讓我感到焦躁，於是我用推文表達自己對演算法的看法。30

盧卡斯覺得「臉書的篩選功能使他希望享有的網路社交體驗不斷退化」。和在臉書上一直困在共和黨支持者圈的蕾娜一樣，盧卡斯覺得這個平台隱藏了重要的資訊不讓他看見。然而，對受訪者來說，真正的問題並不必然是演算法會在平台上篩選其中的內容，而是他們覺得自己可能「錯過」原先可能得到的資訊。部分受訪者表示，他們不只害怕錯過重要的消息，更害怕「自己能觀看的內容」和人際關係受到控制，甚至遭到平台限制。

讓我們再回顧一下麥可和瑞秋的故事，他們對臉書的不滿，有一部分源自於他們認為有人代表他們決定在哪些條件下，自己提出的內容會被看見或是掩蓋。正如另一位受訪者安珀（Amber）告訴我的：「我不喜歡演算法為我決定事情……因為這太難以預測、又奇怪」。31 二十一歲的加拿大裔公共政策系學生諾拉（Nora）則覺得，「臉書的演算法肯定有什麼問題」。[32] 在她發布的一系列推文中，諾拉對臉書幕後的機制有些猜測，她提到自己有些貼文似乎比其他貼文獲得更多「按讚」和「留言」，但原因不明。「按讚」、「分享」和「留言」的次數助長了社群媒體平台所支持的人氣競賽，演算法在這些平台上藉著互動的社會情境有了發揮空間。諾拉擔心以人氣為基礎的社群媒體演算法，可能減少人們能夠看見的內容數。她尤其擔心演算法對「按讚」和「分享」數的推薦，讓類似「冰桶挑戰」這類熱門影片聲量更大，而掩蓋了其他更重要、但更少人「按讚」的時事，如在弗格森（Ferguson）爆發的種族衝突。諾拉說：「我不大喜歡由演算法，或者編輯、監管者還是任何人事物，來過度控制我能表達什麼意見，如果它們的目標是呈現更多『趨勢話題』，那我針對『非趨勢話題』的貼文是不是就會遭到隱藏呢？」[33]

不只受訪者們覺得演算法有讓熱門者愈熱門的傾向，關於演算法的大眾論述也非常清楚地指明了這一點。讓我們再花一點點時間回顧本章開頭提到的#RIPTwitter 事件，研讀一些包含此主題標籤的推文，來幫助我們思考一下這個議題：「演算法就是某種管控言論的方式。但我上推特，是為了即時取得未經篩選的最新消息」[34]；「長大成人的其中一項優點，就是能夠『自己決定』要關心的人事物」[35]；「仔細想想，有了演算法之後，你可能再也看不到某人的推文了。推特，安息吧」[36]；「用演算法取代原本的時序時間軸來決定動態摘要的排序，就是把推特變成人氣王大賽的戰場。我想還是別了吧」。[37]在訪問萊恩時，他也提出了類似的問題與疑慮。他認為如果推特開始大量引進演算法，就會「鑄成大錯」，因為「演算法肯定會偏愛媒體、連結、影片和照片等事物，而不會偏重文字貼文，但這卻是大多數一般使用者在此平台上發布的內容」。海頓也對 Instagram 可能改用演算法篩選動態摘要，表達了相同的疑慮。對海頓來說，「Instagram 演算法」只會讓「Instagram 網紅」更紅而已，因為「他們的貼文會出現在頂端，而你就沒辦法看見追蹤者數量相對較少的朋友貼文」。[38]在推特宣布推出演算法來整理推文摘要後，才不過短短兩個月，就有不少和海頓抱持類似想法的 Instagram 使用者聚集起來，使用#InstagramAlgorithm 主題標籤發布貼文，表達他們對於 Instagram 要變成人氣王競賽平台的憂慮。例如：「嗯，我不喜歡 Instagram 改變演算法。我從來就不喜歡鬥人氣」；[39]「為什麼社群媒體老是在比較人氣？這就是為什麼@snapchat 是最有益個人自尊心的健康平台。#InstagramAlgorithm」；[40]「到底為什麼@instagram 會覺得這是個好主意？這裡畢竟是『insta』gram（即時發布平台），而不是「popular」gram（人氣王平台）啊#RIPInstagram」；[41]「全新的@instagram 演算法對我這種小人物來說就是末日，我絕不可能在人氣王競賽中贏過那些名人的。」[42]我之所以認為這些推文值得我鉅細靡遺地引用出來，並非因為它們能徹底代表使用主題標籤的群眾，對這些特殊事件的普遍感受，而是因為它們顯現人們對於演算法有各種不同的想像和期待。這些觀點告訴我們，人們想像演算法是一種控制機制和守門人，目的在於強化既有的權力結構。

不過，演算法並不總是以「邪惡」或是「控制狂」的面目示人。我們可能會看到同一個人既認為某個平台上的演算法大有問題，但另一方面又能接受其他平台上的類似機制。有些演算法被人視為實用工具；而其他則令人厭惡。例如：諾拉擔心臉書演算法過度控制她可以看到的內容時，卻說：「但我認為 Google 的演算法值得信賴」。[43] 當我詢問她為什麼對 Google 有信心，卻對臉書沒信心時，她說自己沒辦法講出確切原因，但她猜想，這可能是因為 Google 的宗旨是用來「搜尋」，況且臉書讓人缺乏信心的原因或多或少在於：

> 臉書干涉的是可能造成他人很大的痛苦的私人事物，因此感覺更有侵略性……但 Google 只是個搜尋引擎。你上 Google 時已經對自己要找什麼有初步的設想了。[44]

我透過 Skype 進行半結構式訪談時，尤其注意到，人們對不同種類演算法的看法，存在著模糊地帶。人們不認為演算法必然造成問題，使用者對演算法的看法取決於他們認為演算法施加於使用者身上的限制有多嚴峻。不少受訪者似乎都聚焦在他們在使用不同平台時，感覺自己可握有多少能動性和控制權。以萊恩為例，他認為演算法分為「實用」與「控制」兩種。而他與安珀和諾拉的想法一樣：「我覺得臉書的演算法在控制我」。他認為臉書演算法的控制程度很大；而雖然推特的演算法近期鬧得風風雨雨，但相對之下，還是控制程度仍較「小」而且「單純」。

> 推特採用的簡單演算法只不過是要快速向你顯示，你離線時錯過了哪些重要消息……我覺得推特的演算法很不賴，因為它非常單純、控制程度也不大，只不過是要幫你一把而已。45

當我要求萊恩進一步說明何謂「實用演算法」時，他提到自己最喜愛的平台網飛。對他來說，網飛的演算法兼具臉書與推特演算法的特質。這套演算法之所以與臉書類似，是因為會「顯示目前熱門的內容」；而像推特的地方則在於它能呈現「為你客製化、不受其他因素影響的摘要」，且仍能幫助你「根據觀賞過的內容」找到新內容。二十二歲的加拿大畜大學生梅莉莎（Melissa）也同樣認為，網飛讓你握有「最大的控制權」，因為網飛的演算法特別參考你正在進行的事，之後才做出推薦，而不是以你朋友所做的事，或是以你看到的內容為準。[46]儘管所有平台都嘗試找出與使用者相關的內容，對使用者來說，如果他們能藉著自行設定參數而感覺握有主控權；以及演算法本身只是為了提供協助，這和演算法大致上算是自行（至少沒有明顯向使用者要求輸入相關參數）判斷內容，是否與使用者的相關性有所不同。在許多情況下，如果平台能夠正確呈現個人化功能，這能算是一項優點；然而，若人氣凌駕於個人偏好，那使用者就會認為自己受到演算法干涉。梅莉莎認為對於個人化內容的要求，與她所屬世代對展現個人獨特性的渴望有關。她這麼說：

> 你總是在尋找讓自己與眾不同的事物，而這也是為什麼星巴克的商業模式如此成功，因為在咖啡杯上寫上你的名字，能讓你感覺自己從茫茫人海中脫穎而出。我認為網路平台也想做到類似的事，於是這些平台試圖提供他們認為你最想看到的內容。這讓人幾乎要覺得媒體平台在乎你的需要。這些平台想盡可能提供最棒的使用體驗，有些平台表現傑出，有些則不怎麼成功。但我發覺個人化體驗還是比人人都享有標準化的相同體驗，來得令人滿意。[47]

正如平台嘗試必須做出取捨，選擇根據一體適用的「重要性」概念及／或更加個人化的模型來排序內容，使用者似乎也在追求熱門內容，以及享受個人化內容之間游移不定。更重要的是，受訪者不同的回應顯示演算法不只是事實性的存在，也具有規範性的作用，因為人們已直接或間接對演算法世界該有的樣貌，即演算法究竟該如何運作有所了解。

▼刻意點擊特定內容

活在以演算法為媒介的環境，不代表演算法已凌駕於使用者。想要收集「讚」和「留言」並不只是「自戀式的呼救」（Agger, 2012: 45），對許多使用者來說，這已成為他們試圖影響演算法的「意願」，使他們的貼文在演算法編排下占有更顯著的地位，所必須採取的策略。許多我訪問過、活躍的社群媒體使用者都曾試著以某種方式，試驗他們使用平台的運作邏輯，他們試著增加或減少自己的能見度，或是試圖規避他們所感受到的控制機制。許多受訪者就提到，他們曾發現自己被困在一個暫時性的回饋循環中。萊恩說，YouTube 的推薦演算法會傾向強化某種觀賞模式，無論這種觀賞模式是否正確：

有時候，我點擊觀看某部影片，影片的內容卻並不如我所想，但因為我看過了這部影片，YouTube就會開始推薦一大堆相關影片給我，事實上我根本不想看這些東西。

為了「修正」演算法，萊恩說他不是停止點擊某類型的影片一段時間，就是開始盡可能點擊更多對他來說較為相關的影片。同樣地，推文說臉書摧毀友誼的瑞秋也說：

我發現自己每天都會「刻意點擊特定內容」。這聽起來可能有點瘋狂，但我記得有天我不小心點了一位高中老同學的個人檔案，結果我忍不住低聲咒罵：「該死，接下來我一整天都要一直看見她的貼文了。」

演算法影響了人們使用平台的習慣，而人們就再透過「刻意點擊特定內容」加以應對。此外，因為個人點擊和按讚的方式，使人彷彿困在某種暫時性的同溫層，在演算法營造的空間中，這是相當常見的經驗。如同瑞秋和萊恩所說，你必須為自己點擊的內容負責，否則你點擊的內容會使你身陷在永恆不變的回饋循環中。

刻意點擊特定內容不只是一種防禦策略，顯然也是一種積極的應對措施。以曾擔任過學校老師，現在為社區內的家長經營臉書專頁的凱特（Kate）為例，她認為必須讓自己的貼文流傳愈廣愈好，為了確保達到「最高觸及率」，凱特在貼文時相當「仔細」。她會使用多張而非一張照片，而且總是試著選用正確的詞彙，並在一天中正確的時間點貼文。身為專頁的管理者，凱特說：「我分享資訊的方式完全變得是為了能受到演算法青睞。」[48]諾拉和她一樣，也會以特定方式來調整自己的動態更新，好符合臉書演算法的要求。諾拉和麥可一樣，在觀察動態消息的運作方式好一陣子後，她注意到哪些方法可以增加能見度；而哪些做法卻無效。如她所述：「如果我發布了一則貼文，五分鐘過後還沒收到任何讚，或只有零星幾個讚（像是在第一分鐘內只收到一、兩個），這些貼文就會往下沉，基本上不會獲得太多讚或留言。」多年來，諾拉採取了各種不同的策略，好讓自己的「貼文更常受到演算法青睞」。[49]這些策略包含在特定時間發布貼文（「通常在週五外的週間深夜」）、以特殊方式鋪陳貼文、確保自己的個人檔案照片中，沒有出現其他人（否則這類照片「獲得的讚數較少」），以及確定在動態更新時，避免使用或者是蓄意納入特定關鍵字。

葛拉斯彼（Gillespie, 2016）就曾提出一個實用的觀點，他說，因應社群媒體平台及其運作邏輯改變我們網路行為的方式，可以視為一種最佳化內容的手段，能幫助內容創作者發布「受演算法青睞」的內容。不管使用者是等到一週中的某一天，或是一天中的特定時間才發布貼文，是選擇使用多張而非一張照片，還是謹慎選擇用詞，且刻意使用聽起來很正向的用語時，他們不只是為了策略性地更新自己的社群媒體個人檔案，或渴求他人的關注而已。這讓人聯想起葛拉斯彼（Gillespie, 2014）關於運用主題標籤最佳化演算法的研究，他在研究中分享的個人演算法故事告訴我們，許多受訪者會重新調整他們的說話方式，好讓貼文受到演算法的青睞與傳播。萊恩和凱特一樣，都認為社群媒體幕後的運作邏輯影響深刻。他說：「社群媒體的運作方式，實實在在地影響了我貼文的內容和方式。」舉例來說，受訪者們認為在臉書上發布「人生大事」，或是在推特和 Instagram 上使用特定主題標籤，在增加演算法選擇曝光貼文的可能性時尤其有效。

當然，人們總是會制定策略，好讓自己受到資訊中介的青睞。葛拉斯彼就寫道：「把新聞稿傳給新聞機構；精心安排讓活動具備電視觀眾熱愛的視覺效果；或者方便記者聯絡你的發言人或取得原聲摘要」，這些長期以來都是提升能見度的媒體策略。某方面來說，使用者們一直都想進行反向工程，或者是調皮地投入這套媒體機構和權力掮客所建構、看似無法滲透的邏輯。然而，在當代，這套人們嘗試打破的邏輯不再是人類心理學，而是機器處理技術。

要達到這個目標，有一部分的任務就是得釐清這些平台的運作方式。例如，我們有部分受訪者認為，在臉書上發布「人生大事」，或是在推特和 Instagram 上使用特定主題標籤，在增加演算法選擇曝光貼文的可能性時尤其有效。二十三歲的加拿大裔自由設計師柔伊（Zoe）

就表示，重點不只是知道該使用哪個主題標籤才能吸引關注，也在於事先了解不同的平台如何處理與看待這些主題標籤。[50]對於柔伊這樣前途一片光明的設計師來說，（她和麥可一樣）需要接觸觀眾，如果不能參透特定平台的慣例，就會對她的業務帶來負面影響。例如，部落格平台 Tumblr 和 Instagram 就有著相當不同的主題標籤處理慣例，知道哪個標籤最熱門遠遠不夠。以一個看似很小的技術性細節為例，有些平台讓使用者可以在主題標籤內輸入空格，但有些卻不行。柔伊說她花了一段時間才明白，在 Tumblr 和 Instagram 這兩個部落格平台上交叉發布照片，之所以無法吸引新的追蹤者或他人的關注，單單是因為主題標籤無法產生相同的效果。這些主題標籤雖然在 Tumblr 上有用，但在 Instagram 上反而變得邏輯不通。柔伊猜測她可能因為演算法不願意將她的個人檔案，放在其他使用的 Instagram「探索」區段，而失去了珍貴的機會。以正確方式使用對的主題標籤，可以增加個人檔案受到推薦的機會。

這份研究中訪問的大多數人與傳統的公關或策略溝通顧問不同，他們並非為了商業性因素而調整訊息內容，反而通常是為了營造他們認為親朋好友可能喜歡的內容。最令人意外的是他們懷抱「不希望以不必要的貼文打擾他人」的心態，他們不希望讓朋友感覺資訊量過載，且也經常提到合宜分享行為的社會規範。對萊恩來說，了解自己社群網路中的觀眾喜歡看到什麼內容，與平台的運作方式關係密切。他知道在臉書上更新相簿，比起文字動態更新要來得容易出現在朋友的動態消息牆上，因此他只張貼值得他人關注的照片。他只會分享有著「發人深省趣味註解」的相簿，因為他知道演算法偏好相簿，人們大概會看到他發布的相片。基於類似原因，萊恩也不常在社群媒體上給「讚」，他說，因為「其他人會注意到」。如果你給了太多東西「讚」，那這個「讚」就變得毫無意義。因此，萊恩試著把讚「留到真正重要的時刻使用」。如此一來，當人們看到他按讚時，這就表示他是真心喜歡這則內容。萊恩解釋道：「我把讚留給那些已有數百萬個追蹤者或讚的主流商業專頁，所發布的趣味文章或影片。」因為他猜測在這些大型、重要專頁上累積的讚，比較可能出現在其他人的動態消息牆上。

以這種追求最佳化和策略性的方式，來處理個人的網路傳播很耗費時間與精力。演算法確實成為某種注意力的守門人，以至於使用者必須「破解」，或是順應演算法的規則，才能增加自身發布訊息的能見度。如同針對推特和 Instagram 推出演算法式時間軸的公共論述，人們視演算法為權力掮客，我們只能順應或不對抗。萊恩認為推特和 Instagram 決定大幅「採用演算法」的最大錯誤在於，這會「改變人們貼文的內容，以及使用平台的方式，使人們利用平台的方式不如以往了。」對萊恩來說，像 Snapchat 這樣的服務和臉書的差異在於，使用前者「花費的思考時間較少」，他說：

> 臉書上有太多事情發生，因此我得策略性地計畫自己要說什麼、該怎麼貼文、什麼時候貼文等等。而這麼做只是為了保證我希望看見這則貼文的人，確實會看到。51

策略性計畫該說什麼的概念，只不過是「刻意點擊特定內容」的另一面，幫助我們趨近平台的運作邏輯。萊恩認為，當推特這樣的平台決定更大規模地應用演算法時，問題不在於推特上用了演算法或是使用的演算法本身有什麼特色，而在於大規模應用演算法後，對平台實際互動效果帶來的影響。萊恩說：如果推特要「開始使用演算法，那你就得好好思考自己要發布什麼內容了。」

儘管使用者通常得順應演算法的規則，好讓自己能獲得關注，也有人反其道而行，試圖讓自己「不受演算法關注」。確實有些個人演算法故事可以佐證，要避免或是忽略演算法的影響，人們也得注意平台的運作方式。一位來自菲律賓的受訪人路易斯（Louis）就說，他深受臉書的演算法吸引，但他也認為這套演算法是個陷阱。對路易斯來說，使用者可以透過多種方式來反制演算法的邏輯。誠如大衛・W・希爾（David W. Hill）所主張，「抗拒的方式不只有退出，以意想不到的方式參與也是一種做法」（2012: 121）。路易斯認為「網路上根本不存在隱私」，面對那些在窺視你私密資訊的人，何不試著混淆視聽呢？這樣一來就可能誤導他們。[52]也有其他受訪者回報他們會刻意或不經意地參與混淆資料的活動。蕾娜曾試著「操控自己互動的內容」，以便「控制臉書提供的建議」，而潔莎則試著為互相矛盾的內容按讚，好誤導演算法。

無論人們是否嘗試讓自己受到演算法關注，這些受訪者的回應都告訴我們，當使用者調皮地學習演算法的規則時，這也是一種幫助他們積極探索未知事物的求知方式。[53]從許多方面來看，使用者試圖趨近平台操作邏輯的眾多方法，都與我在前一章節中所述，我試圖對臉書的動態消息演算法進行「逆向工程」的做法沒什麼兩樣。儘管我們未必真的了解演算法的運作原理，但我們通常能夠觀察和感覺到演算法的效果。埃莉諾．吉布森（Eleanor Gibson）說：「積極探索物件可以讓我們找出可觀察的結果，以及從事更專門的探索活動，這對於了解該物件可以帶來什麼效果、我們能如何運用物件、物件的功能性潛力和用途等，有重要影響」（1988: 24）。這些抱持著好玩心態開始探索演算法的使用者（雖然他們探索的方式還蠻具有反身性與知識性），不只能更了解演算法系統的效果，以及他們可以如何利用演算法，這些探索活動也會改變他們原先想探索的演算法的樣貌。

▼演算法式想像

演算法藉由參與多種情感互動確立了社會想像。如同本章所分析的諸多個人演算法故事所述，演算法能夠生成不同的經驗、情緒和感覺。我們可以視不同的場景和情境為形塑所謂「演算法式想像」的一部分，這種想像是一種我們對「演算法是什麼」、「演算法應該是什麼」、「演算法如何運作」，以及「我們的想像賦予演算法什麼可能」的認知。雖然我們無法肯定演算法究竟如何運作，個人演算法故事讓我們了解，要認識演算法，也許需要掌握程式碼以外的語域。誠然，「故事可以幫助我們理解事件、確立真理的論述、定義問題，並提出解決方案和策略」（Ainsworth & Hardy, 2012: 1696）。故事記敘事件和經驗的方式，可以幫助行動者清楚理解狀況，讓他們釐清當下的互動情境。個人演算法故事展現了查爾斯・泰勒（Charles Taylor, 2004）所說的「社會想像」（social imaginaries），也就是人們對社會現實的想像。這種想像可以產生、製造出讓人們能夠認同，並與自己存在和社會物質環境互動的條件。

然而，我這裡所說的想像，並非「社會」想像本身。演算法式想像不必然是一種「促成共同實踐的共同認知」（Taylor, 2004: 23），也不一定是讓演算法能夠產生「想像的共同體」（imagined Community）（Anderson, 1983）或「計算形成的公眾」（Calculated Public）（Gillespie,

2014）。這些概念雖然可以是「演算法式想像」的一部分，但我想在這裡用「演算法式想像」一詞來傳達的是與他們略有不同，但並非毫無關聯的概念。舉例來說，我沒有理由、也無意主張人們的個人演算法故事，代表普羅大眾較有共識的演算法文化信念；但這些故事在某些重要層面可能有相同特質並有所重疊；也會出現在社會上針對演算法的辯論和論述，更是源自我們在以演算法為媒介的空間中，所形成的個人或習慣實踐的想像。在本書的其他部分，我已探討過程式設計的社會性。在我們關心的平台上，軟體和演算法可以支撐和形塑其架構和物質基礎的社會性與生活經驗。從這種角度來看，演算法確實有能力產生一種集體感，類似於班納迪克・安德森（Benedict Anderson）所說的想像的共同體。安德森著名的論點為國家「是想像的政治共同體，且這種想像認為國家本質上具有限性，同時又握有主權」（Anderson, 1983: 15）。如克勞蒂亞・史特勞斯（Claudia Strauss）所指出，安德森理論的一項重點在於他強調媒體，尤其是報紙和書籍在「形塑讀者認同自己和另一群假想讀者，同屬一個社群」方面，扮演重要角色（Strauss, 2006: 329）。我在本章中所欲討論的演算法式的想像，並非由演算法形塑的公眾；而是某部分來說，由公眾形塑的演算法。換句話說，我想探討的是從公眾的信念、經驗和對「演算法應該是什麼」的期待中，所誕生的演算法式的想像。[54]

使用想像的概念來闡述人與演算法互動的結果，並不代表我認為人類的演算法經驗是虛幻的。相反的，我認為這些經驗相當「真實」。[55] 演算法不只是抽象的運算程序，也能對社會生活產生各種不同程度的影響，進而落實某種物質現實（Beer, 2013; Kitchin & Dodge, 2011）。當瑞秋發現自己會「每天刻意點擊特定內容」，藉此影響之後會出現在她的動態消息牆上的內容時，演算法就不只是抽象、「虛幻」的事物，而是她的認為確實會影響自己臉書使用行為的東西。同樣地，盧卡斯也說，注意到臉書的演算法不只影響了他貼文的方式，也影響他如何回應他人的貼文。盧卡斯這麼解釋：

> 如果我知道有位朋友發布了自己相當感興趣的內容，我會刻意去「按讚」和「留言」，因為我知道這能夠在程式上「支持」他們，且希望能因此讓他們的貼文得以出現在更多人的動態消息牆上，因為我的參與，會使得 EdgeRank 給他們的貼文打上更高的分數。[56]

盧卡斯願意刻意為朋友的貼文按讚，好加強他們貼文的能見度，與近期針對社群媒體監控的相關研究有異曲同工之妙。丹尼爾・特洛提爾與大衛・萊昂（Daniel Trottier and David Lyon, 2012）的研究顯示，臉書使用者會參與「集體身分建構」，透過標記、留言和按讚，增強彼此的能見度。

使用者對於演算法究竟是什麼，以及演算法如何運作的認知，會影響他們對演算法的偏好。許多受訪者表示自己改變了分享資訊的行為，以達到如凱特所說的，「最順應演算法規則」的結果。將社群媒體平台當成實際上有所互動生活環境，代表著我們與這套系統的潛在邏輯發展出默契。儘管大多數的技術在設計上，都不需要人們確實了解技術的實際運作原理（Hardin, 2003），人們傾向為這些技術的運作方式建構「心智模型」和理論，幫助他們探索這個世界，並與世界互動（Orlikowski & Gash, 1994）。雖然大多數受訪者都說他們不知道演算法是什麼，不過他們或多或少都提出了自己認為演算法是什麼，以及演算法應該是什麼的理論。以臉書為例，凱拉說她「不知道演算法是什麼」，但她懷疑演算法能夠回應平台上追蹤的所有資料。同樣地，麥可也「不清楚真正的演算法究竟是什麼」，但他仍清楚知道該如何鋪陳動態更新，才能增加貼文受到廣傳的機會。

演算法式的想像遠不是一種幻覺，而是一種我們需要正視其效力的強大認同。人們與演算法互動、經歷演算法的網站和情境，無疑影響了他們思考、談論和感受演算法的方式。儘管在你滿四十五歲後，看到除紋霜的廣告，或是當你在臉書上表明自己「單身」時看到的交友網站廣告沒什麼稀奇，這些廣告與你的關聯可能「感覺上」並非偶然。演算法透過建立「不同類別的身分」，來形塑「認同的控制關係」（Cheney-Lippold, 2011: 168, 172）。這些透過統計資料推演的控制推論模式，可能與使用者實際上的感受，或對自己的看法相衝突。某些受訪者，如夏儂和凱拉，就對自己被歸類的方式感到不自在；而其他受訪者如蕾娜和賴瑞甚至因此感覺遭到疏離，且對演算法「認為」他們就是會喜歡演算法推薦內容的那一種人，而感到憤怒。雖然要逃離數位建構的身分類別可能相當困難，帕帕克瑞斯說，我們可能擁有「超越情緒和感受的情感，而這能說明是什麼在背後驅動我們採取各種不同的行動」（Papacharissi, 2015: 12）。演算法的推論是否正確其實並不重要。例如，一位被誤認為成人的兒童也許會喜歡自己遭到「認真」看待，而因此開始表現得更像成人（de Vries, 2010: 78）。同樣地，蕾娜對於自己被「錯誤」歸類，並與她的舊同學們連在一起感到憤怒，而這可能促使她發布更多關於民主黨的推文，來對抗演算法堅持提供她「共和黨」動態消息更新的嘗試。

演算法式想像不僅描述了人們建構的演算法心智模型的現象，也為這些想像提供生產力與情感方面的力量。演算法由機器學習驅動，並隨著不斷增加的資料收集，推動社群媒體平台發展和變遷。艾蜜莉・瑞德與蕾貝卡・格雷（Emilee Rader and Rebecca Gray, 2015）就指出，這些系統的回饋循環特質，讓使用者信念成為形塑整體系統行為的重要因素。當使用者「刻意點擊特定內容」、改變他們的「按讚」行為、更常在某些朋友的貼文下留言，好增加他們的能見度、只在週間晚上發布貼文，或是強調有正能量的詞彙時，這些活動或反應不只受到演算法影響（或者說，受到人們對演算法的認知影響），這些慣例也有能力影響原先促使他們做出這些回應的演算法。演算法的社會力量（尤其在機器學習的情境下），源自於人與演算法之間的遞迴關係。

小結

日常與演算法的互動，構成了分析演算法權力和政治的重要場域，而這種權力不必然是由上而下或是廣義來看的權力。在本章中，我著重的是人們在網路環境中與演算法力量互動而產生的生活經驗，衍生了什麼樣的微觀政治權力。微觀政治的概念能幫助我們思考這些互動會產生什麼效果。和事件一樣，這些互動情境「可能對於（轉化）賦能與限制間的關係有深刻影響」（Bissell, 2016: 397）。這不只是說演算法能限制或賦予人們能力去從事某些活動，例如，在網路上發表的意見會為人所見、為人所聽；能夠體會到特定感受，或是促使某種針對生活環境的反應和評估。這些在互動情境中幾乎細不可察的影響並非單向式的，人們也確實能夠限制或賦予演算法能力。

演算法本體（特別是機器學習演算法）的主要特徵，是有能力因應互動結果而改變。如同人們學著搞清楚自己要去哪裡，演算法也能夠根據周遭環境學習並適應。我們也許無法詢問演算法如何影響人的行為，以及受人影響的程度有多大，但演算法產出的結果可以作為我們判斷演算法如何評估其與社會互動結果的線索。我們必須清楚明白，人與演算法之間的情感互動並非獨立於演算法外的孤立事件，而是這兩者其實處於相同的存在模式。當人們體認到臉書的演算法具控制力時，並不是真正的動態消息演算法能夠對他們施加強力限制，而是我們認知演算法具限制性後，演算法進而促使我們產生多種判斷、感覺和情緒。

如果權力是一種相對關係，那我們就必須考量演算法與人之間惡性與良性的互動。傅柯提醒我們，權力能夠「否定或產生事物，能夠誘發愉悅的感受、各種類型的知識和產生論述。我們必須將權力當成一種具生產性的網絡，這種網絡貫穿了整個社會，比起權力作為一種宰制力的負面案例要來得無遠弗屆」（Foucault, 1980: 119）。因此，權力最重要的特徵就是具有轉化的能力，通常也代表會衍生不同形式的對抗（Foucault, 1978: 95）。對抗並不是拒絕受到演算法治理，或是拒絕使用特定平台，而是實際與一種向上的力量互動。本章檢閱的個人演算法故事精準地展示了這種互動關係。如雷蒙德・威廉斯所主張，人與演算法的情感互動不應被視為對演算法的「正式認知或是系統性信念」；而應該當成「讓人可積極經歷和感受的意義和價值觀」（Williams, 1977: 23）。為了區分語意上的定義，若我們認為社會想像代表一個文化的理念或是某種共享認知，這些意義、認知和期待就不完全等於社會想像。作為特立獨行的個人，這些故事為我們指出演算法更細緻的條件、行為模式和想像。

在本章中，我主張在檢視這些「日常情感互動」時，用史都華的理論觀點來看，將其當成構成演算法式的想像的一部分，並把他們當成人們對於「演算法是什麼」，以及或許更重要的，「演算法應該是什麼」的認知。儘管人與演算法之間的互動，可以生成不少和演算法相關的故事和信念，這些想像也具有帶動改變的力量。因此最重要的是，我們不能只把演算法當成促成或限制行動的編碼指令，而要注重在人與演算法的互動情境中，產生的認知和想像，也就是演算法式的想像。如果我們要了解演算法的社會力量，就不能只批判演算法的作為，因為演算法固然對人有影響力，但人同樣也能影響它。

CH

6

設計過的新聞：當演算法變得至關緊要

新聞媒體不只是要適應演算法的存在，
也不只是單純在新聞實踐中使用演算法系統。
身為新聞記者或出版人的意義，
和新聞及其價值已經改變

「大家開始相信他們想要相信的事」——這是麥格理字典（Macquarie Dictionary）將「假新聞」選為二〇一六年年度詞彙的原因。牛津英文字典則是將「後真相」（post-truth）選為二〇一六年年度詞彙，認為「情緒或個人信念比客觀事實更能影響輿論意見」。二〇一六年的政治發展情勢複雜，特別是美國總統大選顯示出大眾被誤導可能帶來的後果，在那之後，關於真相、新聞、事實的問題重新受到注意。但是「假新聞」和「後真相」成為熱門詞彙不只反應出信念和情緒勝過事實和真相，[1]這些概念是一個時代的徵兆，反映演算法是公共論述中特別重要的議題。當關於假新聞和我們是否生活在後真相時代的爭論出現時，這些現象背後其實是一個早已存在且持續進行的討論——社群媒體平台對於新聞和消息傳播的影響力十足。

光是二〇一六年，臉書涉及的編輯責任就至少成為三起大型公共爭議。我在第三章已經簡短介紹過第一起爭議，爭議的重點是趨勢話題是否應該加入人為操縱，因為使用者認為這是全自動的決定。二〇一六年五月，新聞首度報導臉書雇用編輯人員設計「趨勢話題」欄目，引起群眾憤怒。畢竟大家原本相信演算法立場中立，沒有人為介入和主觀偏見。透過這些爭議和其他事件，大眾認知到演算法背後不可能沒有人為影響。爭議的其中一個核心是大家認為有人介入時，演算法應該保持中立，但事實上，那些介入者還有左傾的政治立場，這讓情況變得更加嚴重，變成帶有政治偏見的人刻意消除保守新聞，讓保守新聞不會出現在趨勢話題欄目上。

在強大的群眾壓力之下，臉書在二〇一六年八月做出回應，裁撤編輯人員，不再由人工撰寫趨勢話題的相關描述，讓「產品更加自動化」（Facebook, 2016）。在一場訪談中，負責臉書動態消息的經理亞當・莫瑟里（Adam Mosseri）宣稱趨勢話題欄目「在沒有人為操縱下會是『更好的』產品」（Chaykowski, 2016）。不過，裁撤編輯人員短短幾天後，所謂的假新聞開始出現在趨勢話題欄目中，包括一則關於福斯新聞主播梅根・凱利（Megyn Kelly）與事實不符的頭條新聞（Ohlheiser, 2016）。臉書開除二十六位員工（包括十九位編輯和七位審稿員），並改由機器主導，卻沒有讓趨勢話題欄目更正確或更好。臉書為什麼當初要做出這樣的承諾？因為它一再否認自己是一間媒體公司。當然，這又是另一個值得思考的問題。

臉書裁撤新聞系畢業生組成的趨勢話題編輯團隊，隨後即出現假新聞的指控，幾乎與此同時，臉書的演算法又捲入另一起重大爭議之中。二〇一六年九月初，臉書因為刪除榮獲普立茲新聞獎的照片「戰爭的恐懼」而引起大眾關注。這張照片由黃公崴（Nick Ut）攝於越戰期間，畫面中一名九歲的小女孩赤裸著身體，在受到汽油彈攻擊後痛苦地逃跑。這張照片因為違反臉書的服務條款而遭到刪除。雖然這張照片已經多次遭臉書刪除，但這一次沒有躲過大家的注意。九月八日，《挪威晚郵報》的總編輯埃斯彭・埃吉爾・韓森（Espen Egil Hansen）

在自家頭版，刊登了寫給祖克柏的公開信，表達對臉書的擔憂，因為臉書無法「分辨兒童色情圖片和著名的戰爭攝影」。這封信的開頭寫道：「親愛的祖克柏：（編輯責任）不應該受到你們位於加州的辦公室編碼出的演算法破壞。」韓森的信如同多數關於演算法的報導，迅速樹立了自動化機器和人為決定的兩極對立。這起事件除了關切臉書作為訊息中介，愈發強大的影響力之外，也指出如何策略性地點名演算法，將之描述為對民主社會的潛在威脅。現在大家都漸漸熟悉這個說法：演算法是反派，而人類（在此例中為媒體）才是英雄。

上述的爭議讓我們注意到現今演算法媒體時代中，特別混亂複雜的部分。重點不只是臉書演算法做了什麼、或沒做什麼，例如，審查一張著名的相片、偏好點擊誘餌新聞、散播假新聞。趨勢話題爭議、審查控訴、假新聞，這些事件顯示出總是有人在操縱點名演算法的時機，藉此在特定場合達成最大效果。我在第三章已經說明過，演算法只有在特定時刻才具有重要性，在這些場合中演算法如何、為了何種目的被賦予物質重要性，都與演算法的權力和政治息息相關。我要在本章節延續這項討論，檢視演算法如何在現今的媒體場域中被「問題化」。傅柯在性史中，描述性行為如何被「問題化，成為關注對象、反省要素、風格化材料」（Foucault, 2012: 23-24）。同樣的，本章會以新聞產業為例，討論演算法在何種情境下會被問題化，又如何能夠透過檢視演算法成為關注對象的情境，來了解其權力與政治。

下文中將會提到，計算機、機器學習與資料科學的出現，對新聞產業造成廣泛且持久的影響。雖然新聞產業長久以來已經電腦化，但演算法在近期才成為新聞工作中不可或缺的角色。我在第二章談過，演算法並非與世隔絕，其權力和政治也不能單純地描述為「由上而下」的運作，例如，稱演算法對某人或某物行使權力。演算法是在生活世界中建造，並透過機構運作、個人行為及人為經驗嵌入世界中。在第二章和第三章中，我用本體論政治的概念來表示現實並非給定的，而是經過形塑而成，要透過特定的互動才會出現。本章將提出更多實證證據，說明演算法帶有此種本體論政治。

我在本書先前的章節，已經說明了演算法具有哪些物質重要性：演算法能夠監控平台上的參與、傳播訊息、在設計中嵌入價值評判、反映現存的社會偏見，並透過自動化和回饋循環強化這些偏見、讓使用者產生特定感受或做出特定行為。我不斷強調，要了解演算法的本體論政治不能僅透過研究實質的程式編碼，也不能認為公式對於應該執行的計算，有決定性的力量，或兩者具有因果關係。我們應該要嚴肅看待科技的物質層面，我已經將這一點視為理所當然。[2]演算法可說是具有珍・班內特（Jane Bennett）所說的「物力」（thing-power; 2004: 348），也就是展現自我主張的能力，而且這種能力不能簡單歸因於人類主體性。不過，我在這裡想要聚焦於演算法在新聞產業中，物質論述展演（也就是物質重要化〔mattering〕）

的具體情況。

究竟如何精確執行演算法來形塑當代新聞產業的現實？演算法最初如何被物質重要化？談論物質重要性、「物質重要化」（Law, 2004b）和「物質論述實踐」（material-discursive practices; Barad, 2003; Orlikowski & Scott, 2015），就是想要探討演算法如何透過不同的方式被物質化，又是如何在科技的核心、制度運作、論述的交集處，獲得理解並找到立足點。延續我在第三章中提到的過程關係架構，我想在此探討演算法是經由何種過程，才得以和其他物體區別，而成為一個獨立存在。演算法的功能和影響力不只和物質性有關，還關乎於它如何作為論述進入言論之中，以及造成某些事情作為部分情境實踐發生。因此，演算法的事件性和何時具有物質重要性的問題緊密相關，也就是說，演算法如何成為知識和關注的對象會由受影響的人來定義，同時也定義這些人。因此，物質重要性和物質重要化是關鍵詞彙，描述持續成為演算法的過程，是由不同的人和元素集結、排列，進而形塑出特定的現實（Barad, 2003；Mol, 2002）。為了解「假新聞」、臉書的趨勢話題，及審查著名照片的相關爭議是由何種現實促成，我們首先必須了解演算法如何在新聞業、社群媒體平台及制度運作的交叉點上被物質重要化、演算法在什麼時候具有物質重要性、對誰來說是如此？

新聞中的演算法

《挪威晚郵報》的總編輯韓森並不是因為反對在新聞傳播過程中加入演算法，才批評祖克柏的「加州程式碼」，而是因為他不認同臉書使用演算法的方式。在一場訪問中，韓森談論報紙在處理臉書審查制度時，扮演何種角色，雖然韓森不情願承認稱臉書為媒體公司，他仍表示對於臉書「編輯者史無前例的權力」感到愈發沮喪。韓森說：「我認為獨立媒體其中一項核心任務……就是讓大眾接觸不同的觀點……我們可以看見媒體正逐漸式微」。由訪談可以得知，社群媒體平台容易將使用者困於過濾氣泡之中，讓他們無法得知事情「另一側」的陳述。韓森也認為：

> 目前，臉書是當今新聞最重要的載體，而他們至少會透過兩種方式進行編輯。你在動態消息上看到的每一則動態，都有其出現的原因，這過程絕非中立，而是由演算法決定。（Sullivan, 2016）

演算法是全世界最強大的編輯，而它是由祖克柏和他的團隊掌控，韓森擔心他們不會遵守和「獨立媒體」一樣的原則和職業道德，這種擔憂與編輯責任的權力拉扯，以及誰應該掌有編輯責任的問題有關。一方面，獨立媒體的任務是傳達消息給大眾，並讓大眾接觸不同的觀點；另一方面，社群媒體演算法創造出設計過的過濾氣泡，不斷「將使用者困在只會加深自己信念的新聞世界中」（Sullivan, 2016）。不過，這種思維將一個複雜的議題簡化成錯誤的對立關係——贊成或支持演算法。臉書並不是基於利他、良善的動機，才提供使用者能夠相互連結的平台，《挪威晚郵報》和新聞產業也不是單純因為不滿一張照片被移除，而合力對抗臉書。雖然韓森在某種程度上，採用了這種非黑即白的說法，他在一場訪談中也表明問題不是出在演算法本身：「我自己當然也會使用演算法，而我希望未來能夠在更高層級上使用演算法。」

演算法在許多方面來說，都已經成為現今新聞媒體的邏輯和運作中，不可或缺的一部分，但它的地位和目的仍然有許多爭議。在本章節中，我會更仔細地檢視這些爭議的內容和情境，探討新聞媒體中的關鍵人物（例如，韓森）如何在新聞機構的情境下，理解並協商演算法的使用。為了解當今媒體地景中演算法的權力與政治，我認為不應該將演算法視為既定或穩定的物件，而應該視為物質論述實踐中的製品或未製品。有時候演算法被賦予重要性，其他時候卻又被視為不重要。我認為深入了解物質重要化的過程，能讓我們認識演算法的多重現實，以及這些現實有何關聯、如何共存。

雖然近來許多關於演算法的爭議，都讓人提出一連串質疑：演算法對目前的資訊界有何影響？新聞是什麼或應該是什麼？負編輯責任代表什麼意思？但演算法已經是新聞業和新聞產製中，不可或缺的一部分。近期研究科技與新聞業交集的相關文獻都明確指出（如 Anderson, 2013; Coddington, 2015; Diakopoulos, 2015; Dörr, 2016; Lewis, 2015），現今的新聞媒體在組織、產製和傳播新資訊的時候，演算法、機器人和數據分析都已經是標準配備。[3]不過，若斷定這些變化和發展是改變新聞業的嶄新勢力，這種想法顯然並不正確，因為數百年來各種科技都被用於輔助或提升新聞工作，包括電報、打字機、數據庫、試算表和個人電腦（Boczkowski, 2004; Pavlik, 2000; Weiss & Domingo, 2010）。實際上，將電腦納入新聞產製的一環，至少可追溯至一九六〇年代大型電腦出現起，電腦輔助新聞報導的傳統，也在當時應運而生。菲利浦・梅爾（Philip Meyer）在著作《精確新聞》（*Precision Journalism*, [1973] 2002）中提出電腦和統計將成為新聞記者最有效的工具，能用於加強新聞的客觀性，也讓新聞業出現更深遠的轉變。[4]梅爾認為新聞業「真正的」目標是揭發社會不義，為了達成此目標，新聞工作者必須利用統計套裝軟體、數據庫程式和試算表，在數據中尋找報導（Meyer, 2002: 86;

Parasie & Dagiral, 2013）。在今日看來，這些想法已經不只是對遙遠未來的預測，新聞和新聞工作使用電腦或演算法已經漸漸成為常態。梅爾提及的許多核心工具仍維持不變，但將電腦工具和電腦計算的運用整合到新聞工作中，則達到了全新的規模和程度。

新聞數位化在過去指的是提供數位模擬內容，但如今已遠遠不只是發送線上報紙這麼簡單，還包括了一連串的過程。新聞數位化和電腦化可見於新聞生產週期的每一個階段：新聞工作者利用電腦計算工具蒐集並產出新聞報導、利用系統化標記及詮釋資料將內容歸檔、使用數位付費牆獲取營收，並取得珍貴的使用者資料，和使用演算法呈現及編輯新聞。

別忘了，演算法一般被視為用來解決問題的一套指令，那麼在這個情境中，演算法應該要協助解決哪些問題？新聞業中一個明顯的問題是「在出版業和新聞傳播的數位革命下，報紙面臨的經濟可行性挑戰」（Alexander, 2015: 10）。社會學家傑佛里・亞歷山大（Jeffrey Alexander）觀察有多少「西方主流新聞機構在面對數位挑戰時，經歷嚴峻的經濟動盪、裁員及大幅度重組」（2015: 10）。北歐國家也能夠對這些裁員和重組感同身受，因為許多報紙（包含《挪威晚郵報》）都正在大幅解雇員工，特別是負責紙本報紙的職員。亞歷山大提到，「資訊渴望獲得自由」這句網路帶來的文化箴言，對當今新聞業的經濟造成很大的麻煩。[5]廣告減少，部落格和社群媒體平台作為市場上強力的競爭對手，又蒸蒸日上，這些都是造成近年來新聞業經濟危機的主要原因。拉斯穆斯‧克萊斯‧尼爾森（Rasmus Kleis Nielsen）指出，超過「一半的全球數位廣告營收都歸 Google 和臉書所有」（2016: 86）。付費牆受到汙名化，而這至今仍是新聞業在經濟和文化可行性上的一大阻礙（Alexander et al., 2016）。

在計算新聞（可廣義定義為和演算法使用息息相關的新聞）蓬勃發展的當下，不僅報紙產業面臨危機，更廣大的社會和經濟也動盪不安。一九六〇年代電腦輔助新聞報導出現時引發了諸多討論，同樣的，關於計算和演算法新聞的論述，橫跨了以烏托邦和反烏托邦為兩極的光譜。演算法、資料科學以及連帶出現的一切，不僅帶來廣泛的科技樂觀主義和希望，同時也因為機器可能取代工作職缺，而引發強烈的懷疑主義和擔憂。樂觀者認為計算新聞能讓新聞業升級，這樣才能夠面對二十一世紀的需求（Hamilton & Turner, 2009; Cohen et al., 2011）。如塞斯‧C‧路易斯和尼基‧艾許（Seth. C. Lewis and Nikki. Usher）所言：「很多人認為計算新聞會帶來更深入的調查報導，並創造出和使用者互動的新形式」（2013: 606）。這種觀點認為新聞業需要「因應科技和經濟變化才能存活」（Peters & Broersma, 2013：2）。對很多人來說，這種數位轉化不只是頌揚科技的可能性，更是新聞的改變條件——必須適應才能維持競爭力，如此而已。

就像所有的科技變化和創新一樣，關於編輯部電腦化和新聞數位化的討論，往往伴隨著對於現狀轉變的擔憂。舉例來說，社群媒體出現引發的相關討論，包括記者和其他媒體工作者可能會被部落客取代（Lowrey, 2006; Matheson, 2004; Rosen, 2005），以及非專業人士投身公民新聞（Goode, 2009; Rosenberry & St. John, 2010）。而現在這些原本的辯論和擔憂已經被所謂「機器人新聞業」出現後，引發的討論和擔憂所取代（Clerwall, 2014）。敘述科學（Narrative Science）或自動觀點（Automated Insights）等公司，利用自動化演算法訓練電腦撰寫新聞報導，這也引起了不少討論，觸及的議題包括新聞記者的職業永續性，以及這個「智慧機器」時代中人力的脆弱性（Carlson, 2015; van Dalen, 2012）。安德森將計算新聞形容為「毛茸茸的新興怪物」（Anderson, 2013: 1017 及 Rodgers, 2015: 13），無論新聞機器人究竟是威脅還是救贖，最近和此相關的文獻都清楚指出，演算法還至少會風行一段時間。因此，問題不是演算法在新聞業和新聞工作中，是否扮演重要的角色，而是如何解釋這種角色、如何將之附諸實踐，以及這種角色如何獲得重要性、又如何在特定情境中受到特定人員的重視。

賦予演算法物質重要性

▼斯堪地那維亞個案研究

本章試圖探討演算法如何在實踐中獲得展演，也就是說，新聞機構如何使用演算法（包括演算法邏輯和臉書等數位媒介），以及新聞演算法在這些機構內部如何發展。我挑選斯堪地那維亞地區十家不同的報紙和媒體，以這些機構中的新聞編輯和數位產品經理為對象，進行質性專家訪問，希望藉此了解演算法在特定新聞工作情境中，如何獲得物質重要性。[6]研究資料來自於我在二〇一四年至二〇一六年間，親自進行的二十場訪談，訪問對象都是挪威、丹麥及瑞典主流新聞機構中的重要人物，包括數位計畫經理、總編輯、科技總監、社群媒體編輯、開發人員及新聞記者。[7]這十家新聞機構如下：在斯堪地那維亞經營的出版商Schibsted、挪威北極星媒體集團（Polaris Media）、挪威全國性報紙《挪威晚郵報》與《世道報》（*Verdens Gang*）、挪威地方性報紙《*Adresseavisen*》與《*iTromsø*》、丹麥的全國性報紙《日德蘭郵報》（*Jyllands-Posten*）與《政治報》（*Politiken*）、瑞典的全國性報紙《瑞典日報》（*Svenska Dagbladet*）、瑞典國家廣播電台（Sveriges Radio）、瑞典數位新聞Omni。[8]本章提及的這些新聞機構都以某種形式使用演算法作為挑選、創造、編輯、出版新聞的工具。不同新聞機構彼此有諸多雷同之處，也以類似的方式理解新聞業中的演算法，但是本章並不是要陳述斯堪地那維亞地區演算法新聞業的整體樣貌，而是試圖了解賦予演算法意義背後所涉及的政治。因此，本章呈現的是演算法的本體論組成，也就是當演算法的地位有待決定時，新聞業如何回應。

這些訪談的確賦予演算法意義，但不應該認為意義「屬於單一或眾多字詞，而是對世界中不同的可理解性做出的持續展現」（Barad, 2003: 821）。在進一步論述之前，至少有兩個層面需要說明清楚：第一，物質性與論述並非彼此對立，而是互相形構（Barad, 2007; Orlikowski & Scott, 2015）。物質和論述具有形構關係，這個概念表示兩者關係會展演實體，讓實體作為情境實踐的一部分。因此，就像論述和意義，物質性或物質重要性都不是固定的指涉。正如巴拉德所言：「物質重要性不代表固定的本質，物質重要性是本質內部活躍的形成——不是一個物體，而是一個動作」（Barad, 2003: 822）。對巴拉德來說，「物質性是論述性的……正如論述實踐總是物質性的」（Barad, 2003: 822）。換句話說，物質重要性和物質性不是本質，而是在特定情境中被認為有關的成就（Cooren et al., 2012）。這也就代表「任何人類和科技的區分都只是分析性的，且建立在這些實體必然在實踐中需要彼此的認知之上」（Orlikowski &

Scott, 2008: 456）。因此，研究演算法如何獲得物質重要性，即是要了解演算法如何在特定情境下變得相關。例如，檢視演算法的不同面向在何時，以及如何被不同的方式透過言說被展演。

接下來要討論我們在探究新聞專業人士賦予演算法意義時，需要考慮的第二點：我們應該要呼應俗民方法論（ethnomethodology）的精神，反省言談本身。新聞專業人士必定以編輯、經理、主管等身分進行言說，這代表這些職位的人會受特定的關懷和考量驅使。讓我們再想想「戰爭的恐懼」事件，韓森身為挪威主流報紙的總編輯，他不只是發言對抗社群媒體平台的權力，同時也是以獨立媒體發言人的身分發聲。臉書的演算法犯下的錯誤，在這裡被用於合理化和正當化新聞媒體。庫倫和其他研究者（Cooren et al, 2012）指出，發言同時也暗示著替某些人發言，不只是擔任特定公司或品牌的發言人，而是發言捍衛這個職位涉及的利益和相關議題。新聞專業人士談到的關懷和考量，並不只是對物質指涉的反省，而應該視表明為他們心目中的能動性。因此，我同意露西・蘇赫曼（Lucy Suchman）「需要投入劃界工作來定義實體」的呼籲（Orlikowski & Scott, 2008: 464）：

> 首要前提是獨立分析單位不是給定的，而是被創造出的，我們應該要了解任何分析

對象（人類、非人類，或以上兩者綜合）如何從其所屬的更大網絡中，被區隔出來。（Suchman, 2007: 283）

最後，我還要說明兩件事，這是一個斯堪地那維亞的個案，不是以更廣大的全球情境作為研究對象。這些北歐新聞機構的重要人物描述新聞業和演算法結合的方式，讓我相信這些受訪者的策略性角色，和（在多數情況下）身為超出北歐情境的專家地位，都是很珍貴也很具說服力的解釋，說明演算法如何、在何地及在何時，被賦予物質重要性。

再者，我也強調重演（enactment）的概念，拒絕以脈絡作為解釋性因素。這乍看之下似乎違反直覺，因為我一直說此研究是以新聞媒體的「特定脈絡」作為出發點。不過，正如史帝夫．烏爾加和哈維爾．勒尚（Steve Woolgar and Javier Lezaun）所言，俗民方法學者說的「行動脈絡」（context of action）和「脈絡行動」（context in action）之間具有重要差異，前者所說的脈絡是作為解釋之用，而且只有分析者能夠獲得；後者所說的脈絡屬於互動，而且參與者都能夠獲得（2013: 324）。雖然演算法要放在脈絡中才能理解（此案例的脈絡就是新聞業），但是演算法的意義也不能僅僅簡化為脈絡。新聞媒體專業人士會說，不能跳脫新聞業的脈絡，來理解演算法，新聞業本身則是被理解為物質論述實踐的偶然結果。[9]這些訪問提供了關於新聞業現狀豐富又重要的資料，特別是和斯堪地那維亞國家與演算法有關的部分。本章節並不是要討論新聞業或特定的新聞機構本身，正如我在第二章結尾的說法：「新聞業沒錯、斯堪地那維亞沒錯、科技沒錯、經濟挑戰沒錯、社群媒體平台沒錯、演算法沒錯、關於以上這一切都沒錯，但又沒有特別注重任何一個。」我要談的是這些因素彼此的關係，以及從中產生的新現實，而不是單獨專注在任何一個主題上。

▼北歐編輯部的演算法地景

根據我訪問新聞媒體高層專業人士所得的資料，我在本章將提供深入的個案分析，探討演算法如何獲得物質重要性，機構中的行動者又如何處理、理解及用不同的態度，面對當今媒體界的演算法邏輯。我在前兩章已經談過演算法如何在特定的主觀性和定位中發揮作用，我在此要延伸這些論點，更仔細地分析演算法如何影響制度運作和專業價值的核心理解。我研究的新聞媒體機構主要以兩種方式運用演算法：一方面，演算法被納入新聞產製的一環，主要用於自動化特定過程，或幫助記者尋找、產出及傳播新聞，讓工作流程更有效率；另一方面，演算法被用於尋找更好的新方法，來連結使用者（觀眾與讀者）和營收，例如，個人化和推薦內容。在接下來的篇幅中，我不再將演算法視為解決問題的機制（這是標準定義告訴我們的），而是將演算法視為製造問題的機制，並以此進行分析，指出新聞媒體使用演算法所帶來的社會與道德難題。演算法除了解決和製造問題之外，同時也會「問題化」，這一點有兩個層面的意義：演算法被視為是有問題的，因為不再有人為判斷、不再有倫理考量、還會引發一些擔憂（Arribas-Ayllon & Walkerdine, 2008）；另一方面，演算法也可以被視為問題化的工具，用來質疑新聞業的定義和大家所接受的界線。

演算法潛能

當大家想到新聞業中的演算法，常常都和演算法如何影響新聞的最終呈現有關，雖然這也很重要，但這只是演算法深植於新聞業中的其中一種方式。當今的新聞媒體還會以許多其他方式使用演算法，例如，用於尋找和研究新聞內容、證實來源、撰寫並產製新聞報導，及追蹤新聞刊登後的表現。演算法還可以用於A／B測試頭條，或者利用機器人自動化生產新聞報導（Diakopoulos & Koliska, 2017; Lewis & Westlund, 2015; Linden, 2017）。演算法新聞業在今天看來仍是新興的發展，但新聞媒體專業人士似乎愈發認為演算法的潛力十足、應用範圍廣。由我的訪談可以得知，演算法在新聞產製中特別有用，能改變編輯工作流程和新聞傳播，確保將正確的訊息傳達給正確的人。當有人說演算法潛力無窮，他們通常是在強調演算法的多樣潛力和可能的前景。對於很多受訪者來說，演算法能讓生產成本下降、提升生產過程的效率、自動化乏味且重複性的工作、提供關於使用者和讀者的有用資訊、協助預測未來偏好、幫忙找出資料中的關聯，並以嶄新且個人化的方式呈現新聞。

有趣的是，隨著時間過去，這些說法似乎有所改變。當我首次聯絡新聞媒體從業人員，請他們談談演算法，及其在新聞業中的角色時，他們對於演算法的潛力似乎不如今天這般侃侃而談。新科技的發展初期總會伴隨某種程度的懷疑心態，特別是在新聞業這樣帶有特別強烈專業價值和文化的領域中。二〇一六年進行的訪談中，建議將新聞中的演算法進行一定程度標準化。新聞學會議、產業研討會、專題討論及利益組織都逐漸將演算法納入關鍵議題，這也反映出演算法逐漸標準化的過程。同時，新聞媒體專業人士對演算法的憎憂似乎比幾年前下降。漢斯・馬丁・克雷默（Hans Martin Cramer）曾任《挪威晚郵報》的產品開發員，現任 Schibsted 媒體集團的產品經理，我在二〇一六年八月第二次訪問他時，他說演算法本身並不足以解釋這種態度上的轉變。在我首度於二〇一四年訪問他，到再度訪問他的期間，真正改變的並非新聞中是否有使用演算法（雖然也有這個發展），而是關於演算法的論述逐漸標準化。[10]他還說：「除此之外，和兩年前相比，我們現正面臨更嚴峻的經濟情勢」（訪談一，二〇一六年八月）。克雷默認為媒體產業需要跳脫對於演算法或機器人，究竟會毀滅或拯救新聞這種質疑，而應該關注逐漸發展出的新型態新聞業，是否能夠在經濟上永續經營。克雷默也提到，雖然演算法是熱門話題，但過去幾年的經驗顯示，要發展運用演算法的新聞產製及傳播，並沒有簡單的途徑：「不是太複雜就是太具挑戰性。」

斯堪地那維亞新聞機構一直以來都是數位革新的先驅，我訪問的許多經理和重要員工都在當地最大的新聞機構或出版社工作，例如 Schibsted、北極星媒體及《日德蘭郵報》。路透新聞學研究所（Reuters Institute for the Study of Journalism）在二〇一六年的年度數位新聞報告中表示，這些新聞機構以內容和商業模式上的數位創新著稱。《哥倫比亞新聞評論》（*Columbia Journalism Review*）最近也提到：「即使是在報紙新聞業那愈發保守的世界，斯堪地那維亞仍對改變和創新保持心胸開放」（Garcia, 2017）。對於 Schibsted 的產品管理副總裁艾斯彭・桑德維（Espen Sundve）而言，新聞機構基本上正處於關鍵的十字路口：一個選擇是讓自己愈來愈依賴像臉書這樣的平台，讓它們「支配編輯和商業規則，卻不會替獨立新聞業者負任何編輯和財經責任」；還有另一個選擇——新聞機構必須打掉重練，主導演算法的服務對象和使用目的（Sundve, 2017）。

桑德維認為，演算法的潛力在於讓新聞業更加個人，這和我們所認為的個人化不同。在訪問中他說到，他擔心使用個人化這種主要用於科技領域的概念，可能很容易讓人忽略從新聞業的角度來思考真正重要的是什麼。雖然「新聞業的定義無窮……，演算法主要是用於讓人們對新聞的了解更加完善。」桑德維這麼說道（訪談七，二〇一六年五月）。桑德維在談論新聞業和演算法的角色時有個核心主旨，也就是新聞機構和臉書及 Google 等科技公司之間存在根本上的差異。而他喜歡比較新聞業和演算法，認為兩者都是在優化工作。他說，用這些術語談論新聞業，有助於在編輯部裡和程式設計師討論。他也補充道：新聞業基本上就是要「縮小大家已經知道的、應該知道的，和想要知道的事情之間的差距」。原則上，這種優化可以透過科技或編輯的方式來完成，但是「我們和科技公司的不同之處在於，我們還會加上我們認為你**應該**知道的事」（訪談七，二〇一六年五月，粗體為作者所加）。無論是韓森批評祖克柏的「加州程式碼」，或是桑德維所說的新聞業和科技公司的差異，基本上都在合理化並維護新聞媒體作為資訊和傳播管道的重要角色。社群媒體平台的失敗之處就是新聞業的成功。

因應演算法的來臨，新聞媒體專業人士可以主動迎擊，或是被動適應新的科技景況。多數的受訪者都明白指出，無視演算法已經不是可行的選項。本章後段將會討論，在談及新聞中的演算法時，最常聽到的說法就是擔心它可能會對見多識廣的民主社會大眾帶來威脅。但是，這些關於過濾氣泡和同溫層的論點是否成立，還有待商榷（馬上就會談及這個主題），因為新聞機構愈來愈常使用演算法來呈現新聞。這當中的挑戰就是如何平衡批評聲浪和實際操作，以及保留演算法現存的優點，同時也要讓演算法用正確的方式，獲得物質重要性。透過訪談新聞媒體專業人士，可以清楚知道演算法的意義，有一部分來自原本就獲得重視的價值。換句話說，就是參考現存的新聞價值和專業倫理來評斷、理解及解釋演算法，例如，討論演算法和客觀性、演算法和新聞價值、演算法及知情大眾等議題。

▼指標影響力

在所有營利企業中，獲益都是受高度重視的價值。演算法的潛力不是在於特定的程式編碼，而是它能提供的經濟保證，以及被認為可以用新的方法處理資料的能力。如果演算法能保證降低產製和傳播成本，那應該不會引起什麼反對聲浪。在我二〇一六年五月訪談挪威地方報紙《*iTromsø*》的總編輯史帝格・雅各布森（Stig Jakobsen）時，他說道：「抉擇是否要使用演算法來個人化報紙的『行動面』其實很簡單，如果你找到一種方法，能讓流通率像我們一樣提升百分之二十八，你一定會心懷感激」（訪談二，二〇一六年五月）。[11]我們可以稱此為實用路線。量化和流通率的測量是成功的新標準，演算法因為能夠做出看似客觀的決定，因此成了最好的輔助。獲得更多使用者資訊就能夠獲得新的見解，也有採取新做法的可能。雅各布森曾經是多家斯堪地那維亞大型生活風格雜誌的創辦人和總編輯，他在二〇一五年年中轉職至當地報紙。他說即時分析和演算法有利於做出更有根據的新聞決策。雜誌業或新聞業普遍來說都純粹根據「直覺」做決策，但在經濟不景氣的時期，仰賴「直覺」的風險太大，而指標和數字則有可能為你省下許多不必要的錯誤。雖然雅各布森對演算法表面上的客觀性抱持熱忱，希望能藉此為合適的讀者提供更相關的新聞，他同時也十分謹慎，避免賦予演算法過大的權力。雅各布森認為，演算法只是一項工具，可以用於確保將合適的新聞傳達給合適的讀者，「如果你對小賈斯汀（Justin Bieber）沒有興趣，演算法就不會推薦你那篇文章」（訪談二，二〇一六年五月）。

不過，指標對編輯決策的影響力並不是新的概念（Anderson, 2011; Domingo, 2008; Vu, 2014）。根據新聞學者克里斯・W・安德森（Chris W. Anderson, 2011）在費城編輯部做的民族誌研究表示：新的測量和網路流量工具催生了「有生產力的、有創意的觀眾」，他還發現「編輯顯然會根據網路讀者的行為量化結果，來修正自己對於什麼『算是』好的新聞報導的理解」（2011: 562）。詹斯・尼古拉森（Jens Nicolaisen）是丹麥報紙《日德蘭郵報》的數位總監，他認為大數據和新的計算工具提供的見解，可以作為行動參考，這是新聞產業中前景最看好的領域之一。尼古拉森認為編輯部中廣泛使用分析和指標，帶來整體新聞業的權力轉移。他解釋道，先前新聞大致上由內而外產生，關於讀者想要閱讀什麼內容沒有太多考量。像這樣不回應讀者期望最著名的例子，可見於赫伯特・甘斯（Herbert Gans）的著作《決定什麼是新聞》（*Deciding What's News*; 1979），甘斯驚訝地發現編輯部對於實際觀眾的了解出奇地少，「雖然他們對觀眾有模糊的想像，但是他們根本不太在乎」（Gans 1979: 229）。不過，根據尼古拉森的觀察，當今的價值創造逐漸轉為由外向內，以使用者點選、有興趣，以及在社群媒體上分享或談論的內容作為指標（訪談三，二〇一五年二月）。

當時擔任挪威歷史最悠久的報紙《*Adresseavisen*》的創新暨編輯部發展總監英格堡・沃蘭（Ingeborg Volan），她也有相同的感覺，認為新聞業的景況在數位媒體層面上，有顯著的改變。傳統報紙本身的科技能力有限，沃蘭說：「因為你不可能替每個訂閱客戶印製個人化報紙」。現在大部分這類科技上的限制都已經消失，有了這個明顯的理由，就可以替每個人都印製相同的報紙。但「不是每個讀者都相同，大家的興趣差異極大，他們閱讀的內容也是」（訪談四，二〇一六年八月）。即便如此，這不代表沃蘭認為新聞應該要服膺每個人的品味和喜好，「我不覺得誰會希望如此」，我請她仔細說明使用者和讀者如何形塑新聞時，她這麼說道。權力並非由編輯轉移到使用者手中，也不是轉移到演算法或數據分析上。雖然演算法和社群媒體平台的確挑戰了新聞媒體機構一直以來，所占有的優勢地位，但也提供了接觸使用者的新契機。沃蘭認為，這不是非此即彼的問題，重點是要如何謹慎地因應。

▼更好的工作流程

透過訪談我們還得知演算法的潛力和組織新聞工作息息相關，尤其是演算法被視為推動策略性改變的力量時。從經營者的角度看來，演算法提供一個加速生產週期的機會，讓新聞實踐更有效率，也讓新聞更符合消費者的需求。舉例來說，新聞記者要檢視自己的表現時，查看文章在讀者和傳播資料方面狀況如何，已經成了常見的手法。丹麥的《政治報》記者和前台編輯都配有儀錶板，協助監測和分析特定文章和報導的表現。有幾個軟體系統是多數機構常用的基本配備，包括用 Chartbeat 監測使用者在網站上的即時行為，用 Comscore 或 Google analytics 來分析這些行為數據。機構多半會透過客製化的軟體方案，結合這些「現成」產品來做出調整，以符合公司的特定需求或利益。《政治報》當時的數位發展總監安德斯．埃米爾．莫勒（Anders Emil Møller）解釋道，儀錶板和分析軟體都是重要的工具，讓新聞記者更了解他們的工作過程，甚至還能讓他們覺得更有成就感及能動性，因為他們可以更確實掌握文章何時有較好的表現，或是他們應該做什麼調整來改進。像 Chartbeat 這樣的系統可用於監測讀者花在一篇文章上的時間，以及讀者後續的動作。根據此觀點，軟體系統和儀錶板就成了認知工具，讓記者更加了解自己的表現，以及讀者的行為和興趣。此外，它們也有助於掌握管理階層對好新聞的期待。當我問莫勒這些不同的指標和追蹤機制，有沒有可能累壞新聞記者，他認為這些系統的作用只是協助記者拿出最佳表現（訪談五，二〇一四年三月）。莫勒認為，這些系統甚至能幫記者推銷自己的工作成果，例如，記者可以利用追蹤系統提供的指標來替自己爭取更好的版面。這麼說來，儀表板和不同分析工具提供的指標，帶有和前台協商的論述影響力。

阿斯克・優漢・柯伯・斯德（Aske Johan Koppel Stræde）是《政治報》的新任數位發展總監，我在二〇一六年九月時訪問他，他同意演算法主要是以顧客為對象，而不是生產者。這就是他認為演算法具有潛力的地方——幫助記者用創新的方法尋找、脈絡化及包裝新聞。演算法不是要用來設定議題，而是提供記者新工具「讓他們更容易設定議題」。很多受訪者指出，無論是在推特上挖出重要的新聞，或是追蹤大家在臉書上談論的話題，演算法都能夠有效協助記者工作。訪談過程中讓我很驚訝的是，當演算法被描述為人類幫手，而非某種自動化守門人時，受訪者似乎能較輕易地以正向態度談論演算法。將演算法視作讓編輯工作流程更有效率的工具比較沒有衝擊性，這可以作為一種認同演算法的同時，且不損害新聞業的民主功能。我們在下一個段落會談到，當演算法和新聞業的價值及制度角色較直接相關時，關於演算法的討論往往會有所轉變。新聞記者多半認為自己使用演算法，是為了提供大眾更好的新聞，主管階層也傾向於捍衛新聞業的這種公共功能。

演算法雖然被視為能夠以不同的方式，幫助新聞工作者完成工作，也讓生產週期更有效率，但它們卻不只是協助記者，同時也漸漸改變新聞工作本身的條件。演算法有助於用新的方式製造新聞業，為新聞和新聞工作的定義，以及應有的樣貌創造出新的類型、實踐和了解。近期關於數位和演算法新聞業的文獻大量出現，這些研究指出，演算法現在被用於社群媒體平台上來尋找相關新聞（Thurman et al., 2016）、創造引人注目的頭條（van Dalen, 2012）、利用數據資料產製新聞（Karlsen and Stavelin, 2014），以及集合並推薦新聞報導（Just & Latzer, 2017）。本研究調查的許多新聞機構都有大手筆投資計算工具的相關試驗，希望能讓新聞工作更有效。克雷默解釋道，在 Schibsted 上有一個問題是，記者寫的文章往往都太長、太複雜、太難懂，並沒有真正從使用者的角度考量（訪談一，二〇一六年八月）。他認為或許可以使用演算法來「原子化」新聞。這種方式也被稱作「結構化新聞」（structured news），也就是將報導內容的每一個部分都視為獨立的數據塊，可以根據特定讀者已經知道的內容重組出新的形式。[12] 克雷默指出，將每個句子、字詞和段落視為分開的「原子」，編輯部就可以用演算法和數據庫來生產「進行式」的新聞報導，藉此避免不必要的重複，或許現在正是時候來重新思考傳統新聞報導這個類型。克雷默提到挪威《世道報》（主流且讀者最多的小報）進行的一項研究，顯示該報的記者每天撰寫的新聞內容都有大量重疊。原子化新聞和記者傳統上撰寫報導的做法不同，基本上就是一種個人化的說故事過程，而這種過程由演算法和結構化數據來進行。桑德維在 Schibsted 扮演的角色是要建立出「新聞業的真正目的」，和科技公司做出區別。他認為原子化所代表的遠遠不只是一種新的計算方法，在不斷追求目光、營收和對資訊流的掌控上，內容就是一切。如果社群媒體平台的功能只是為了傳播內容，那麼製造原創性和個人化的內容可能就是新聞媒體業「在實用性的戰役中最大的武器」（Sundve, 2017）。也許更重要的是，創造新聞內容所伴隨的編輯責任。為了要保持獨特且能信賴的編輯風格，桑德維認為發展出演算法和人類合作的新方式至關重要（訪談七，二〇一六年五月）。

為了達成此目的，我們可以用 Schibsted 旗下的瑞典行動新聞應用程式 Omni 作為範例，討論演算法的潛力如何用於重新組織編輯工作流程。Omni 結合了開發人員、編輯及新聞排序演算法，希望提供給使用者「全新的體驗新聞方式」——這是總編輯馬可斯・古斯塔夫森（Markus Gustafsson）的形容（訪問八，二〇一四年八月）。古斯塔夫森原本是瑞典主流小報《晚報》（*Aftonbladet*）的主編，後來才和伊恩・萬曼（Ian Vänman）共同創辦 Omni。古斯塔夫森說這一切都源自於想要創造瑞典版《哈芬登郵報》（Huffington Post）的願景，但Omni並非複製一個現存新聞產品，而是發展成一個獨一無二的產品。Omni 並沒有生產原創內容，而是集結其他網站的新聞，提供人工撰寫的新聞摘要，並附上原始出處的連結，讀者也可以追蹤特定主題並個人化新聞種類。我在二〇一五年三月造訪 Omni 在斯德哥爾摩的總部，那裡當時約有十位編輯，輪班親自挑選新聞。我在那裡待了一週，觀察各位編輯每天的工作，除了和一些人進行非正式訪談之外，我也對 Omni 和 Schibsted 媒體的設計者、開發人員及編輯進行了正式訪談（訪談九至十六）。這些編輯在來到 Omni 之前，都擔任過播報員或新聞記者，他們不像傳統熟知的記者一樣撰寫報導，而是從一個內容發送系統中挑選有趣的新聞，然後要讓新聞「適用於演算法」。也就是說，編輯會使用客製化的內容管理系統，概述已經存在的新聞，例如，為新聞下新標題、提供簡短摘要、附上原始出處連結，以及尋找適合搭配的圖片。

要讓新聞適用於演算法（這裡指的是讓新聞能夠被演算法處理並排序）的關鍵，是替每一則報導定下新聞價值和壽命價值。編輯在刊登編輯過的新聞之前，必須為每一則報導評分，獨特新聞價值滿分五分，壽命價值滿分三分。古斯塔夫森解釋說，這些評分就像是實用性和新聞價值的籌碼，之後會匯入演算法，最終就能「決定在哪裡和用何種方式呈現這則新聞」（訪談八，二〇一四年四月）。演算法排序新聞的方式是根據新聞價值、壽命價值、讀者個人化設定、衰退時間，以及每個新聞類別預先設定的權重（例如，國際新聞的權重稍高於體育新聞）。古斯塔夫森表示，編輯給定的新聞價值和壽命價值，是根據新聞知識和直覺的「主觀價值」（訪談九，二〇一五年三月）。演算法的任務就是用客觀且可預測的方式，處理這些主觀價值。雖然新聞排序演算法「簡單又普通」，而且有人力協助「至關重要」，不過古斯塔夫森很清楚他們「無法在沒有演算法的情況下完成，而演算法也的確帶來重大的影響」（訪談九，二〇一五年三月，及實地觀察紀錄）。演算法也有潛力能帶來更好的使用者體驗，不過或許「最重要的是讓工作流程更有效率、更省時」（訪談九，二〇一五年三月）。

（沒）有問題的演算法

儘管在新聞業界的討論中，演算法的潛力是重要的層面，但演算法同時也或多或少被概念化是有問題的。若演算法看起來沒有問題，主要是因為它的角色被淡化、被認為瑣碎或不重要，所以我才說是「或多或少」。加入潛力的概念之後，演算法在特定的情境中就會出現問題。透過訪談可以得知，當演算法可能削弱讓大眾知情的新聞使命時，就會被視為特別有問題。此外，演算法若帶來過度自動化的威脅也會被視為有問題，特別是在可能犧牲工作機會、難以駕馭、不再能輕易控制，及開始挑戰編輯責任的基石時。演算法的問題不只是因為它們帶來的各種挑戰和擔憂，在不同時間點和情境下它們也會被視為具有問題。例如，在協商過程中、演算法失靈時，及大家非常擔憂和關切的情況下，這時往往會出現「有問題的演算法」這個概念。

將演算法納入編輯部中也伴隨著挑戰，我訪談的多數新聞主管都描述了加入演算法的過程中，所面臨的各種難題和試驗。在編輯工作流程中加入演算法時，最初通常會充滿爭辯、需要不斷調整，之後才能漸漸沒入背景之中，達到至少暫時性的穩定。很多新聞機構都由程式工程師和資料記者組成專門的團隊，持續嘗試使用新工具和新科技。不過，若機構決定要進行更重要且更深遠影響的科技變革時，通常是來自上層的決策。由少數投入者（通常是數位計畫經理和編輯）做出決定，在編輯部不同的部門推行。首先，需要先擬定希望演算法做什麼，有些新聞機構花了很多時間建構概念，也有新聞機構如 iTromsø 會直接啟用程式編碼，看看效果如何。就算在迅速啟用演算法的案例中，採用演算法的過程往往包含一連串試驗和問題。雅各布森解釋 iTromsø 的情況：「我們首先要問自己，應該取得讀者同意嗎？」

哪些情況中要使用演算法？哪些不需要？使用的程度如何？（訪談二，二〇一六年五月）在首次使用演算法產生的新聞時，他們決定不尋求讀者同意，而是「直接做，之後再尋求諒解」。當我問雅各布森他們現在多頻繁思考或調整演算法，他說「已經沒有很頻繁了」，一開始「我們每天都在調整」，直到演算法比較穩定、比較沒有問題。雅各布森也補充，雖然似乎沒有人抱怨啟用演算法，但仍有其他議題需要處理。例如，想要重新找到同一篇文章愈來愈困難，因為演算法會持續顯示新的報導和個人化內容。為了不因個人化造成檔案消失，iTromsø 設計了一個功能叫作「我的閱讀庫」，讓使用者能輕鬆找到舊的文章。他們也在手機介面下方設計了「退出」按鈕，讓讀者可以輕鬆回到不經個人化處理的新聞內容。雖然如此，有一個部分很難以演算法處理，那就是如何知道該在何時出現特定內容。設定個人化的變數之後，讓使用者感覺到「恰當的時間點」似乎非常關鍵（參考第四章）。就像我在緒論提到的那個例子，討人厭的里斯本飯店廣告不斷跳出來侵擾我的臉書動態。雅各布森用了一個類似的例子來解釋演算法如何輸出愚蠢內容，他說：為了避免演算法「不要在你去了盧比安納（Ljublana）十四年之後顯示當地飯店」，必須確保在演算法中給定合理的期限（訪談二，二〇一六年五月）。

是否要開始使用演算法這個決定，有時候並不如想像中明確，克里斯席安・吉林格

（Christian Gillinger）在瑞典國家廣播電台（Sveriges Radio）擔任社群媒體主管，他說他們想要在公共電台的網站首頁刊登由社會產生的排行榜，在為此發展概念的過程中，「我們突然發現我們就是在創造演算法」（訪談十七，二〇一六年五月）。社群媒體團隊被交派的任務，就是找出新的方法來促進帶有社會參與的內容，他們先從顯而易見的地方下手，檢視特定節目的按讚數、分享數及留言表現。不過，他們很快便發現排行名次只會反映出節目的熱門程度，而熱門的節目在演算法中往往會得到好的結果。吉林格表示，看某個節目的按讚數和分享數並不能反映出社會指標。如果節目的規模很小，例如，一個庫德語的節目，總共只有二千名聽眾，若你成功讓一千九百名聽眾分享或按讚你的貼文，那這個節目的社會表現就非常傑出。剛開始，「我們不知道我們在開發的東西是演算法，但是我們知道我們不能讓不同的新聞單元」決定什麼是社會的，「必須有數學的輔助」。「演算法**只是**數學公式」，關鍵是決定演算法應該反映出什麼（訪談十七，二〇一六年五月，粗體為作者所加）。對吉林格來說，決定演算法應該反映出什麼的關鍵在於實際開發演算法邏輯的人。時常有人指責演算法剝奪內容的多元性，但卻很少人討論演算法設計者本身的多元性。吉林格認為，新聞機構中若有愈多人開始思考並協助開發演算法，效果就會愈好，這表示建立演算法並為其負責的團隊需要具備多元性。

在開發過程中和啟用初期，演算法是有問題的，它可能有時無法解決問題，甚至還會創造出新的問題。有時候，演算法會過度個人化，或者自動化的程度不如預期。新聞排序演算法是Omni編輯基礎建設的核心，不只是由演算法輔助編輯的工作，編輯也要以各種方式輔助演算法。如同基礎建設研究領域所告訴我們，建設需要持續不斷的人力投入和維護工作（Bowker et al., 2010; Star & Ruhleder, 1996）。我們可以將基礎建設理解為有用的資源，但是要讓建設正常運作就必須仰賴「人為要素」，「例如，工作實踐、個人習慣，及組織文化」（Plantin et al., 2016: 4）。起初將設計Omni首頁的工作交給演算法，是為了減少人力需求，法蘭克（Frank）是Omni的其中一位編輯，我坐在一旁觀察他的工作時，他向我解釋，這個構想是編輯只需要利用他們的新聞知識設定一次新聞價值和壽命價值，剩下的會由演算法完成（訪談十二，二〇一五年三月）。[13]雖然演算法的工作相對簡單，但結果反而有些矛盾，演算法不僅沒有減少工作場所中的人力需求，甚至還製造出更多工作。如同先前的描述，Omni的編輯要負責給定報導的新聞價值和壽命價值，讓新聞排序演算法能夠進行處理。演算法會根據這些價值和其他信號（也就是使用者的新聞設定和不同新聞類別預先給定的權重），計算出首頁的正確排序，以及每一則新聞報導該留在首頁的時間長度。

雖然演算法被設計來安排首頁內容，編輯群還是要持續檢查演算法的表現。另一位編輯艾瑪（Emma）解釋，她們要掌握新聞實際呈現在首頁的方式，以及首頁的內容是否和其他大報的首頁相似（訪談十三，二〇一五年三月）。換句話說，編輯群不能在給定新聞價值和壽命價值後，就信任演算法會正確無誤地完成工作，而是要隨時地檢查演算法。編輯不只要檢查文章如何呈現在首頁上，還要確保Omni的首頁整體來說很理想。為了讓首頁的呈現達到期望，在新聞發布後，編輯群有時候需要改變該新聞原本給定的價值。這個做法通常被稱為「鎮靜演算法」，這在Omni的新聞專業人士間並非毫無爭議，畢竟人工「修正」演算法來刷新首頁，似乎違反了當初使用演算法的目的。古斯塔夫森和其他幾位編輯告訴我，給定價值就是因為那些價值能代表尚稱客觀，且穩定的新聞價值標準。舉例來說，把一則新聞的新聞價值由實際上的三分改至五分（五分通常代表即時重大新聞）不僅會適得其反，還會增加工作流程的複雜性。有些人認為，為了完成最終呈現出的首頁，不應該將最初的價值視為理所當然，而身為編輯就應該要準備好改變，或調整自己的評價標準，協調同事之間的做法和配合他們正在撰寫的報導。

Omni的員工似乎都認同「鎮靜演算法」不是最理想的做法，但是也認為這些無法預期的結果帶來了新的機會，讓大家持續討論新聞應該是什麼，以及在理想狀態下應如何編輯新聞流程。在Omni，演算法被賦予的意義和其技術層面較無關係，比較像是一種基礎建設的要素。雖然演算法被稱為是「節省勞力的工具」，但是對法蘭克來說，演算法似乎只是他維持目前工作方式的所需要素之一，也就是「不用別人來告訴你應該做什麼」，身負重責但也享有很大的自由（訪談十二，二〇一五年三月）。雖然演算法帶來了一些預期之外的結果，但這些結果在另一種情況中，卻能作為主張使用演算法的理由。Omni 的編輯工作流程清楚顯示了演算法的表現需要受到持續檢視，這同時也是支持人類勞力和知識的論點。

人類有心，電腦沒有

演算法看起來有顯而易見的限制，若把演算法和人類的能力視為對立面就會特別明顯。人類有感情和直覺，但是電腦沒有。判斷新聞價值的能力被視作人類獨有的特質，也代表著新聞業的核心：手腕，而這種手腕仰賴新聞直覺和專業知識。我們已經知道有些受訪者認為新聞業過度強調「人類直覺」，但直覺仍然是記者和編輯了解自我專業能力的重要組成部分（Schultz, 2007）。新聞直覺是判斷一則報導新聞價值高低的內隱知識。對於大多數的新聞媒體人來說這不證自明，因此要解釋這項直覺是什麼可能很困難。甚至當教科書作者對新手解釋新聞實踐的特性時，也說新聞社會化的最終產物是種「直覺」（Cotter, 2010: 77）。的確如此，很多受訪者都仰賴熟知的專業新聞論述，來解釋新聞業中演算法所扮演的角色。

由於資訊守門人的職責逐漸受到工程師和電腦程式設計師掌控，新聞記者和新聞專業人士正面臨艱困的任務，要重新檢視專業行為準則，並定義新聞業的角色。這些討論中的主要擔憂是機器人會不會取代人力，以及自動化增加之後，對於工作保障有何影響。當我提出這些議題時，很多受訪者反而開始談論演算法的限制。演算法應該要讓編輯工作流程更有效率，這卻也是演算法和自動化之間的權衡拉扯。多數受訪者認為演算法基本上就是數學、公式及計算，蓋爾．拉森（Geir Larsen）當時在挪威讀者數最多的《世道報》擔任分析主管，他認為數據量增加只是一個新聞機構遲早需要面對的事實。不過，不應該誇大數據和演算法的影響，我問拉森《世道報》是使用何種演算法，他說：「演算法只是一種程式設計的邏輯，但大數據不是，我們也用小數據做很多有趣的事。資料集是不是很大並沒有非常重要」，因為最終，「你最重要的工作工具就是你的新聞直覺」（訪談二十，二〇一四年三月）。Omni 基本上仰賴各種演算法媒介，但即使在這種新聞機構中，電腦仍無法從脈絡資訊中進行推論，也不能理解反諷，這表示「演算法不可能取代人類的心靈和大腦，來判斷什麼才是對讀者最好的」（訪談八，二〇一四年四月）。將人類判斷力和電腦計算機制並列，不僅透露出一種認為演算法是機械性且較低等的想法，也表明了想維持記者專業環境的渴望。我問拉森，《世道報》在未來是否會自動化首頁的設計和呈現，他說「我們想過這個可能性，但答案是否定的。」

拉森和許多其他受訪者一樣，都強調新聞和新聞價值的「民主」功能。他願意使用演算法來自動化報紙的某些部分，但認為使用範圍需要受到限制並謹慎控管。另外他也堅持編輯在決定讀者應該知道什麼的基本角色。拉森認為，報紙的角色不是根據個人過去的點擊行為提供內容。如果世界上發生了什麼重要的事情，「我們有責任告知大眾，說『這很重要，你必須了解』」（訪談二十，二〇一四年三月）。這項新聞功能的關鍵在於，提供大眾可靠的消息來源以維持大眾對報紙的信任。編輯和主管都談及他們的品牌名號，以及擁有讓讀者容易辨認的獨特編輯風格有何重要性。讀者原本已經習慣特定媒體獨特且可辨識的編輯風格，因此有人認為演算法邏輯出現在新聞業中，似乎會讓此受到威脅。我問莫勒，《政治報》有沒有可能使用演算法來個人化首頁，他說：「我們希望《政治報》持續扮演一個可信賴的新聞機構，而最好的做法就是利用我們自己的優先排序，而不是自動化程序。」大家會讀《政治報》是因為他們知道「我們的理念。我們身為報紙有個很珍貴的價值——這是由抱持特定世界觀的人所創造出來的」（訪談五，二〇一四年三月）。

受訪者擔心演算法帶來的負面影響並不稀奇，過去十年來都持續有人提出這些關切，認為演算法會製造出所謂的過濾氣泡和同溫層，讓使用者只接收到和自己的點擊習慣相似的內容（Pariser, 2011）。受訪者表達擔憂的背後就是這些重要的論述。將新聞業和計算一起討論，這幾乎是在要求受訪者反思演算法個人化可能帶來的危險。《日德蘭郵報》數位總監尼古拉森說「讓某些部分百分之百由演算法掌控，能夠發現這種做法的優勢真的很棒」，不過他也馬上指出過濾泡泡有可能會危及大眾理想中的新聞業。莫勒同樣指出，過濾氣泡正是他們想要避免的後果，許多新聞機構面臨的問題就是如何解決這項難題。一方面，迎合個別讀者的特定興趣已經愈來愈重要；另一方面，如同莫勒所言：「如果一切都以演算法為基礎，我們擔心你會錯過了其他一些我們想讓你知道的事」（訪談五，二〇一四年三月）。

編輯和主管普遍都會謹慎地避免賦予演算法過多能動性，真正關鍵的是演算法如何用於提升並支持新聞記者完成工作。約根・弗蘭（Jørgen Frøland）是北極星媒體的個人化專案經理，並負責開發《iTromsø》的演算法，他認為很多關於演算法的擔憂及恐懼，都來自於多數人仍未真正了解它。弗蘭表示，在大部分情況下，「演算法非常笨」（訪談十九，二〇一六年八月）。這並不是非此即彼的問題，而是要讓科技做科技擅長的事，人做人擅長的事。弗蘭舉例說，就像演算法不能根據常識做出決定。任職北極星媒體旗下的地方報紙《*Adresseavisen*》

的沃蘭，她認為演算法相對愚笨，這表示大家不應該認為演算法會在新聞業中造成很多問題。她引用在機器人新聞業的辯論中時常提及的一個論點：演算法並不會威脅新聞記者的工作保障，而是有潛力讓工作更讓人興奮，因為演算法能「讓記者從一些極為繁瑣的事物中解脫」（訪談四，二〇一六年八月）。因為「好的新聞業要能夠提出關鍵的問題、判斷新聞來源是否可信、接觸世界並與大家溝通」，沃蘭並不覺得演算法會對新聞專業帶來嚴重的威脅。

大家選擇使用什麼樣的字眼來討論演算法很重要，奧拉・亨里克森（Ola Henriksson）是瑞典全國性報紙《瑞典日報》的網路編輯與專案經理，他認為「演算法」這個詞太抽象也太令人困惑。當我問他認為什麼是「演算法」，他回答「數學」和「計算」（訪談十八，二〇一六年六月）。奧拉說這不是新聞業的實質內涵，並且認為這個詞造成的傷害多過於帶來的好處。Schibsted 旗下的《瑞典日報》是首家使用 Omni 開發的演算法基礎建設與評分系統的報紙，這個受 Omni 啟發的方法被稱為「編輯控制演算法」，而不是某個演算法。我問亨里克森是否認為這個名稱有帶來任何改變，他回答：「有，對部分的人來說，這似乎真的有帶來不同」。「編輯控制」的這個概念可以讓大家比較放心，並向大家保證雖然出現了演算法媒體，編輯仍然是重要的角色。

透過多位新聞專業人士的描述，不難看出「編輯控制演算法」這個概念的確具有吸引力。

這限制了程式編碼的權力，同時也維持人類的能動性，帶來了較不具威脅、更現代，及更創新的結果。在《瑞典日報》推行演算法和新的出版平台後，這被廣泛視為一大成功。這種演算法受編輯和讀者偏好指引，並根據即時性、新聞價值，及個人興趣，替每一位造訪網站的使用者打造個人化首頁。啟用演算法後，《瑞典日報》宣稱網頁的流量提升百分之十五、個別使用者數量提升百分之九。在此案例中，演算法成為英雄而非反派。瑞典的紙本報紙基本上已經壽終正寢，但演算法重新帶來了光明的未來，至少有說法這麼認為（Garcia, 2017）。讓這個演算法為人稱道的功臣是其擁有者，也就是說，新聞演算法和「編輯控制演算法」不同於臉書的「加州程式碼」之處在於前者的卓越道德。《瑞典日報》的總編輯弗雷德里克・卡倫（Fredric Karén）在接受 Storybench 新聞網站訪問時談到：

> 我相信你必須控制並掌握你自己的科技。如果我們加入 Google 和臉書的廣告平台，他們一定會非常高興。但是身為一家出版商，正直誠實也非常重要。掌握出版的方式、出版的時機，及出版的地點，這是向前邁進的關鍵。（Rodrigues, 2017）

讓我們暫停一下，思考「正直誠實」為什麼會出現在這段發言中，又如何能讓演算法以正確的方式獲得物質重要性。有鑑於近來臉書演算法的爭議不斷，特別是關於臉書應該要承擔多少編輯責任的討論。因此，新聞媒體發現，只要強調並強化機構的正當性，就會受到歡迎。對 Schibsted 的艾斯彭・桑德維來說，過度陷入臉書動態的演算法是他對新聞未來最大的擔憂之一。雖然桑德維談及受臉書演算法吞噬的危險時，他所想的是臉書的刊登平台「即時文章」（Instant Articles），但是這些擔憂遠遠超出對於財務責任的考量。對於新聞專業人士來說，有問題的演算法不只出現在新聞機構內部，更重要的或許是臉書和 Google 所掌控的外部演算法。桑德維表示臉書的動態消息「以民主的觀點看來」充滿問題，因為它「把編輯職責交給完全不負編輯責任的人」（訪談七，二〇一六年五月）。

過度依賴未能反映出正確價值的演算法很危險，如同桑德維所說，科技公司可能會想要提供大眾他們想要的，但是新聞業的主要任務是提供大眾他們應該知道的資訊，並且為此負責。桑德維補充道，給大眾他們需要知道的資訊，也包括要呈現出一個議題的不同觀點，「如果你反對疫苗，你應該也要知道光譜另一端的事實，而不是在臉書動態消息上找到另外五十個認同你的人」（訪談七，二〇一六年五月）。很多受訪者提到，避免過濾氣泡的其中一個方法，就是要更仔細地思考演算法的設計。問題不是演算法一定會產生氣泡或同溫層，而是一個特定的演算法究竟優化了什麼。吉林格認為，演算法和多樣性不一定互斥，「這都取決於你希望你的演算法反映出什麼」。如果你想要優化點擊率，你完全可以做到，「但是，在我的世界中，那算是很差勁的演算法」（訪談十七，二〇一六年五月）。批評者擔心臉書有能力製造過濾氣泡並誤導大眾，也有人認為民主危機可以透過更好、在新聞上更完善的演算法來解決。

以問題化來思考演算法

由這些訪談可以清楚得知，演算法不只是單純的解決問題或製造新問題，也應該被了解為「問題化」的工具，質疑大家所接受的新聞業界線和定義。這個部分讓我們能夠最清楚看出演算法的事件性。我在第三章中提過，事件的概念考慮到分析的位置，對於建立「實證正確性」沒有太大的興趣（Michael, 2004）。這種分析方法在乎的不是演算法是什麼或代表什麼，而是檢視演算法如何能帶來新秩序或失序。[14] 如同麥肯齊所指出的，「事件思維」能幫助學者「思考新形態或新集合的偶然性，而不是側重特定的本體論概念」（Mackenzie, 2005: 388）。和新聞媒體專業人士談話，以及觀察演算法在新聞業中如何成為受關切的對象，這都讓我認為演算法的權力和政治，是透過問題化既定界線的方式展現出來。保羅・拉比諾（Paul

Rabinow）認為事件可以使「事物以不同方式運作，並產生、啟動新的能力。一種形式或事件會讓人或多或少可以想到很多其他事物」（1999: 180）。如同「事件會問題化分類、實踐及事物」（Rabinow, 2009: 67），我認為演算法會「質疑或問題化」新聞業中的「既定界線或限制」（Mackenzie, 2005: 388）。未來，問題不只是在特定領域中引進演算法時，會有什麼改變，而是演算法作為事件如何讓「不同的感覺、知覺、行動，以及了解方式成為可能」（2005: 388）。

在上述的段落中，我針對斯堪地那維亞的編輯部如何實踐他們對演算法的了解，指出了至少兩種不同途徑：將演算法視為不同形式的潛力，或是認為演算法或多或少都存在問題，並以此角度談論。在本章的最後一部分，我要指出潛力和問題化不一定是互相對立的概念，而是應該被視為「真假之間的關係遊戲」（Rabinow, 2009: 19）。也就是說，當演算法受到挑戰、在前景和終結的論述間擺盪、在公認的界線之外獲得承認，以及被賦予特定的行動能力，演算法就成了特定形式的「問題化」。傅柯寫到關於「問題化」：

> 指的不是再現存在之前的物體，也不是透過論述來創造不存在的物體。而是論述與非論述實踐的綜合，讓某種事物進入真與假的遊戲之中，並將之塑造成思考的對象

（可能的形式包括道德反思、科學知識及政治分析等）（Foucault, 1988: 257）。

「問題化」這個詞代表一種分析事件或情境的特定方法——不將分析對象視為已知，而是視為問題。如拉比諾所說，分析者的任務就是要了解在特定情境下，為什麼存在「多重限制和多重回應」（Rabinow, 2009: 19）。想要問題化某件事物，就要有人先對一些事物感到不確定或不熟悉，或者某些事物「引發了一些困難」（Foucault, 1994: 117）。我們已經得知，新聞產業中行動者如何回應演算法，必須透過許多限制和賦能的因素來了解，最明顯的就是多數新聞機構身處迫切經濟的狀況。此外，應該在更大的場域中了解新聞專業人士的回應，也就是從新聞機構所屬的演算法媒體界來進行思考，這特別適用於他們和強大競爭者（如臉書和Google）的關係中。

其中一個面向是關於演算法如何問題化新聞業是什麼，以及應該是什麼的既存界線，這個議題我馬上就會回來討論。另一個面向是關於新聞媒體如何在強大的「演算法組態」中愈陷愈深（Callon & Muniesa, 2005），這些組態中包括臉書等其他精明的機構，共同組成新聞媒體產業。當然，對於有信譽的新聞媒體來說，社群媒體平台一直以來都非常重要。如同《日德蘭郵報》的尼古拉森所言，從生意的觀點看來，他們最大的競爭者不是丹麥的其他主流報紙，而是社群媒體平台。「臉書對我們生意的影響大過於《貝林時報》（*Berlingske*）和《政治報》」（訪談三，二〇一五年二月）。不過，有學者研究社群媒體平台的興起，以及它們如何影響現存的大眾媒體情勢，指出社群媒體並沒有取代較穩定立足的媒體形式和媒體使用，而是作為其補充或挑戰（Chadwick, 2013; Hermida et al., 2012; Kleis Nielsen & Schrøder, 2014）。尼古拉森這麼形容：新聞媒體和社群媒體看起來已經進入某種形式婚姻的關係。在「混種媒體系統」中，新聞資訊循環已經不再由大眾媒體單獨定義，而應該要理解成是由許多不同的媒體形式、行動者及想要建立相互依賴關係的利益共同組成的拼裝體（Chadwick, 2013）。我們知道許多新聞媒體網站都吸引不少來自社群媒體的流量，特別是來自臉書（Kleis Nielsen & Schrøder, 2014），而混種化（hybridization）的概念指的就是臉書也會依賴新聞媒體。新聞對臉書來說確實非常重要，大家在臉書或推特等平台上分享個人生活的程度，似乎已經不如從前（Griffith, 2016），而是較常和專業內容生產者分享的新聞互動。威爾・卡斯卡特（Will Cathcart）是臉書的產品副總裁，他說有六百萬人每週都會在臉書上瀏覽新聞報導（2016）。更有甚者，臉書宣稱很多人使用臉書的原因，都是想要看新聞，以及和朋友討論新聞。由於個人動態更新的熱門程度似乎不斷下滑，臉書顯然要仰賴新聞媒體和外部內容生產者，來吸引使用者點擊及按讚，這些互動指標對於吸引廣告生意非常必要。

混種的媒體系統不只是網站流量和按讚數，還包括了平台運作的邏輯和參與其中的人。上一章有提到，使用者會調整自己的社群媒體行為，來因應平台的演算法邏輯。相同的，本章談論的新聞專業人士也注意到演算法邏輯，如何為記者的工作帶來更多資訊。《*Adresseavisen*》的沃蘭觀察到，新聞記者透過各種方式來因應臉書等外部機構的演算法邏輯。沃蘭強調應對臉書的遊戲規則已經變得非常重要，若想要觸及最大數量的現有讀者和新讀者，就必須適應臉書的演算法邏輯。不過沃蘭也說，這不代表要「放棄所有新聞原則，盲目跟隨臉書」，重點是你能不能找到方法「遵守臉書演算法的遊戲規則，來達成你自己的新聞目的」。沃蘭補充道，棘手的部分是要找到好方法做出「我們知道臉書會獎勵的行為，但不能在新聞原則上做出妥協」。她也解釋，如果你希望讀者到你的網站上看一部特定的影片，你就不能把完整的影片放上臉書，而是要在臉書上分享「搶先看」，然後引導讀者到你自己的網站。同時，上傳影片對於平台的運作邏輯來說也是合理的做法。沃蘭表示，臉書的演算法偏好影片勝過文字，因此他們會在臉書上多發表影片，才能被演算法優先排序（訪談四，二〇一六年八月）。

Omni的案例進一步強調了社群媒體時代的新聞實踐，不能只淪為讓新聞「適用於演算法」，盲目遵從臉書的命令。在此例中，演算法顯然也會問題化從事新聞業的實踐和意義。先前有研究探討新聞記者如何回應編輯部中的新科技，這些研究「幾乎全部都做出一致的結論，認為新聞記者會以防禦的心態，回應這些越界進入他們專業領域的事物」（Lewis & Usher, 2016: 15），與此相反的是，很多在 Omni 工作的編輯都認為新科技原本就是這份工作的吸引力之一。在我研究的所有機構中，Omni 最徹底將演算法納入編輯工作流程中的必要組成，我們因此可以斷定，不同於批評者常常表達的擔憂，演算法絕對沒有降低勞力的技術要求。相反的，將演算法納入工作流程，可以重新定位和改變這項工作。問題化的概念強調，不應該認為演算法是全新且可分割的要素，只是被納入既存的新聞領域中，這種想法認為演算法和新聞業是不同且獨立的領域，突然被迫要彼此互動，這種前提是錯誤的。演算法是「事件的」，它的定義來自於創造新環境的能力。這種另類的觀點在分析上更為細緻，也能為我在本章談及的案例做出更好的解釋。這麼一來，演算法是否應該要為降低勞力技術要求負責這個問題就顯得膚淺。相反的，我們應該要提出的問題是：各種形式的演算法介入如何讓新的新聞現實更有生產力，而這又能帶來什麼影響？僅是宣稱演算法讓人力變得多餘並不適當，在某些情況下，演算法帶來的影響可能會減少對人力的需求，但如果這項宣稱就在這裡結束，我們應該要更加謹慎看待。

那麼，演算法問題化了什麼東西？在本章剩餘的篇幅中，我會專注於討論兩個可能的答案，不過我也很清楚這種問題不可能有徹底詳盡的解釋。首先，演算法的挑戰也轉變新聞業進行的方式。由我的訪談可以得知，演算法並沒有消除新聞工作中，對人類判斷力與知識的需求，而是轉移、重新分配及形塑如何成為新聞人的新方法。同樣的，認為機器缺乏直覺，因此不適合取代新聞記者和他們的直覺，這是個過於簡化的看法，新聞記者可能對什麼擁有直覺，這個範疇也不斷在擴大和改變。透過我在Omni的實地觀察和訪談，可知編輯如何形成對於機器運作方式的直覺，這在克蕾兒（Clare）的說明中顯而易見，她說在Omni不只是要對新聞抱有直覺，還要「發展出對演算法的直覺」（訪談十一，二〇一五年三月）。雖然最近關於計算新聞業的論述仰賴「計算思維」的概念，Omni的案例卻指出，不是所有「計算思維」都需要新聞記者學習用計算機科學家的方法來思考。「計算思維」這個概念最初是指一種利用計算機科學的基礎概念解決問題的方法，例如，抽象化、自動化及遞迴（Wing, 2006）。Omni的編輯不一定會用電腦運算的術語來思考自己的工作，反之，他們思考的方式就像學會如何優化產品與實踐的記者一樣，而這麼做不只是為了外界的讀者，也將演算法納入考量。演算法挑戰既存的專業界線，有助於不同的讀者與不同的新聞記者出現，最終帶來不同的新聞。[15]

第二，如同我先前提過的，演算法問題化新聞業是什麼、應該是什麼的既存界線。透過我的訪談可得知，在新聞實踐和新聞產品中納入演算法，能夠刺激關於新聞本質的重要討論。當吉林格談到瑞典國家廣播電台發展演算法，來設計和排序社會參與的新聞內容，他的核心主題就是這個過程本身，如何讓人反思今日新聞業的重要性。如他所言，「我在不同編輯團隊工作的這二十年間，得知很多關於新聞價值究竟為何沒有明說的想法」。吉林格還說，談論演算法應該要反映出什麼及應該如何運作，都迫使大家反思這些關於新聞隱而不宣的信念和想法（訪談十七，二〇一六年五月）。

再者，演算法透過「具有重要性的劃界實踐，也就是（重新）組合世界上的特定物質」來問題化新聞業（Barad, 2007: 206）。演算法是具爭議性的存在，也漸漸在很多關於新聞業的公眾討論中成為焦點，對新聞機構本身更造成深遠影響。演算法可說是某種「藥物學」的物體，既有療效也有傷害。[16]不過，問題不在於演算法究竟是毒藥或解藥，而是在不同的配置下會有什麼影響。蘇赫曼寫到：「物體會在歷史和文化建構中為人熟知，且能夠理解之可能性的環境內獲得認同。在這個可能性中，我們可能會將事或物視為或多或少具爭議的，規範的物質特徵的具體展現」（Suchman, 2007: 10）。本研究的訪談和各種關於演算法的爭議指出，新聞媒體在演算法的差異運用上絕對不是扮演中立角色。本章提出了和本書整體相符的論述，也就是演算法並非總是具有（相當的）物質重要性，而是以特定的方式獲得物質重要性。只要演算法是以具有特定特徵和「規範可變性」獨立出來的實體，我們就可以將上述的差異物質重要化視為一種本體論政治的形式（Marres, 2013）。也就是說，演算法並非總是帶有相同的道德或規範特性，它們有時候會被視為是負面或低階的，也有時候會出錯，過濾氣泡的相關討論就是一例。其他時候演算法則是正向的，例如，能幫助新聞記者的工作更好、更有效。演算法並沒有既定的功能和被賦予意義的方式，此種可變性也表示演算法的權力與政治不一定存在於演算法之中，而是如第三章論及的，重點在於運用演算法能動性的時機與對象。

小結

從某方面來說，演算法不僅僅是演算法，演算法的本體論仍是個開放的問題。讓我們回到本章最初介紹的假新聞概念，雖然不該責怪臉書創造出被誤導的大眾或決定選舉結果，關於假新聞和後真相的爭論強調了我在本章的主要論點，也就是演算法媒體景況的權力和政治。如果我們想要了解演算法如何獲得重要性，就要探究演算法被賦予物質重要性的方式，以及演算法如何在不同的情境中，為了不同的目的被賦予物質重要性。我不只將演算法視為解決問題的工具（這是標準的計算機科學定義），我也不只是認為演算法會引發新的問題或擔憂（這是社會科學看待演算法傾向於使用的隱喻），我主張探討演算法的事件性，這種事件性讓演算法成為特定形式的問題化。我討論了同與異的關係如何在特定時刻、論述、物質結果被促成，藉此探討演算法如何獲得重要性。

如同我在上文中敘述的，演算法的「真相」是在物質論述實踐中「玩」出來的。新聞媒體專業人士的敘述，構成了傅柯所說的「真相的遊戲」，揭示出演算法的物質重要化如何取決於特定規範和價值的建立，定義什麼是令人嚮往與有問題、好與壞，及真與假。就像醫學知識的組織或瘋癲的判定，如何在傅柯筆下形成真相遊戲（Foucault, 1988; 1997），關於演算法的真相遊戲也和一整套社會經濟的運作與專業實踐有關。傅柯特別強調遊戲「不只是娛樂性的遊戲」，而是「一套產生真相的規則」，某些事情才能因而「被視為有效或無效，及贏或輸」（Foucault & Rabinow, 1997: 297）。不過，這些規則並非固定不變。雖然新聞客觀性和專業倫理這些隱性或顯性的「規則」會保持不變，這些「規則」的意義會改變。在演算法的時代，新聞媒體不只是要適應演算法的存在，也不只是單純在新聞實踐中使用演算法系統。身為新聞記者或出版人的意義已經改變，新聞和新聞價值是什麼及應該是什麼的定義也是。如何挑選新聞並非完全仰賴「直覺」，指標、流量數據、新聞媒體邏輯的「客觀事實」都將直覺轉化為位元。無論是建立「對演算法的直覺」，或是用對他們有利的方式「玩臉書的演算法」，新聞專業人士談論這些議題的方式，都揭示出其中涉及的政治操作。無論我們是討論在特定編輯部中發展出的「內部」演算法，或是臉書的「外部」演算法，這些都似乎能夠打亂並建構新的感覺、直覺及知覺。傳統的出版人在這個混種的媒體系統中，愈來愈需要仰賴社群媒體平台上的流量，訊息提供者的演算法系統設定了大眾如何參與新聞，而這些訊息提供者的相互依賴性增強，但在專業上和意識型態上則各不相同。新聞在不同平台上發生，從出版端移動到社群媒體再回到出版端，並且在過程中陷入複雜的社會物質互動，包括排序、分享、連結及點擊。這重構了理解新聞業的方式，以及究竟什麼算是新聞。這就是演算法的本體論政治，由賦予演算法物質重要性的互動和衝突形塑而成。

訪問斯堪地那維亞新聞媒體專業人士的過程中，觸及了一些重要的主題，揭示出演算法如何與各種劃界的過程息息相關，並在過程中成為備受爭議的議題。也就是說，演算法在被賦予特定社會、政治及道德能力的過程中，得以具體實現。例如，一個「好的演算法」就是能夠反映出標準價值的演算法，在此案例中指的就是新聞價值。同樣的，「壞的演算法」就是沒有負起任何編輯責任的演算法。但是好壞的定義也會改變，社群媒體中「壞的」或次等的演算讓「好的」新聞演算法有形成的可能。臉書有問題的演算法同時就代表新聞媒體的機會，《挪威晚郵報》控訴臉書審查「戰爭的恐懼」這個案例就是很好的說明，指出演算法並不具有本質上的好或壞，而是可以或多或少帶有策略性的用來宣稱好壞。臉書「壞的演算法」可能會讓人擔憂民主條件的衰頽，也有可能被運用為有效的工具，讓新聞媒體加強身為公共看門人的權威。媒介學者查理・貝克特（Charlie Beckett, 2007）帶有挑釁意味表示，「假新聞」可能是近年來新聞業遇上最好的事，因為這「給了主流的優質新聞業一個機會，展現他們有建立在專業、道德、參與及經驗之上的價值」。反過來說，社群媒體讓人或多或少可遇見一些問題，而新聞演算法就被塑造為解決這些問題的方法。根據此種觀點，有問題的演算法本身並不存在，演算法只會因為差異分配不同形式的能動性而變得有問題。演算法被指控在臉書上散布假新聞及可能誤導大眾，我認為若要為此提供有效的解釋，就要將演算法之外的因素納入考量。臉書的動態消息演算法鼓勵分享和參與，這當然很重要，但更重要的或許是演算法是透過什麼方法，以及在何種時機下獲得物質重要性。

CH 7

結語：演算法的生活

如同演算法和平台在不斷變化一樣，
在它們中間和周圍創造的世界也是如此

在本書一開始，我請大家思考一個情境：十一月，在一個哥本哈根的雨天，學期即將結束。聖誕節快到了，但除此之外一切沒有什麼不同，大家做著平常會做的事，而這些事很多跟媒體有關：上臉書、看網路新聞、用 Google 查資料、寫電子郵件、在推特上轉發一個連結、在 Amazon 上面買聖誕禮物、或是在網飛上面看一集「紙牌屋」。這些事情看起來沒什麼特別，但這正是重點所在：我們的生活充斥著媒體、也仰賴媒體；更精確地說，我們的生活完全與各種依靠演算法運作的媒體交織和糾纏在一起。在我正撰寫本書結尾的當下，也剛好是一個極為相似的十一月某日，儘管已經是兩年後了。

當然，沒有什麼事物是會永遠保持不變的。兩年後的今天是個晴天而非雨天，我也因為忙著要寫完這本書，花在臉書和網飛的時間變少了。另外，那些平台和演算法也有了改變：現代媒體使用的運算工具，提供的資訊比我們可能想要的還要更多，儘管我們可能沒有注意到；根據使用者的點擊、分享和按讚，演算法時常在更新、重寫、調整，讓我們接收到更切身相關、也更即時的資訊。就如同全喜卿教授提到的：「新媒體的生存和死亡都和更新有關：如果不再更新，也就這項事物的終結」（Wendy Chun, 2016: 2）。[1] 在這種「無止盡更新」的情況下，基於個人化的網絡邏輯和演算程序，永遠無法保證我的臉書和推特動態牆上的內容，會跟鄰居或朋友的一樣；每一天，甚至是一天中好幾次，使用者都在暗自揣測：「這次的動態會看到什麼？」

過去，我們都覺得網路上的資訊，應該有著時間先後順序的特定意義；如今，「即時」似乎已經變成了「吉時」：說或做某件事情的正確，或適當時間點。一如各種動態消息中的證據所顯示的，時間已經不是指一個線性、毫不間斷的流程，而是指線性時間上特定的時間點。如同第四章中所討論的，「吉時」構成了演算法媒體中的時序體系。畢竟如同臉書所展示的內容，動態消息的目的就是要「在正確的時間，把正確的內容傳達給正確的人，讓這些人不至於錯過對他們重要的動態」（Backstrom, 2013）。而在過去幾年裡，有更多的媒體平台跟上了這個腳步。Instagram、推特，以及其他著名的平台藉著強調「適當時機」的內容，在「即時動態」上引入「關鍵」的概念。在前一個章節討論過，傳統媒體現在也開始導入這個「在正確的時間，把正確的內容傳達給正確的人」的概念；面臨經濟營運的艱難，新聞媒體重新調整自己適應這個嶄新的數位現實。這樣做的其中一個結果，就是這些新聞機構為了適應演算法為主的媒體生態，也使用演算法來產製、發送和呈現新聞，而這些方法，使用者早就在社群媒體的世界中相當熟悉了；不過更值得關注的事實是，傳統新聞媒體正在變得更「被演算法驅動」。

這就要講到兩年前跟現在的第三個不同之處了：以社會和文化的觀點來說，演算法似乎成為了一種社會和文化的假想物，且似乎是「無所不在」。演算法成為了文化和社會創作的場域。作為新聞報導、學術文章和研討會的討論對象，也是公共議論、大眾輿論、文化創作，以及情感交流的焦點所在，演算法產生許多計算結果。演算法是以人為中心，但人們也逐漸以演算法為中心；在第五章我展示了社群媒體的演算法產出，是如何產生文化意義，像是人們如何針對特定的系統形成意見，然後再圍繞著這些系統做出行動。[2]演算法不再僅僅是在文化和社會中占有一席之地，而是某種程度上成為了一種文化，如同喬納森・羅貝熱和路易斯・梅蘭森（Jonathan Roberge and Louis Melançon）所述：「演算法是在『做』文化會做的事情，也日益活躍於創造意涵和解讀文化」（2017: 318）。

然而，演算法不僅僅只是作為解讀文化的手段，也會自己生產文化，也被人們用其所導致的方法來理解。布蕾克・哈林安和泰德・斯特里沙斯（Blake Hallinan and Ted Striphas）聲稱：「如今工程師們對事物享有前所未見的權威，利用與他們所受訓練相符的假設、議題和了解來散布『文化』」（2016: 119）。雖然工程師和計算機科學家被認為享有能對「演算法」這個詞發表意見的特權，我們同時也見證到「普通人」和「一般機構」也在對演算法發表意見和進行思考；而這些人的做法，則是把和他們特定背景和生活經驗相符的假設、議題和了解，參雜到演算法的領域之中。在接觸到臉書的演算法時，一位意在打壓言論自由的內容管理員，以及另一位持不同立場的人員，兩位在處理內容相似的貼文時，充斥的議題和假設，將會是大異其趣。

那麼，在這持續改變的情況下，我們是用什麼來組成演算法呢？既然一直在變化，我們要如何了解演算法和其所組成的系統呢？本書指出，演算法這種變化的本質，以及它被淹沒在商業機密和專利系統的方式，都不應該被視為一種威脅。我也說過，我們對於演算法是如何形塑日常生活的理解，並不是基於「對其不了解」，因為演算法時常已經是「許多個十分不同的東西」（Law, 2002: 15）。在第三章，我提供了三個可應用來分析演算法的方法論策略，也分別對應到第四、五、六章所討論到演算法如何受檢驗的部分。第一項是作為在刻劃科技如何將文化想像加以具象化時的輔助，並介紹「技術誌」來作為梳理演算法被用作空間和物質的手段，且以某些方式協助進行配置使用者（第四章）；接著，我提出一個現象學的想法，有關人們對於演算法的想像，對於他們居住環境的實際參與，所擁有的創造性力量（第五章）。第三項（而絕不是最後一項）是把物質和論述一起思索，透過了解演算法被不同地安排的方法，和如何在特定的設定中能夠舉足輕重（第六章）。

想要發展出對於演算法媒體的權力和政治的一番理解，須仰賴於承認他們那「多變的本體論」。如同伊特洛納和伍德所說：「我們無論如何都無法肯定地區別『純社會』和『純技術』、『原因』和『結果』、『設計者』和『使用者』、『贏家』和『輸家』等等」（Introna & Wood, 2004: 180）。為了反駁「演算法就只是技術的東西，或是有編碼的物件，能夠輕易地被描述為不同的實體」這個假設，在本書中我致力於檢驗我所謂「演算法的本體論政治」。基於機器、軟體和人工智慧，包裹和環繞於社會性、主觀性和社會議題的概念之方式，演算法的本體論政治指的是如何使這些類別具有不同的相關性、且可作為特定布局的一部分使用。另外，演算法的多重性也產生一個問題：是否從一開始，「去了解物件」和「已知物件」的區別就已經被混淆。或許，一如安妮瑪麗・摩爾（Annemarie Mol）所建議的那樣，我們可以從「推廣去多方了解的活動」中獲益更多。（2002: 50）因此，在第三章我就建議了一種特別的方式來關注演算法的「多變的本體論」，也就是將注意力從本體論的問題，也就是「能動性所處的位置和它最明顯從屬於哪邊」，轉移到政治的問題、也就是「能動性『何時』以及因何事被驅動。」為了要了解演算法的權力和政治，我們需要關注一個問題：「演算法『何時』形成？」

演算法中「何時」的議題，若是看看最近有關「演算法系統被認為誤入歧途」的公眾討論，就能知其重要性。這些公眾爭議所揭露的，是演算法如何經常因為不同的設定，而有了不同用途。以臉書在二〇一六年五月發生的趨勢話題爭議來說，有些編輯員工被指控屏蔽某些較偏傳統派的議題，讓它們不會顯示在趨勢話題；大多數人對這件事的認知就是，「心懷偏見和主觀立場」的人類，操縱了本應該是「中立客觀」的演算法，而這些演算法就是用來在臉書的趨勢話題功能上進行排行和排序。然而有趣的是，短短幾個月後，在二〇一六年九月初，則是演算法本身被指控在進行屏蔽的動作；包括挪威首相艾娜・瑟爾貝克在內的許多知名人士，對於臉書演算法把一張獲得普立茲獎的照片，從用戶的動態牆上刪除，表達了擔憂。如同前一章所述，這件事的高潮就是當挪威的國家報《挪威晚郵報》的總編輯，十分悲情地要求祖克伯對演算法的這般行為負起責任。這些爭議顯示了演算法如何能因為不同的事項被驅動和使用，取決於它們所屬的團體；此外，也顯示了我們無論如何都無法肯定地區別「純社會」和「純技術」，而我們也不需要去想著要這樣做。這兩個案例都分別關係到某一個演算法系統，且是由人類和機器共同組成的；如果我們想了解有關權力和政治的問題，那就不能只關注人類或機器其中一項。正是因為我們處理的並不是兩個十分不同的面向，而是這些不同之處之所以形成的情況，想要了解演算法的權力和政治，就必須要對這種制定界線的做法進行檢驗。

當演算法系統「做錯事」、或是被認為有錯誤，經常引致的問題是「誰該受責難」、「誰或什麼該負責」還有「是誰的錯？演算法還是人類？」本書則清楚指出，這些問題的答案一定總是保留了片面性。雖然這不是最令人滿意的答案，也至少不是什麼八卦小報的觀點。更重要的是需要指出，當我們把問題定性為光譜的另一端，如同大眾對於演算法的輿論那樣，風險在於把演算法當作「純技術」、或是沒有任何人類能動性的機械式個體。當微軟的聊天機器人 Tay 開始發送猥褻和厭女的推特，或是當 Google 在有色人種的照片下面建議加上「猴子」的標注，如果我們接受「演算法做的好事」這個說法，意思就是表示演算法乃是「社會和科技的拼裝體，包含演算法、模組、目標、資料、訓練資料、應用程式、硬體……以及跟更廣大的社會力量連接在一起。」（Gillespie, 2014）因此，本書的核心宗旨就是要把演算法想成不僅僅是「經過編碼的指令，要機器照著做」，而更是正在顯現的成就、或是社會物質性做法。演算法在現在社會獲得重要性的方式，不在於嘗試去定義「它們是什麼」或「它們採取什麼行動」，而在於質疑它們被制定的方式，以及共同創造出一個不同版本的現實。

技術性

我們要如何看待演算法創造新現實的能力？在本書一開始，我已針對「演算法如何在現代媒體環境中塑造生活」這個問題指出了一個具體的討論方向。答案在於了解如臉書那樣的平台，如何藉由特定的演算架構及媒介的物質載體，制約及鼓勵特定的社會性。我有提及臉書對友誼的編碼方式，最終仍是以支持盈利為目的，同時也介紹了「經過程式設計的社會性」這個概念。在第一章中，我同時也提醒讀者不要將經過程式設計的社會性，全部歸咎於技術決定論：軟體和演算法不會單純獨立運作，或以任何單方向形式執行，相反地，其創造社會性的能力一直與其他要素息息相關，且在一開始就與這些要素一同被賦予意義。

這就是演算法的技術性，也可以被解讀為其在共構環境關係中，創造現實的能力。法國哲學家吉爾伯特・斯蒙頓（Gilbert Simondon）提出以轉導和技術兩個概念，作為技術物件生產力的定義標準；對他而言，人類和機器密不可分，技術物件就如同「一個劇場，充斥互為因果的關係」（1980: 22）。因此，技術性討論的並非技術物件本身，而是「那些作用在其他生物、處於新的虛擬環境，並通過虛擬環境創造現實的力量」（Hoel & van der Tuin, 2013: 190）。這樣的理解方式與第二章中所述，傅柯對於權力的詮釋不謀而合；對傅柯來說，權力正涉及到其運作和影響，是一種「透過特定行為改變他人的方式」（Foucault, 1982: 788）。要了解演算法就意味著我們不能只是將其視為一種科技或文化；兩全其美的做法是將演算法想成「戲劇」，或套用斯蒙頓的說法：「劇場」。因此，技術性這一個概念讓我們可以採取一種截然不同的思考方式，不再藉由某些不變的特質，或缺乏人類能動性的人工產物來看待演算法的生產能力。有關演算法技術性的重點，該強調演算法雖然本身不具任何權力，但其權力的展現卻與「本體論式的力量」相似（Hoel & van der Tuin, 2013）。

讓我們來舉兩個例子：Amazon 為讀者提供的推薦書單，及推特的「當你不在時」功能。這邊所指的技術性應被理解為一種因演算法動態功能，所產生的共同演化狀態。在分析諸如書籍推薦、或專門為害怕錯過消息的人提供回顧的「當你不在時」功能這一類例子時，我們都需「理解機器的本質、它們的相互關係、與人類的關係、以及這些關係中所涉及的價值」（Simondon, 1980: 6）。我雖然未針對演算法的「本質」提出主張，但我認為演算法的生存方式，是建立在多元環境的互動關係中。在推薦書籍的過程中，Amazon 的協同過濾演算法會制定條件，增加某些書籍的曝光率，但同時也會有書籍很難吸引讀者注意。協同過濾演算法假設興趣相投的使用者會喜歡相似的商品。Amazon 使用的演算方式並非基於使用者的協同過濾，而是透過物品的協同過濾，來推薦使用者相似的書籍或商品，而這一類型的演算方式極度仰賴使用者的回饋。換言之，從技術性層面思考演算法權力，每個人都參與其中。根據斯蒙頓的觀點，我們需要透過了解機器的相互關係，以及與人類的關係來理解機器的本質。在Amazon 網站，我們買書（有時候同時買好幾本），將書加進清單、搜尋商品、瀏覽網站、寫下評論然後對商品進行評分；在推特，我們則是發新推文、瀏覽內容、投入時間、經營沒有回報的關係網絡、回覆訊息然後轉發推文——我們其實都參與其中。根據巴拉德的說法：「我們需要為我們所處的世界負責，不是因為我們選擇任意建構它，而是因為它沈積著我們特定行為所帶來結果。」（Barad, 2007: 203）意思是，我們不能認為演算法的權力是一條單行道，若權力是指透過特定行為來改變他人的方式，我們其實也有責任：我們發的推文、購買的商品、按的讚所造成的影響都不容小覷。如同第四章所述，這些行為皆會改變我們，以及我們的網絡所能夠看見與接觸的事物。

這意味著程式設計師、工程師和其他決策者，扮演著非常重要的角色，雖然演算法會學習並放大現存的社會偏見、不平等及刻板印象，但它並非無法被糾正、改進；恰恰相反，演算法工程師有辦法避免數據庫出現偏見的數據，而公司也會決定在適當時機介入、修正帶有偏見的演算結果。[3]演算法針對特定族群的歧視情形，可以透過電腦辨認並進一步解決。在第六章，我提到了利用演算法做新聞工作，其實不必然導致同溫層的產生，反而會帶來相反的效果，就像一位受訪者曾說道：「若你希望你的演算法可以重視多元化，那你就必須那樣設計它。」重點應該擺在設計師、工程師跟決策者，如何思考演算法的使用方式，以及其對社會上不同族群所可能帶來的影響。

定向

能動性並非舉足輕重或微不足道，我們不可用「一切都是演算法的功勞」一語帶過，也不可將責任推卸給他人，因為永遠都有其他實體牽涉其中。本書所提到與演算法有關的爭議，目的並非要找出這是非人類物件、抑或是人類行為所造成的結果，而是針對演算法在特定情境中的能動性做出歸因。然而，「若能動性是分散的，究竟要如何承擔責任、問責與被問責？」的問題仍沒有答案（Simon, 2015: 153）。儘管這個問題非常重要，能動性的分布不會阻礙問責，相反地，能動性盤根錯節的關係使問責性變得不可或缺（Barad, 1998）。這可以從兩個面向討論：首先，能動性的分布不一定公平或對稱；其次，某些要素對特定行動者來說，變得更方便或不方便，並不是一個自然的過程，而是需要透過制定界線來達成。這對於了解演算法的權力及政治又意味著什麼呢？

首先，我必須指出能動性雖然在理論上應是對稱分布，但在現實中卻不見得如此，不同的實體也會使用不同的方式，維持能動性或執行權力。[4]傅柯所說的「權力無所不在」並非指說每一個人都擁有相同的機會跟管道發揮權力（1990: 93）；相反地，權力是「力量關係的動態基礎，因為其不平等的特性，不斷產生力量狀態，而後者永遠更為侷限和不穩定」（Foucault, 1990: 93）。由於權力並不屬於任何一個群體、個人或物件，因此分析師的工作不在找出誰是權力的擁有者，或是適當的行動出自哪裡，而是掌握「特定組合的影響，並評估其所產生，有利、有弊的分布結果」（Suchman, 2007: 11）。為了理解演算法如何發揮權力，以及如何確保其可被問責，我們需評估演算法操作形式所產生的分布。在第四章中，我們以「分類個人、以其獨特性作為標誌，連結個人和身分……能使個人服從的一種權力」（Foucault, 1982: 212）作為演算法操作功能的審視標準。

這點關係到演算法系統如何設定其主體，因此在展望未來時，非常重要的一件事是我們必須對演算法系統如何定位我們作為主體的位置，有更深的認識。在演算法之下，我們能觸及到哪些的主體呢？根據第四章關於臉書動態消息的研究顯示，該演算法可以制定並支援一種參與性的主觀性形式，而該形式則是取決於平台的持續參與。很顯然的，臉書所提交的最新專利文件便傳達了此觀點：「臉書經常選擇將限時動態包含在動態消息中，因為用戶在查看動態消息時，可能會對這則限時動態感興趣。經過這樣的設計，會查看動態消息的用戶會因此而繼續使用該社群軟體」（Rubinstein et al., 2016）。儘管從我撰寫第四章以來，臉書演算法的特定布局已發生了變化，但引導動態消息排序的基本因素依舊存在。這些是吸引力（即朋友之間互動的強度和性質），分配給不同類型的權重（即動態更新、影片、評論）和時間。一般而言，演算法無法控制用戶所發表的言論或者他們的行為。然而，演算法決定的是用戶表達的方式，以及他們會開始採取何種行動的可能。[5]在傅柯看來，演算法可以看作是是一種特定形式的「治理」，即「個人或群體的行為方式可能會被定向……從這種意義上而言，治理就是構築他人的可能行動領域」（Foucault, 1982: 790）。

雖然演算法無法決定人們的行為方式，但它們會塑造一個環境，在該環境中，某些主題的定位會更真實並可供我們使用。正如莎拉・艾哈邁德在她的《酷兒現象學》（*Queer Phenomenology*）一書中所建議的那樣，我們「在某些方面比其他方面受到更多的引導」（2006: 15）。她的書探討「被定向」了意味著什麼，即以某種方式調和。艾哈邁德帶有啟發性地發問：「我們被引導所面對的方向有什麼影響？」（Ahmed, 2006: 1）。雖然艾哈邁德主要根據社會關係在空間上的安排，來討論人們的定向，但演算法當然也是面對用戶的。尤其是在機器學習時代，演算法更是需要我們、依靠我們，而且依賴我們才能欣欣向榮。在持續不斷的關於臉書傳播「假新聞」的爭論中，臉書擔心被稱為「數據污染」的做法，也就是用戶願意提供錯誤信息（Ctrl-Shift, 2015）。如第五章所述，這些擔憂並非空穴來風。人們不一定會發布自己的想法（用臉書的動態更新來換句話說）或是實際發生的事情（使用推特表達）。取而代之的是，人們可能會更策略性地發布資訊，以使自己或多或少地「在演算法上是可以被辨識的」（Gillespie, 2017）。

艾哈邁德提出「定向很重要」，因為它們影響著我們周遭世界的融合。也就是說，定向很重要，因為這是「特定事物如何變得重要」，作為人們處境和遭遇的一部分（Ahmed, 2010: 235）。此外，艾哈邁德也指出，定向很重要是因為定向「會影響主體和客體如何以變得更具體，直至成型」（同前引）。正如我所說的，演算法不僅面對著我們，我們也愈來愈適應演算法和演算法系統。在第五章中，我演示了我們如何在演算法中、通過演算法，以及在演算法周圍，發展出自己的社會和自我意識。當一個人接收到訂婚戒指的廣告，或一位中年婦女收到抗皺乳液的廣告時，就會發生相關且有意思的戲劇性事件。究竟是因為演算法，還是僅僅是人們的點擊行為，才會彈出這類廣告呢？而這件事的重要程度又為何？人們可以簡單地歸因給機器，而嘲笑演算法設計中刻劃的人際關係刻板印象嗎？在這種情況下將責任歸咎給誰意味著什麼？

就如同我在第五章中所建議的，能動性的歸屬是在人們與其所感知的演算法現象的相遇中所實現的。根據特定的遭遇，演算法被視為是令人毛骨悚然的、有用的、令人不安的、具有侵入性的等等。「演算法式想像」概念的引入，是用以表示思考有關什麼是演算法、演算法應該是什麼、它們如何起作用、以及這些想像力又會使什麼東西可能成真的思考方式。儘管演算法可能會產生出某些行為的條件，但純粹從技術意義上來說，這些條件不一定能歸因於演算法。相反的，有時候甚至更重要的是，人們「如何」理解演算法，和「何時」意識到演算法。因此，當查看人們在網路上做什麼時，我們並無法解釋是什麼使他們以某些方式行事。演算法式想像概念所表示的是，演算法的意義可能並不總是與告訴電腦該進行什麼的特定指令有關，而是與人們構築的想像力和感知有關。根據機器學習的邏輯，正如葛拉斯彼所提到，人們「在期待演算法的過程中所做的事，告訴我們有關演算法在做什麼的大量回報」（Gillespie, 2017: 75）。那麼，就問責和責任而言，無論是機器還是人類，我們都牽連其中。

制定界線的實踐

從嚴格的技術角度上來看，可以將演算法定義為有限步驟內解決問題的逐步過程。在整本書中，我一直認為，演算法除了狹義而言的技術概念外，其實還涵蓋更多意義。演算法不僅是發布指令，其本身還意味著某些東西，而且通常還意味著一些帶有不同和衝突特質的東西。當演算法被雋刻到日常生活的結構時，它們便成為社會關注的對象。而且，演算法也有助於塑造我們認識他人和自我認識的方式。

如果教科書中關於演算法的定義，只是涉及該術語眾多含義當中的一種版本，那麼除了程式碼外，演算法是在何處以及何時出現？正如我在本書中所證明的那樣，演算法存在於學術界的對話、媒體的描述、公眾的爭論（即臉書上有關「假新聞」的辯論）、人們的感知和想像力、具有代表性的停損點（即公式的簡化圖像）、隱喻（即將演算法作為配方的概念）、電影和流行圖像、以及故事和專業實踐的一部分。在對該光譜的擴張理解中，演算法被視作一個個事件。事件的概念意即無需在演算法上預先設定其本體論的論述，有助於將注意力轉移到該演算法使其他事情，突然變得可理解的方式上。

什麼是需要對演算法結果負責的人或事，取決於人們如何、並且在何處劃下界線。若欲釐清演算法的本體論，便需要「記住，人與機器之間的界線不是自然賦予的，而是以特定的歷史方式、社會及物質結果所建構出來的。」（Suchman, 2007: 11）。同時，以上又涉及至少兩個方面。怎麼樣才算是演算法，以及何時該將其定義為演算法，仍屬於未知。依循蘇赫曼的脈絡，我們需要關注「為給定實體繪製界線的工作」（Suchman, 2007: 283）。正如我們所看到的，該將什麼東西定義為演算法可能存在很大的差異。然而，大多數人對於承認計算機科學教科書當中，所賦予演算法的定義沒太大問題，這個定義至少有一部分構成了我們現在所討論的現象。我希望通過這本書，使人們更容易理解在演算法的存在和體現當中，其規模和水準遠遠超出了狹窄且傳統的定義。

顯然，什麼東西該被定義為演算法是和特定地點高度相關的，即使假設演算法會有不同的定義也是如此。在專業實踐方面，第六章中的訪談揭示了演算法在多大程度上，延續了設計師的價值觀、信念和假設。我還展示了演算法如何反映了其在不同的制度和組織環境下的狀況。新聞媒體專業人士經常將「優等」的新聞演算法，與社交媒體平台上的「劣等」演算法進行對比。新聞編輯人員和管理人員會談及將「正確」的新聞價值，編入系統中的重要性，將「不良」演算法等比喻為「只能給人們更多他們已有的東西」。雖然人們可能會想要於採取某種立場，但要說一個演算法系統比另一個演算法系統好，還必須提高警覺，不僅要注意設計中所嵌入的政治，還要留意在制定界線時的政治。正如第六章所建議的，在一種情況下構成「疑難雜症」的演算法（即挑戰新聞業的臉書演算法），在另一種情況下可能是毫無問題且令人嚮往的應用方式（也就是臉書本身四處宣傳的：其演算法只是要幫助人們拉近與好友的關係）。除了「疑難雜症」的演算法以外，還有很重要的一點是：世界上並沒有一種很「簡單明快」的方式來理解或談論演算法。

回到本書的起點，我們現在可以從更好的角度去思考，我們一開始就提出的一些較籠統的主張。有人提出了關於演算法如何改變日常生活條件的問題。其中一個答案是演算法的重要性：納入演算法系統技術屬性當中的價值和假設，將以特定的方式控制著社會性。有人聲稱，演算法透過「編輯程式」的方式，建立人們在一起的方式，並影響人們如何在網路上對話和交流。現在，我們希望能採取一個更好的立場，在我們質疑演算法如何塑造生活的同時，也需要我們質疑生活如何牽動著演算法。通過不斷收集用戶數據，演算法系統也更靈活，回應能力也更佳：畢竟自我與他人之間的關係是不斷變化的。因此我的提議是，在演算法媒體領域中發揮作用的程式設計的社會性概念是一個關鍵問題，也就是以暫時穩定的方式持續來實現「相聚」，而不是預先準備的結果。我們在一起的方式只能從循序漸進的角度來思考，社會性當中所隱含的「我們」絕不侷限於任何特定的事物或本質，而僅僅是作為關係當中所謂的「我們」。因此，經過程式設計的社會性意味著機器與人類之間的互惠，並且認識到無論生活如何塑造，各方都須承擔共同的責任。[6]

演算法規則的「若A則B」條件語句，表示必須滿足某些條件才能產生特殊的結果。但是為了使演算法解決問題並產生結果，它們需仰賴各種各樣的人員、技術、投資和資源（Neyland & Möllers, 2017）。如同演算法和平台在不斷變化一樣，在它們中間和周圍創造的世界也是如此。換句話說，當「若」改變時，「則」也隨之改變。解決「在正確的時間，把正確的內容傳達給正確的人」問題的方法，從來都不是一成不變的。隨著內容的改變，內容適用的對象也可能有所變化。對一個人來說是正確的時間，套用到其他人身上可能是完全錯誤的。當演算法劃定界線，決定在一千五百個潛在臉書貼文中，哪則貼文可以在特定用戶的動態上顯示，它們決不會單槍匹馬地做出這樣的決定。當人們透過將演算法結果歸因於一段計算機程式語言所得出的推論，來劃定界線時，其實又需依賴人們對於提出這種主張時的物質性安排。

如果涉及到機器，那麼同時也涉及人類。演算法的權力和政治，與演算法判斷這個社會的方式無關，也和演算法本身的作用沒有關係。相反的，我們必須釐清在某個設定之下，行動者使用或不使用演算法的原因和時間點。因此，在查看構成演算法生活的內容時，核心問題就變成了：究竟誰或什麼，將成為演算法所表達的內容的一部分。

猴子的圖片），而在二〇一一年挪威恐怖襲擊事件發生後，發起了一場敦促人們上傳狗糞圖片，並在圖片上標注恐怖分子名字的抗議運動，但 Google 並沒有介入。

4. 關於異質性和關係性的說法並不自動意味著對稱或平等。儘管在科技研究中，長期以來一直堅持對稱性，但現實被視為通過實踐來實現和創造。正如 Pickering 對人類和非人類所提出的，「在符號學上，這些東西是可以被等同的；在實踐中，它們並不等同」（Pickering, 1995: 15）。因此，能動性和權力如何在特定的實踐中表現出來，是一個經驗主義的問題。
5. 在這裡我借用了 Ganaele Langlois 的說法，他寫道，意義機器如何「不是嚴格控制用戶說什麼，而是如何來說話」（2013:103）。
6. 藉由巴拉德（Barad, 2007）和哈洛威（Haraway, 2004）的說法，我們也可以說，「回應責任」是共同承擔的。相應地，責任和問責與其說是負責任，不如說是對他人的回應能力。

中可以找到一種完全不同的概念化事件的方式，在許多方面，這與過程－關係哲學家們如何概念化事件的方式完全相反。在 Badiou（2005）看來，事件不是以偶然性為前提，而是以與過去的徹底決裂為前提。關於近代哲學理論中的事件概念，可參見 Fraser（2006）和 Mackenzie（2005）。

15. 我所說的「不同」，不一定是指「完全新的」，或與過去的情況「完全不同」。我的用意並非要談論前後的問題，而是要研究界線和關係在實踐中是如何制定的。我希望現在應該已經很清楚，我並不是要暗示這一切都是演算法造成的，也不是要把演算法擬人化。為了提醒讀者，任何區分都只是分析性的，並且是在認識到這些實體在實踐中，必然會相互影響的情況下進行。
16. 我從 Bernhard Stiegler（2012; 2013）的作品中提取了「亦藥亦毒」（pharmakon）的概念，他用這個希臘語的概念來談論各種技術，既是毒藥，又是治療。

第七章 結論

1. 全喜卿（2016）認為，正是通過習慣，新媒體才會嵌入我們的生活。在智慧型手機和「新」媒體時代，構造生活的不是大數據未來特徵的推送，而是習慣性的更新、串流、分享等形式。
2. 參見 Gillespie（2017）, Grimmelmann, J.（2008）.
3. 一個被廣泛使用的平台干預的例子是 Google 在兩起「轟炸」事件中的不同應對方式，即操縱 Google 的演算法，使某一內容在特定主題的搜索結果中，排名靠前的做法。二〇〇九年，當一群人發起反對 Michelle Obama 的種族主義運動時，Google 選擇了干預，並手動「清理」其搜索結果（讓搜索結果中她的名字產生

織。

11. iTromsø 配備了挪威大數據分析公司 Cxense（擁有 iTromsø 的公司 Polaris Media 是該公司的股東之一）提供的數據基礎設施和演算法，iTromsø 是挪威第一家完全自動化的行動新聞源媒體。
12. 根據《哥倫比亞新聞學評論》（*Columbia Journalism Review*）的說法，結構化新聞學是一個總稱，指的是將新聞學的思維方式看作是，可以無限混合和搭配的資訊片段和碎片（Gourarie，2015）。
13. 由於我沒有明確取得同意來公布他們的名字，因此，為了保護他們的隱私，我在 Omni 實地考察期間，所追蹤和採訪的所有編輯的名字都是匿名的。
14. 「事件思維」（event thinking）是一種新的、有影響力的哲學途徑，特別是在認識論和科學哲學方面，對事實和實質概念提出質疑。拉圖、Isabelle Stengers、懷海德和德勒茲等理論家，都對於把事件的概念帶到過程－關係理論的前沿做出過貢獻。撇開不同理論家之間的差異不談，事件的概念可以理解為「反還原主義工程的一部分，它試圖描述實際事物、主體和事件之間的關係」（Fraser，2006: 129）。拉圖和 Stengers 都把事件的概念作為一種思考科學的方式——不是從發現的角度，而是作為一種發明的方式。在 *Pandora's Hope*（1999: 305）中，拉圖說從懷海德借用了事件的概念，以避免把所有的科學功勞都歸功於人類的發現者，而犧牲了通常保持不變的對象。同樣，Stengers（2000）將科學概念化為事件，因為它發明了事實和虛構之間的新關係。在 Stengers（2000）看來，科學在對公認的邊界提出問題的時候，在 Stengers 的觀念中就變成了政治性的。在 Alain Badiou 的思想

March 2015

(17) Christian Gillinger, head of social media at Sveriges Radio, May 2016.

(18) Ola Henriksson, web editor and project manager at Svenska Dagbladet, June 2016.

(19) Jørgen Frøland, project manager for personalization at Polaris Media, August 2016.

(20) Geir Larsen, former head of editorial development at VG, March 2014.

8. 挑選線民的原因是他們是廣義的數位和計算新聞領域的專家。訪談內容包括有關演算法、資料探勘，和其他計算技術在各新聞機構中的使用情況；使用演算法支持和塑造新聞所產生的問題和挑戰；參與者對新聞業現狀的看法；以及他們如何看待演算法是新聞業的一部分，包括自動化和個人化新聞實踐和產品的潛力。採訪的平均時間為六十分鐘，最短的四十分鐘，最長的一百一十分鐘。這些訪談都經過了錄音，隨後進行了轉錄。使用與基礎理論相關的開放性編碼技術（Corbin & Strauss, 2008）對訪談中的觀點，進行了研究。隨後，我們閱讀並分析了訪談紀錄稿，以了解行動者的具體想法和關注焦點。

9. 對於 Kristin Asdal 和 Ingunn Moser 來說，這一舉措意味著對「脈絡化」的敏感性，他們「意味著脈絡是與所涉及的對象、文本和問題一起構成的」（2012: 303）。

10.《挪威晚郵報》是挪威媒體公司 Schibsted 公司擁有的二十九種刊物之一。Schibsted 媒體平台是 Schibsted 公司新的嘗試，將旗下所有媒體的技術和產品團隊整合成一個單一的全球技術和產品組

義傾向——通常被認為是『自然』對立的」（Benson et al., 2012: 22）。關於北歐語境的更多訊息，見 Syvertsen et al.（2014）。

7. 以下是為第六章進行的訪談。用化名偽裝的受訪者要求匿名。不應從匿名受訪者的化名來推斷受訪者的性別。
   (1) Hans Martin Cramer, product developer at Aftenposten, March 2014, August 2016.
   (2) tig Jakobsen, editor-in-chief at iTromsø, May 2016.
   (3) Jens Nicolaisen, digital director at Jyllandsposten, February 2015.
   (4) Ingeborg Volan, director of innovation and newsroom development at Adresseavisen, August 2016.
   (5) Anders Emil Møller, former director of digital development at Politiken, March 2014.
   (6) Johan Koppel Stræde, director of digital development at Politiken, September 2016.
   (7) Espen Sundve, vice president of product management at Schibsted, May 2016.
   (8) Markus Gustafsson, editor-in-chief at Omni, April 2014.
   (9) Markus Gustafsson, editor-in-chief at Omni, March 2015.
   (10) Henric Englund, software engineer at Omni, March 2015.
   (11) "Clare," editor at Omni, March 2015.
   (12) "Frank," editor at Omni, March 2015.
   (13) "Emma," editor at Omni, March 2015.
   (14) Catarina Smedshammar, UX designer at Omni, March 2015.
   (15) Alexander Nordström, technical lead at Omni, March 2015.
   (16) Linda Zoumas, product manager at Schibsted Media group,

聞學（Carlson, 2015）、新聞學即編程（Parasie & Dagiral, 2013）和演算法新聞學（Dörr, 2016）。選擇什麼樣的標籤來描述新聞學和計算之間的交叉點，在一定程度上取決於所強調的具體工作領域（Karlsen & Stavelin, 2014）。例如，數據新聞學和數據驅動新聞學這兩個術語，最常被用來描述一種新興的說書形式，記者們將數據分析與新的可視化技術相結合（Appelgren & Nygren, 2014）。從廣義上講，計算新聞學是指「使用、藉由、關於演算法尋找、講述和傳播新聞消息」（Diakopoulos & Koliska, 2016: 2），是所有類型的「演算法、社會科學和數學形式的新聞工作」的總稱（Anderson, 2013: 1005）。

4. 精準新聞報導（Precision journalism）被認為是「將社會和行為科學研究方法，應用於新聞實踐」（Meyer, 2002: 2）。Meyer 預測計算機和軟體將是一種新的新聞學的必要條件。
5. 雖然 Jeffrey Alexander 寫道：「資訊將是自由的」（information will be free），但我認為他的意思是「資訊想要自由」（information wants to be free），如同 Stewart Brand 那標誌性的格言。有趣的是，這句話的第一部分通常被忽略了。「一方面，希望資訊是昂貴的，因為它是如此的有價值。在正確的地方，正確的資訊就就改變了你的生活。另一方面，希望資訊是免費的，因為獲取訊息的成本愈來愈低。所以，這兩者是相互對抗的」（Doctorow, 2010）。
6. 斯堪地那維亞新聞媒體的特點是 Hallin & Mancini（2004 年）所描述的「民主統合主義者」模式。根據這種模式，媒體的特點是獨特的「共存」，它將「兩極分化的多元化傾向，即更多的黨派性、輿論導向的新聞報道，和更多的商業化、新聞驅動的自由主

1220）。同樣，我們可以通過各種行動者的意義製造（meaning-making）和感知建構（sence-making）過程，來思考認識演算法。

55. 我很清楚，在想象的脈絡下談論幻覺和真實，可能會讓人聯想到 Jacques Lacan 的精神分析理論。然而，我是在更實際、更日常的意義上使用這些術語。更多關於 Lacan 的想象、象徵和真實的概念，請參見 Lacan & Fink（2002）。
56. Based on multiple emails exchanged on November 5, 2014.

第六章 設計過的新聞：當演算法變得至關緊要

1. 「假新聞」一詞應該被理解為包含了許多相關的現象，它們共同指的是各種形式的誤導和造假資訊，從故意的誤導性內容、過度的模仿，到意識形態上的反面新聞（見 Tambini，2017）。
2. 儘管在社會科學和人文科學領域，物質性轉向早已開始，但我深知，許多其他（往往是相鄰的）研究領域和領域，還沒有完全承認事物的力量，或是採納物質性的感性。在新聞學研究領域內，「物質性很重要」的論斷仍然是一個比較新穎的說法。儘管幾十年來，新聞學學者們一直在談論技術和計算機，在新聞創作中的作用，但「最近幾年來，對物質性的興趣又重新出現了」（De Maeyer, 2016: 461）。關於新聞學研究中的物質性轉向，以及非人類在新聞實踐和產品中的作用，可參見 Anderson（2013）, De Mayer（2016）, Steensen（2016）。
3. 學者們使用了各種不同但相互關聯的概念，來描述這種對數位和數位化數據的演算法化處理的運動，包括計算新聞學（Diakopoulos, 2015; Karlsen & Stavelin, 2014）、數據新聞學（Fink & Anderson, 2015）、數據驅動新聞學（Parasie, 2015）、機器人新

36. @Timcast, February 6, 2016.

37. @Polystatos, February 6, 2016.

38. Interview over Skype, June 2, 2016.39.@etteluap74, March 28, 2016.

40. @CarynWaechter, March 28, 2016.

41. @Monica_xoxx, March 28, 2016.

42. @MrBergerud, March 28, 2016.

43. Interview over Skype, April 10, 2016.

44. Interview with Nora over Skype, April 10, 2016.

45. Interview over Skype, May 29, 2016.

46. Interview over Skype, May 27, 2016.

47. Interview with Melissa over Skype, May 27, 2016.

48. Email interview, February 12, 2015.

49. Email interview, October 12, 2014.

50. Interview over Skype, May 31, 2016.

51. Interview over Skype, May 29, 2016.

52. Email interview, January 19, 2015.

53. 在認知心理學中，遊戲化學習的概念被認為是兒童學習和發展認知技能的核心特徵。最值得注意的或許是，Jean Piaget（2013）提出了一系列遊戲的發展階段，這些階段對應於認知發展的相繼階段。通過對物體的探索，兒童可以獲得在未知世界中，進行有效率地確定方向所需的資訊。

54. 從這個意義上說，演算法式想象與 Cornelius Castoriadis（1987）的社會想象概念有一定的相似之處——不是從把它看作是一種文化的倫理，而是從它的認識論假設來看。Castoriadis 認為「認識一個社會意味著重新構成其社會想象符號的世界」（Peet, 2000:

會經濟背景。他們都是二十歲出頭，加拿大人，從事大學教育，在社交媒體上相對活躍（不過，他們都沒有從事計算機科學，或類似的學科，這些學科會涉及到演算法知識）。

18. Paraphrased from Jessa's tweet, October 25, 2014.
19. Multiple conversations over email, exchanged between October 27 and November 7, 2014.
20. Paraphrased from Kayla's tweet, September 28, 2014.
21. Based on email interview, October 1, 2014, and online chat on October 2, 2014.
22. Paraphrased from Shannon's tweet published November 17, 2014.
23. Email interview, November 19, 2014.
24. Based on multiple emails exchanged between June 12 and 15, 2015.
25. Interview over Skype, June 2, 2016.
26. Based on an email interview, December 4, 2014, and Lena's tweet, published November 24, 2014.
27. Paraphrased from Albert's tweet published December 29, 2014.
28. Email interview, December 30, 2014.
29. Interview over Skype, May 29, 2016.
30. Based on multiple emails exchanged on November 5, 2014.
31. Based on multiple emails exchanged with Amber on October 1–2, 2014.
32. Paraphrased from Nora's tweet published October 2, 2014.
33. Based on multiple emails exchanged between October 6 and 12, 2014.
34. @RealityTC, February 6, 2016.
35. @RobLowe, February 6, 2016.

業則被公開。Australia: Steven (24, graphic designer). Canada: Jolene (22, fashion blogger), Nora (20, student), Larry (23, works in television), Anthony (64, art professor), Richard (41, manual laborer), Alex (age unknown, occupation unknown). Norway: Sarah(33, biologist). Philippines: Louis (20s, former student, current occupation unknown). United Kingdom: Jacob (38, on leave from a university degree). United States: Amber (25, student), Kayla (23, student), Michael (21, Musician), Rachel (24, journalist), Jessa (20s, journalist), Lucas (25, quality assurance engineer), Shannon (45, career counselor), Lena (20s, graduate student), Chris (20, student), Albert (42, works in advertising), Kate (36, former school teacher), Nancy (age unknown, public policy associate), Caitlyn (30s, teacher), Robyn (age unknown, graphic designer). Unknown location, age, and occupation: Tom, John.

17. 參與者是從推特研究的參與者之一 Nora 的個人臉書網絡中招募的（見註 16）。正是由於 Nora 本人對研究對象的興趣，並主動提出通過她的個人臉書帳號發布採訪參與者的請求，才幫助我招募到了新的參與者。我們一起設計了招募參與者的請求，但用 Nora 平時說話的方式來表達。Nora 的狀態更新要求人們私下聯繫她，如果他們「願意和招募者談談你在社交媒體上的經驗，以及這如何塑造你所獲得的訊息類型」。在十二名表示有興趣的人中，有十人最終在二〇一六年五月和六月期間，通過 Skype 進行了郵件交流和面對面的採訪。再次，為了保護參與者的隱私，所提供的名字都是化名。由於 Nora 的實際居住地在加拿大的一個大學城，因此被招募的參與者中，有很多人來自類似的地理和社

處不在的計算的微觀感知。最近，Lisa Parks 等人也呼籲對媒體基礎結構進行批判性研究，通過關注圖像、藝術和電影，使基礎設施的物質性更加明顯（Parks, 2007; Parks & Starosielski, 2015; Sandvig, 2013）。關於通過藝術和文學對計算機的理解，參見 Hayles（2010）等。

11. 無論是流程圖、圖表、可視化、入門級計算機科學教科書，還是商業的繪圖，描繪演算法一直是一個表徵性的挑戰（Sandvig, 2015）。另，關於數據科學中表徵的局限性的研究，可見 A. Galloway（2011）。
12. 關於流行意象作為表徵實踐的作用，見 Kirby（2011）。
13. 在本章的研究報告中，為了保護參與者的隱私，名字和推文的確切措辭都略有改動。
14. 雖然「普通人」這個詞有爭議，也有很大的歧義，但「普通」這個形容詞只是用來表示研究的目的，即嘗試與那些既不是計算機專家，也不是社交媒體營銷人員，但從表面上看，他們對演算法沒有任何專業知識，也沒有任何明顯的既得利益，因此，我們的研究目的是嘗試與他們交談。
15. 我對以下平台和服務進行了類似的搜索。推特、Instagram、YouTube、Amazon、Google、OkCupid、Tinder 和 Spotify。雖然用戶在推特上對所有這些平台的演算法，進行了相關的搜索，但大部分的搜索都是在「臉書和演算法」、「網飛和演算法」、以及「推特和演算法」上進行的，因為這些似乎是最能引起用戶反應一致的平台。關於推特搜索的主要數據收集時間是在二〇一四年十月至二〇一五年六月，共九個月期間。
16. 所有二十五名參與者都是化名，而他們的真實年齡、居住國和職

的視角，關注傳播技術的情感和符號維度，以及技術的意義如何被理解為情境化的受眾實踐的出現屬性（見 Berker, Hartmann & Punie, 2005; Hirsch & Silverstone, 2003; Morley & Silverstone, 1990; Morley, 2003）。在科技研究中，一九八七年出版的 *The Social Construction of Technological Systems* 一書，普及了技術的社會建構（social construction of technological, SCOT）的概念，將其作為一種方法來研究和分析技術創新，而不是將其視為設計者的結果，而是在與用戶和其他利益相關者的談判中，從根本上共同建構的（見 Bijker & Law, 1994; Bijker et al., 2012; Pinch & Bijker, 1984）。在用戶賦予技術的意義方面，最有影響力的思想之一是：人工製品具有「解釋的靈活性」，這意味著技術的設計、使用和解釋都是有靈活性的（見 Orlikowski, 1992）。技術沒有固定的含義，也不決定技術的使用，這一觀點也是資訊系統和組織科學中，許多研究的基石，特別是在計算機支援協同工作（CSCW）、人機互動和社會信息學等領域（參見 Lamb & Kling, 2003; Kling, 1980; Orlikowski & Gash, 1994; Orlikowski, 2000）。關於人們與計算機的關係，最早的描述之一是 Sherry Turkle 的 *The Second Self*（1984）一書，她在書中把計算機描述為一個「邊緣對象」，不容易被歸類。她發現，計算機對人們來說，其意義不僅僅是一個有形的東西。它也是一種形而上學的東西，影響著人們如何看待自己和他人（Turkle, 1984: 16）。

10. 電影、藝術和其他文化媒介，也可用於分析技術文化的未知和隱藏的方面，這種方法經常被用於以人文學科為導向的媒體研究中，試圖解決技術的經驗層面。例如，參見 Hansen（2004）關於新媒體的現象學的研究，或者最近 Hansen（2012）關於代碼和無

種轉向試圖分析那些不一定能解釋，或用理性的語言來解釋的事物。對情感的研究，被理解為研究身體如何被驅動，世界如何以某種方式影響我們，以及我們如何反過來影響世界，這吸引了哲學、女性主義理論、心理學、政治學、文化和社會地理學、媒體研究和批判理論等領域的許多學者和思想家。正如 Gregg and Seigworth 在 *The Affect Theory Reader*（2010）的導言中所指出的，在情感的轉向中，有兩個向量尤其切中要害，都在一九九五年出版品中達到頂點。一方面，有 Sedgwick and Frank 的論文 "Shame in the Cybernetic Fold"（1995）和出版書籍 *Shame and Its Sister*（1995），向讀者介紹了 Silvan Tomkins 發展的情感心理學。另一方面，還有 Brain Massumi 的 "Autonomy of Affect"（1995）一文，對於德勒茲有關 Spinoza 的身體能力倫理學進行了拓展。因此，如果說第一種情感的向量使情感有別於以往的精神分析學概念，即把驅動力作為人的主要動機系統，那麼第二種則涉及到對 Spinoza 的倫理政治著作（2000）的許多當代重新解釋——最明顯的是德勒茲（1988, 1990）和他的追隨者們。在最基本的層面上，情感可以理解為影響和被影響的能力。

6. Email interview with "Michael," October 3, 2014.
7. Paraphrased from a tweet "Rachel" posted on October 14, 2014.
8. Multiple email interviews and online chats with "Rachel," October 15–26, 2014.
9. 在更廣泛的層面上，人們如何接觸新技術並對其產生意義的問題，當然是媒體研究中的核心問題之一，也是科技研究和 IS 研究等相關領域的核心問題。在媒體研究中，這些問題已經在受眾和媒體使用研究中，得到了廣泛的討論——例如，通過馴化理論

戰。

19. 臉書有時將這些類型的動態稱為「動態集合」（stories aggregate）或「動態叢」（cluster stories）。關於動態叢的描述，請參見 Luu（2013）。
20. 最新動態旁邊有一個計數器，顯示用戶上次查看動態消息後，在臉書上發表更新的次數。這個計數器最多只到三百則發文，所以任何超過這個限制的數字，都會顯示為「+300」。一般情況下，我最新動態都是在一兩天不檢查後，才會達到這個上限。
21. 在二〇一一年九月，我數次比較了我查看最新動態前後，熱門動態顯示的狀況；每次比較的結果，在我第一次和第二次檢查之間顯示的動態都有明顯的變化。

第五章 情感地景：日常生活中接觸的演算法

1. @Desareon, February 8, 2016.
2. @doughj, February 7, 2016.
3. @YazibelleXO, February 6, 2016.
4. 在 Raymond Williams 看來，「情緒結構」的概念指的是一種圍繞著特定的社會經驗和關係性質，在歷史上獨特的情緒和思維（1977: 130）。界定這種社會經驗的是，它作為一種可以被感受，但基於其現在的歷史性展開的存在，依然無法被完全闡明的新興特徵。對 Williams 來說，「情緒結構」成為認識新的經驗衝動和模式的時刻，作為分析文化變遷和社會生活的無序現實的一種方式。
5. 正如 Clough & Halley（2007）所指出，社會科學和人文科學在不斷衝突和危機時期，出現了「情感的轉向」（affective turn），這

的創始人 Daniel Ek 坦言，「我們不是在音樂的產業裡——我們是在創造當下體驗的產業裡」（Seabrook, 2014）。

17. 這些只是臉書動態消息新知部落格（https://newsroom.fb.com/news/category/news-feed-fyi）所記錄的一些對動態消息所做的改變。二〇一七年五月，減少了連結到「低品量網頁體驗」的發文和廣告的數量，通過使用人工智能「識別那些包含很少的實質性內容和有大量破壞性的、令人震驚或惡意廣告的『網頁』。」二〇一七年一月，強調「可靠」的內容，通過觀察「與你個人的信號，比如你與發文者或頁面的關係有多密切」。二〇一六年八月，減少分類為有點擊廣告類標題的更新排名。二〇一六年六月，來自親朋好友的發文獲得最高優先級別，其次是「資訊」的發文和「娛樂」的發文。二〇一六年三月，優先考慮直播影片。二〇一五年六月，調整演算法，更強調用戶和影片的互動，如打開聲音或以全螢幕模式觀看影片，以表示用戶的興趣高漲。二〇一五年六月，透過用戶滑手機的行為來考慮閱讀貼文的時間。二〇一五年四月，讓來自朋友圈的發文排名更靠前，並放寬了之前不能連續顯示同一來源的多則發文的規則。二〇一四年九月，優先考慮更多的即時消息，例如，兩個人談論相同的問題（如電視劇或足球比賽）所表示的即時性。此外，即時性還可以通過人們選擇按讚或留言的時間來表示。如果有更多的人在發文後立即按讚，而非幾個小時之後才按讚，演算法就會把它當作與發佈的時間點更為相關的標誌。在記錄臉書變化的部落格文章中，值得注意的是，從二〇一七年開始的發文更容易提到人工智能，作為讓動態消息更為相關的程序與技術的一部份。

18. 本書第三章討論了將反向工程方式應用於演算法的可能性和挑

10. https://newsroom.fb.com/news/2013/08/announcing-news-feed-fyi-a-series-of-blogs-on- news-feed-ranking.
11. 關於動態消息披露的更多訊息，請看二〇一〇年臉書開發者大會技術會議的直播影片，特別是在名為「聚焦於動態消息」的部分裡，臉書工程師阿里・斯坦伯格和魯奇・桑維談論 EdgeRank 的細節：http://www.livestream.com/f8techniques/video?clipId=pla_5219ce25- 53c6-402d-8eff-f3f8f7a5b510。
12. 雖然「臉書演算法」這個詞可能有些誤導，讓人誤以為臉書只有一種單一的演算法，而不是由許多不同的演算法，負責完成不同的任務，並協同作業，但我以這種單一的方式提及臉書演算法，應該被理解為我的一種方便之舉。臉書演算法與 EdgeRank 和更精確的「動態消息排名演算法」（news feed ranking algorithm）相比，更為簡潔且在日常討論中更為常用。
13. 有一篇刊在《石板》的文章裡談到了臉書動態消息，其中說明了：「不只是根據你過去的行為，來預測你是否真的會在發文上按讚。這套演算法還能預測你是否會點擊、評論、分享或隱藏這篇文章，甚至將其標記為垃圾訊息。演算法將在一定程度上預測這些結果，以及其他的結果，然後將其綜合評估，得出一個針對你和文章的特定相關性分數」（Oremus, 2016）。
14. 吉時指的是古希臘語中，說或做某件事情的機會或適當時機的概念。關於吉時概念的更多細節，參見 Boer（2013）或 Smith（1969）等。
15. 關於臉書中趨勢的定義和演算法處理的詳細描述，參見 Li et al.（2013）。
16. 二〇一一年與臉書達成緊密合作關係的音樂串流媒體網站 Spotify

的短篇中，德勒茲認為，規訓已經被他稱之為「控制」（control）的東西所取代。儘管德勒茲的文章很簡短（只有幾頁），但他明確地將控制與代碼、自動化和網絡化技術聯繫在一起的這件事實，可能被認為是學者們發現控制的概念更為有效的主要原因。然而，正如 Mark G.E.Kelly（2015）所指出的，許多反對傅柯的規訓概念的論點，都沒有認識到「規訓就是控制」。事實並非如德勒茲所言，「我們正處於所有禁閉的全面崩潰之中」（Deleuze, 1992: 178）。監獄和學校仍然存在。也不是像傅柯提出的那樣，規訓意味著禁閉。正如 Kelly（2015）所指出的，像閉路電視和衛星定位這樣的網絡化技術，並不是規訓被控制所超越的證據，而是完成了規訓權力的概念，因為懲戒本質上是對身體的無限管理。也有人反過來認為，傅柯在後來的作品中遠離了規訓的概念，轉而關注生物權力、安全和治理性的概念。然而，在《安全、領土、人口》（*Security, Territory, Population*）中，傅柯保證不會在規訓與安全機制之間，設想一個歷史的裂痕，他寫道：「所以，沒有一系列連續的元素，新元素的出現導致了先前的元素的消失。不存在法律時代、規訓時代，以及安全時代。安全機制並不會取代規訓機制，規訓機制本應取代司法－法律機制。」（Foucault, 2007: 22）。雖然我當然可以理解從規訓觀念，轉向德勒茲提出更流暢對控制的理解，或者傅柯的安全裝置所代表的擴張性權力的概念，但我認為我們沒有必要做出選擇。這不是非此即彼，不是規訓或控制，也不是規訓或安全。我同意傅柯的觀點，他說規訓和安全不是對立的，都是對於管理和組織社會空間的嘗試的一部分。基於這些原因，我仍然認為規訓權力的概念對於理解演算法的排序機制有很大的價值。

3. http://vimeo.com/111171647 .
4. 請參閱安德魯・博斯沃斯在 Quora 上對臉書新手戰鬥營的描述（瀏覽日期：二〇一五年二月九日）：http://www.quora.com/How-does-Facebook-Engineerings-Bootcamp- program-work。
5. 請參閱臉書的技術講座「代碼背後」（behind the code），其中臉書工程師討論了新手戰鬥營和公司文化（瀏覽日期：二〇一五年二月九日）：http://www.livestream.com/fbtechtalks/video?clipId=pla_c1161c6b-dd52-48e7-a8ea-abeb3b198375&utm_source=lslibrary&utm_ medium=ui-thumb。
6. 縱觀臉書的歷史，一直被指責侵犯用戶的隱私。關於臉書和隱私問題，現有的文獻資料非常豐富。例如，Boyd（2008）, Debatin, ct al. （2009）, Hargittai（2010）, Tufekci（2008）。
7. 在德勒茲（Deleuze, 2006）對傅柯的解讀中，圖表的概念意味著權力的功能或操作性。德勒茲認為，傅柯是一個全新的製圖家，他有意描繪出力量之間的關係，以顯示權力如何產生新的現實。
8. 主體性的維度在傅柯的著作中是關鍵（尤其是後期的著作）。傅柯用治理性的概念分析了從生產有序、順從的「馴良的身體」，通過牧歌式的指導技術（見 Foucault, 1978）到自由主義的出現，自由的概念在其中產生，從而用內在的生產來取代外部的規制（Bröcklinget al., 2011: 5）。
9. 許多學者認為，邊沁的全景敞視主義和傅柯對其在規訓權力方面的改編，為理解當代監視和權力形式提供了一個有限的模型（例如，Boyne, 2000; Green, 1999; Haggerty & Ericson, 2000）。反對規訓權力概念的一個比較普遍的論點，是在監視研究中的德勒茲轉向（Lyon, 2006）。在一篇名為 *Postscript on the Societies of Control*

24. 技術誌曾經被描述為「技術的民族誌」（Kien, 2008），一種旨在揭示技術文化建構性的研究策略（Vannini & Vannini, 2008），一種探索使用中的人工製品的方法（Jansen & Vellema, 2011），或者是「挖掘出技術中所體現，凝固的社會關係」（Woolgar, 1998: 444）。此外，技術誌的概念也被用來描述「事物的傳記」（Kahn, 2004），或者僅僅作為「技術繪圖」的代名詞，例如，在建築學領域內（Ridgway, 2016）。我的理解最接近於 Woolgar（1998）和 Vannini&Vannini（2008）的理解，他們將技術誌描述為一種普遍的態度和研究策略，旨在研究複雜的技術文化層的結構性問題。然而，我使用該術語的方式與 Woolgar 和 Vannini&Vannini 中的技術誌概念不同，他們對技術的描述不一定涉及到，在特定環境下生產和實施的情境實踐。問題是，我們如果不能像民族誌學者學家那般，探訪人類或研究特定的社會環境，我們能了解演算法的運作情況嗎？

第四章 生活至上：當工程師參與其中

1. http://newsroom.fb.com/company-info accessed (June, 2017).
2. 正如 Leah Lievrouw（2014）所論證的那樣，科技研究和傳播學研究的傾向是偏重社會的一面。本章在強調反其道而行之的過程中，非常感謝媒體研究中關於物質性的學術研究（Kittler, 1999; Meyrowitz, 1994; McLuhan, 1994）、文化理論（Galloway, 2004; Packer & Crofts Wiley, 2013; Parikka, 2012）、社會學和組織研究（Leonardi et al, 2013; Mackenzie, 2008; Marres, 2012）、社群媒體研究（Gerlitz & Helmond, 2013; Langlois, 2014; van Dijck, 2013）和軟體研究（Berry, 2011; Chun, 2011; Fuller, 2008）。

19. 在此，我借用 Bloomfield 等人（2010: 420）的說法，他們重新審視了示能性（affordance）的概念，並促使研究者們考慮示能性在什麼時候發生的問題。

20. 蘇赫曼在她的 *Human-Machine Reconfiguration* 一書中也提出了類似的論點，她從「人和機器是否相同或不同的問題轉向到，人或機器的分類如何，以及何時變得相關，它們之間的相同或不同的關係，如何在特定的場合下被展現，以及產生了哪些論述和物質結果」（Suchmann, 2007: 2）。

21. 正如臉書熱門話題的持續風波所顯示，人機關係的比喻表達只是暫時穩定下來。就在臉書宣布用機器人取代人類撰稿人後僅僅兩天，演算法就開始將假新聞推上趨勢話題。在沒有人類監督的情況下，機器人無法檢測到以福斯新聞（Fox）主播梅根・凱莉為主角的新聞不是真的。當然，這又引起了很多人的不滿，向批評者證明，終究需要人類。我之所以將其列入註釋，是因為其明顯地永無止境的特點。在寫這本書的時候，臉書可能又雇用了更多的人類來對抗出了問題的機器人，而在兩個月後，可能就會反其道而行之。

22. 雖然許多學者贊同本體論的表演性概念，聲稱現實不只是在相互作用，而是在內部作用中出現，但我並不贊同提出本質上非常強烈的本體論主張。我的觀點並不致力於宣稱任何東西都不存在於關係之外或外部，這正是巴拉德的「內在互動」（intra-action）概念所暗示的，我的觀點更符合德勒茲的拼裝體概念，他假定它們所涉及的術語具有一定的自主性。關於巴拉德和德勒茲是如何兼容的討論，見 Hein（2016）。

23. 感謝 Michael Veale 指出了這些區別。

體性和技術客體的集合，而應該從其法文原意「佈局」（agencement）來理解——是一個裝配的過程，而不是靜態的安排（見 Packer & Wiley, 2013; Callon, 2007）。關於行為者網絡理論與拼裝體概念之間的異同，可參見 Müller（2015）。

17. 關於這些術語的討論以及差異，見 DeLanda（2006）。主要的本體論上的差異可以在關注「內部性關係」的人和重視「外部性關係」的人之間找到。前者聲稱，在關係之外沒有任何東西存在，而後者則認為，拚裝體的各個部分，可以在其關聯之外具有內在的品質（Müller，2015：31）。對於致力於關係本體論（或她所說的能動實在論），具有影響力的哲學家凱倫・巴拉德來說，「關聯性（relata）並不先於關係而存在」（Barad, 2003: 815）。能動實在論者強調糾纏不是作為獨立實體的交織，而是作為通過特定的內部作用，而出現在現象內部的關聯性。（relata-within-phenomena）（同前引）。正如巴拉德所說：「為什麼我們認為關係的存在需要關聯性？」（Barad, 2003: 812） 如果說巴拉德的本體論承諾，被視為光譜的一端。那麼，大多數致力於關係本體論的理論家，不是對其形而上學的主張不那麼明確，就是制定了一種理論，試圖解釋關係之外的實體的相對自主性。與巴拉德不同的是，德勒茲明確指出，「關係是對在術語之外的」（Deleuze and Parnet, 2007: 55），這代表著「關係可能會在術語不改變的情況下發生變化」（見 Delanda, 2006: 11）。

18. 美國參議院商務委員會（Senate Commerce Committee）向臉書執行長祖克柏發出了一封信，針對熱門話題的區塊尋求解答。在信中，委員會主席 John Thune 參議員指責臉書將這一功能描述為客觀演算法的結果，而實際上，人類的參與使其「主觀性」更強。

些似乎只是陳述的事物物，展演性的概念被廣泛地用於批判理論（Butler, 2011）、科技研究（Callon, 1998; Pickering, 1995）和金融社會學（MacKenzie, 2008），作為一種描述世界的方式，它不是把世界描述為已經存在的狀態，而是作為一種行為——「一種不斷重覆的、某種形式的行動」（Butler, 1990: 112）。展演性的概念在關於軟體、代碼和演算法的批判性討論中也發揮了核心作用（見 Galloway, 2006a; Hayles, 2005; Introna, 2016; Mackenzie, 2005; Mackenzie & Vurdubakis, 2011）。

15. 有的學者會認為，社會技術性（sociotechnical）和社會物質性不是同一個概念，而是指不同的東西。社會物質性的概念對於資訊系統和組織研究的相關研究尤為重要。關於這些術語的含義以及如何區分這些術語的討論，參見 Leonardi, Nardi & Kallinikos（2013）。

16. 網絡、拼裝體和混種等概念與社會技術性和社會物質性等術語一樣，也有各自的思想史，但不一定完全重疊。雖然它們都是指一個複合的名詞，意味著人與超越人類之間，某種形式的共同構成，但混種一詞與行動者網絡理論和拉圖的著作有關，而拼裝體則更像是一個來自德勒茲的概念（儘管卡隆等與行為者網絡理論相關的思想家們，都在應用和使用）。關於對混種的理解，可以參考拉圖有關公民－槍枝（或槍枝－公民）的例子，他在許多場合都討論過這個議題，但最清楚是在 Latour（1994）。儘管混合體指的是異質實體之間的關係，但拼裝體的概念也指向一個裝配的過程，而不僅是指複合實體的存在。在德勒茲和瓜塔里的論述中，拼裝體不僅是一個事物，而且是一種正在進行中的多樣性組織（見 Deleuze & Guattari, 1987）。拼裝體不應該僅僅被理解為主

Coole, & Frost（2010）對新唯物主義的概述；Thrift （2007）對關係型本體論中許多核心問題的介紹；Latour（2005）對行動者網絡理論的介紹。關於這些問題的學術爭論也大量出現在學術期刊的特刊，和特定學科（即資訊系統、教育、人文地理學）中，這些學科似乎已經適應了特定的關係唯物主義（即能動實在論〔agential realism〕、新唯物主義），往往涉及到特定的概念（即社會物質性、唯物辯證、拼裝體）和思想家（即 Barad、Whitehead、Latour）。

10. 正如 Lemke（2015）所指出的，「超越人類」（more-than-human）一詞是由 Braun& Whatmore（2010: xx）創造的，將其作為優於「後人類」的術語。這些方法還強調了實踐、表演、運動、過程、糾纏、關係、物質性和非人類等術語。
11. 攝握是懷海德形而上學中的一個關鍵概念，指的是包括能量、情感、目的、因果關係和價值在內的各種元素，這些元素結合在一起（或者說懷海德所說的共生），從而產生實際的實體（Michael, 2004）。
12. 在懷海德看來，實際的實體或場合通過他所說的共生的過程，即「新的共同性的生產」（production of novel togetherness; Whitehead, 1978：21）而成形。這種從多種可能性（或潛能）中，成為、增厚一個實際實體的堅持，對德勒茲的虛擬哲學產生了巨大的影響。
13. 露西・蘇赫曼（Lucy Suchman, 2007: 283-286）論述了在網絡中進行任意分析性切割的方法論必要性。界限的劃定和切割從來不是自然產生的，而是為了分析和政治目的而建構。
14. 從 Austin（1975）關於語言的表演性功能，是指有權力去表現那

Scholar 的快速搜索，發現已經發表了超過一萬八千篇包含「打開黑箱」的文章，包括金融黑箱、奈米技術、土壤微生物多樣性、援助有效性和媒體效應等。

5. 彼得・加利森以最神話般的商業秘密之一，可口可樂的配方為例，說明了他的反認識論的概念。正如加利森引用安全人員 Quist 的話寫道：「可口可樂經典的配方是一個已經被保守了一百多年的秘密。據說只有兩位可口可樂公司的高層主管知道這個配方，〔配方〕在亞特蘭大的一個保險箱裡，只有公司董事會的董事投票通過才能打開。……如果一個國家安全的秘密像可口可樂公司的秘密一樣被妥善保管，我們可能就什麼都不知道了」（2004: 239）。
6. 關於演算法監管的法律爭論主要集中在第一修正案（First Amendment）下的自由言論判例上。例如，帕斯奎和布拉查（Pasquale & Bracha, 2008）認為，不僅需要對搜索引擎進行規制，更具體地說，搜索引擎對搜索結果的結構化能力也需要規制，而第一修正案並不包括搜索引擎的結果。其他人則不同意，認為搜索引擎完全受第一修正案的保護（Volokh & Falk, 2011）。
7. 巴代伊的「non-savoir」的概念被翻譯為「未知」（unknowing; Bataille & Michelson, 1986）和「非知識」（unknowledge; Bataille, 2004）。
8. 在推特，他們用「實驗文化」來描述他們的平台發展模式。https://blog.twitter.com/2015/the-what-and-why-of-product-experimentation- at-twitter-0.
9. 有許多資源提供了關於關係型唯物主義所包含的內容、其主要思想家和核心原則的概述——例如，Bennett, Cheah, Orlie, Grosz,

29. David Golumbia（2009）提出了類似的論點，即計算可以理解為「一種意識形態，這種意識形態不僅影響著我們對計算機的思考，也影響著我們對經濟和社會趨勢的思考」。
30. http://www.bbc.co.uk/programmes/b0523m9r
31. 如同 Law & Singleton 將多重性的概念有效地分解為：「我們所看到的任何東西都不可能是一回事。因此，例如，像口蹄疫這樣的『自然』現實，並不只是獸醫、病毒學家和流行病學家對它的看法不同（儘管它確實是如此）。實際上，在獸醫、病毒學和流行病學實踐中，它是不同的。在這些不同的實踐中，它是被製作或做得不同。它是一個多重現實」（2014: 384）。

第三章 既不是黑色的，也不是箱子：理解或不去理解演算法

1. 關於啟蒙思想如何連結軟體，請參見 Wendy H.K. Chun（2011）。
2. 長期以來，保密性一直是社會學（特別是在 Simmel, 1906 的研究中）、人類學（Bellman, 1984）和哲學（Derrida & Ferraris, 2001）等學科所關注的話題。關於保密性和透明度之間的關係，見 Birchall（2011）。
3. 這裡的「未知」被簡單地理解為缺乏知識或訊息。學者們對不同類型的無知（或缺乏知識）進行了區分。例如，在已知的未知和未知的未知之間，前者「指的是有關已知的知識極限的知識；有一些東西我們知道其實我們並不知道」，而後者「指的是完全缺乏知識」（Roberts, 2012：217）。
4. 關於科學與技術研究中對於黑箱的最早討論之一，見 Callon & Latour（1981），他們將權力概念化為坐在黑箱之上的能力。關於「打開黑箱」的批判性論述，見 Winner（1993）。通過 Google

用來指新聞業和媒體的編輯決策過程。

24. 在關於計算系統的學術研究中，以前強調「設計中的價值」視角的研究，包括關於搜索引擎的政治性的討論（Introna & Nissenbaum, 2000; Zimmer, 2008）、cookies（Elmer, 2004）、知識基礎設施（Knobel & Bowker, 2011; Bowker & Star, 2000）和遊戲設計（Flanagan & Nissenbaum, 2014）。「設計中的價值」方法通常認為，技術引起的政治關注不僅體現在它的運作方式上，而且還因為它的運作方式，往往與人們的期望相悖（Introna & Nissenbaum, 2000: 178）。
25. 關於治理和治理性的討論，可參見 Michel Senellart 對傅柯的概述（2007: 499-507）。
26. 傅柯在他的法蘭西學院講座中對治理的概念化，大量借鑒了反馬基維利作家 Guillaume de La Perrière 和他的作品 *Le Miroir politique, contenant diverses manières de gouverne*（1555）。儘管傅柯認為 La Perrière 的寫作，與馬基維利的寫作相比是乏味的，但傅柯認為 La Perrière 將治理概念化的方式有很大的優點，因為治理關注了人與物之間的關係（伴隨著對關係的強調）。
27. 正如 Bröckling et al.所指出的那樣，這種技術手段可能包括嵌入各種機器、中介網絡、記錄和可視化系統中的社會工程化策略（2011: 12）。
28. 傅柯對主體性和權力關係的思考，在他的職業生涯中發生了一些變化。在他早期的作品中，他將主體概念化為由權力的二元化過程塑造的「馴良的身體」（docile body），而他後來的作品則側重於他所稱的「自我技術」（technologies of self），在這種情況下，主體被視為更多地自我完善地塑造自己的生活條件。

（1994）；Rabinow（1994）。傅柯的公開講座（作為他在一九七〇年至一九八四年去世期間，在法蘭西學院擔任「思想體系史」主席期間的一部分），全面考察了他的各種權力概念，包括學科權力（Foucault, 2015）、生物權力（Foucault, 2007, 2008）和教牧權力（Foucault, 2007）等概念。傅柯在《主體與權力》（*Subject and Power*, 1982）一文中對他如何理解權力概念，以及如何研究權力概念進行了經典的闡述。

22. 然而，傅柯關於無所不在的權力的思想，至少可以追溯到哲學家 Baruch Spinoza（1632-1677），他以其形而上學的物質一元論而聞名，他認為一切事物都是一個邏輯物質（上帝或自然）的「模式」。一元論通常與笛卡兒的二元論，或認為世界是由兩個基本類別的事物或原則構成的觀點，相互對立。在斯賓諾莎看來，模式（或物質的子集）總是在與其他模式（即人、動物、事物等）進入相互聯繫的過程中。正如珍・班內特所言，Spinoza 的自然界是「身體通過與附近的其他身體結成聯盟，努力增強活動的力量」（Jane Bennett, 2004: 353）。傅柯將權力理解為無所不在的、關係性的權力，與 Spinoza 的一元論和他的因果性概念有相似之處，見 Juniper & Jose（2008）, Deleuze（1988）。

23. 守門是指訊息通過各種「門」從發送者流向接收者的思想。把關的概念最初是由社會心理學家 Kurt Lewin 在一九四七年提出的，作為解釋訊息編輯過程的一種方法，把關的概念成為新聞學研究和信息科學的關鍵。在傳播學領域，把關的概念通常歸功於 Lewin 的研究助手 David Manning White，他在一九五〇年研究了美國一家小報社的電訊編輯Mr. Gates 是如何根據一些高度主觀的標準來選擇新聞的（Thurman, 2015）。此後，「把關」的概念被

15. 機器學習中的類神經網絡並不完全像大腦一樣工作，只是模仿大腦學習的方式。Warren McCulloch 和 Walter Pitts 在一九四年提出第一個正式的神經元模型。直到一九五七年，Frank Rosenblatt 以其感知器的概念開創了類神經網絡，才被認為神經元能夠學習識別圖像中的簡單模式。關於類神經網絡的早期歷史，請參見 Minsky & Papert （1969）和 M. Olazaran （1996）。關於類神經網絡和深度學習領域的文獻綜述，參見 J.Schmidhuber（2015）等。
16. 關於 Google 圖像識別如何使用深度學習和類神經網絡工作，請參見 http://googleresearch.blogspot.dk/2015/06/inceptionism-going-deeper-into-neural.html。
17. 貝氏定理是統計學和機器學習的核心，儘管貝氏定理的含義可能與統計學家使用概率的方式不同。正如 Domingos（2015）所解釋，統計學家通常遵循一種更嚴格的「頻繁派」（frequentist）的概率解釋。
18. 關於塔爾頓・葛拉斯彼和尼克・希弗整理的最全面的批判性演算法研究參考書目，見：https://socialmediacollective.org/reading-lists/ critical-algorithm-studies（瀏覽日期：二〇一六年五月二日）。
19. 寫程式技能的需求是軟體研究中討論最多的話題之一。雖然知道編寫程式的原則、編程語言的一些語法，以及計算機的工作原理肯定是有幫助的，但一個研究演算法的社會學家所需要的程式能力，不亞於一個電視學者所需要的機械工程知識。
20. 關於「演算法文化」的概念，參見 Galloway（2006b）；Kushner（2013）。
21. 關於傅柯的權力概念的概述，見 Lemke（2012）；Faubion

6. 想更了解資料庫的歷史、文化與技術方面，可參閱 Bucher（2016）, Codd（1970）, Driscoll（2012）, Dourish（2014）, Manovich（1999）, Wade & Chamberlin（2012）。
7. 在電腦 C 語言所寫的程式裡，不同的步驟可由程式命名的方式看出。原始碼檔案結尾是「.c」，目的碼的結尾是「.obj」，執行檔的結尾是「.exe」。
8. 若要完整說明認知科學或兒童如何認知發展，來理解人類學習過程，就超過了本章的範圍，相信「許多機器學習研究人員從這些領域獲得啟發」這句話應該就很足夠了（Domingos, 2015: 204）。
9. 機器學習的第四個類別通常是強化學習，也就是在現場學習，讓系統和多變的環境互動，例如，自駕車。
10. 關於數據挖掘和機器學習如何工作的技術細節，請參見 Barocas & Selbst（2016）。他們對數據挖掘中的不同過程和步驟描述得很清楚，包括定義目標變量、標記和收集訓練數據、選擇特徵，以及根據得到的模型進行決策。
11. 被稱為單純貝氏（Naive Bayes）的概率模型或分類器，通常為垃圾郵件過濾器提供動力。想了解關於單純貝氏分類器的歷史和工作原理，請參見 Domingos（2015: 151-153）或 Rieder（2017）。根據 Domingos 的說法，這是 Google 使用最多的學習器。
12. 關於信用品質（creditworthiness）可參閱 Barocas & Selbst（2016: 9）。
13. 通過不同參數值對數據子集的性能（交叉驗證）的經驗法則和系統搜索也經常被使用。
14. 數據來自臉書新聞室二〇一四年十二月三十日的資訊，詳見：http://news- room.fb.com/products。

註釋
NOTES

第一章 緒論：經過程式設計的社會性

1. 臉書二〇一七年六月前使用的標語。
2. 網飛二〇一七年六月前使用的標語

第二章 演算法的多樣性

1. http://cs-exhibitions.uni-klu.ac.at/index.php?id=193.
2. 據 Hromkovič 表示，萊布尼茲是第一位將數學的概念描述為「將人類腦力工作自動化的機制，這個機制可以將一部分的真相描繪成數學模型、一般模型，並利用算數來計算」的哲學家（2015: 274）。
3. 並非所有的運演算法都依賴「若 A 則 B」的邏輯，其他控制架構包過了「當」（while）或「為了」（for）等迴圈。
4. 高德納率先在 *Literate Programming*（1984）一書中提出簡潔程式設計的四個條件：程式精細的程度、將問題定義清楚的程度、簡省時間與運算循環等資源的程度、執行時要在最適合的系統，用最適合的語言運算。
5. 最基礎的資料架構包過陣列（array）、資料錄（record）、集合（set）、序列（sequence），其中陣列最廣泛使用。更複雜的結構包括了：清單（lists）、環（rings）、樹（trees）、圖（graphs）（Wirth, 1985: 13）。

Wardrip-Fruin, N. (2009). *Expressive processing: Digital fictions, computer games, and software studies.* Cambridge, MA: MIT Press.

Wash, R. (2010). *Folk models of home computer security.* Paper presented at the Proceedings of the Sixth Symposium on Usable Privacy and Security, July 14–16, Redmond, WA.

Webb, D. (2003). On friendship: Derrida, Foucault, and the practice of becoming. *Research in Phenomenology, 33,* 119–140.

Weiss, A. S., & Domingo, D. (2010). Innovation processes in online newsrooms as actor-networks and communities of practice. *New Media & Society, 12*(7), 1156–1171.

Welch, B., & Zhang, X. (2014). News Feed FYI: Showing better videos. *News Feed FYI.* Retrieved from http://newsroom.fb.com/news/2014/06/news-feed-fyi-showing-better-videos/

Weltevrede, E., Helmond, A., & Gerlitz, C. (2014). The politics of real-time: A device perspective on social media platforms and search engines. *Theory, Culture & Society, 31*(6), 125–150.

Whitehead, A. N. (1978). *Process and reality: An essay in cosmology* Ed. David Ray Griffin and Donald W. Sherburne, NY: Free Press.

Wiener, N. (1948). *Cybernetics: Control and communication in the animal and the machine.* New York, NY: Technology Press & Wiley.

Wilf, E. (2013). Toward an anthropology of computer-mediated, algorithmic forms of sociality. *Current Anthropology, 54*(6), 716–739.

Williams, R. (1977). *Marxism and literature.* Oxford, England: Oxford University Press.

Williams, R. (1985). *Keywords: A vocabulary of culture and society.* Oxford, England: Oxford University Press.

Williams, R. (2005). *Television: Technology and cultural form.* New York, NY: Routledge.

Williams, S. (2004). *Truth, autonomy, and speech: Feminist theory and the first amendment.* New York: New York University Press.

Williamson, B. (2015). Governing software: networks, databases and algorithmic power in the digital governance of public education. *Learning, Media and Technology, 40*(1), 83–105.

Wing, J. M. (2006). Computational thinking. *Communications of the ACM, 49*(3), 33–35.

Winner, L. (1986). *The whale and the reactor: A search for limits in an age of high technology.* Chicago, IL: University of Chicago Press.

Winner, L. (1993). Upon opening the black box and finding it empty: Social constructivism and the philosophy of technology. *Science, Technology, and Human Values, 18*(3): 362–378.

Wirth, N. (1985). *Algorithms+ data structures= programs.* Englewood Cliffs, NJ: Prentice Hall.

Woolgar, S. (1998). A new theory of innovation? *Prometheus, 16*(4), 441–452.

Woolgar, S., & Lezaun, J. (2013). The wrong bin bag: A turn to ontology in science and technology studies? *Social Studies of Science, 43*(3), 321–340.

WSJ. (2015, October 25). Tim Cook talks TV, cars, watches and more. *Wall Street Journal.* Retrieved from http://www.wsj.com/articles/tim-cook-talks-tv-cars-watches-and-more-1445911369

Yusoff, K. (2009). Excess, catastrophe, and climate change. *Environment and Planning D: Society and Space, 27*(6), 1010–1029.

Ziewitz, M. (2016). Governing algorithms myth, mess, and methods. *Science, Technology & Human Values, 41*(1), 3–16.

Zimmer, M. (2008). The externalities of search 2.0: The emerging privacy threats when the drive for the perfect search engine meets Web 2.0. *First Monday, 13*(3). Retrieved from http://firstmonday.org/article/view/2136/1944

Zuckerberg, M. (2014). "Today is Facebook's 10th anniversary". Retrieved from https://www.facebook.com/zuck/posts/10101250930776491

Zuckerberg, M., Bosworth, A., Cox, C., Sanghvi, R., & Cahill, M. (2012). *U.S. Patent No.* 817128 ("Communicating a newsfeed of media content based on a member's interactions in a social network environment"). Retrieved from https://www.google.com/patents/US8171128

Zuiderveen Borgesius, F. J., Trilling, D., Moeller, J., Bodó, B., De Vreese, C. H., & Helberger, N. (2016). Should we worry about filter bubbles? *Internet Policy Review. Journal on Internet Regulation, 5*(1). Retrieved from https://policyreview.info/articles/analysis/should-we-worry-about-filter-bubbles

Tambini, D. (2017). Fake news: public policy responses.
Taylor, C. (2004). *Modern social imaginaries*. Durham, NC: Duke University Press.
Thomas, W. (2015). Algorithms: From Al-Khwarizmi to Turing and beyond. In G. Sommaruga & T. Strahm (Eds.), *Turing's revolution: The impact of his ideas about computability* (pp. 29–42). Heidelberg, Germany: Birkhäuser Springer.
Thompson, J. B. (2005). The new visibility. *Theory, Culture & Society, 22*(6), 31–51.
Thrift, N. (2005). *Knowing capitalism*. London, England: Sage.
Thrift, N. (2007). *Non-representational theory: Space, politics, affect*. London, England: Routledge.
Thurman, N. (2015). Journalism, gatekeeping and interactivity. In S. Coleman & D. Freelon (Eds.) *Handbook of digital politics* (pp. 357–376). Cheltenham, England: Edward Elgar.
Thurman, N., Schifferes, S., Fletcher, R., Newman, N., Hunt, S., & Schapals, A. K. (2016). Giving Computers a Nose for News: Exploring the limits of story detection and verification. *Digital Journalism, 4*(7), 838–848.
Townley, B. (1993). Foucault, power/knowledge, and its relevance for human resource management. *Academy of Management Review, 18*(3), 518–545.
Trottier, D., & Lyon, D. (2012). Key features of social media surveillance. In C. Fuchs, K. Boersma, A. Albrechtslund, & M. Sandoval (Eds.), *Internet and Surveillance: The Challenges of Web 2.0 and Social Media* (pp. 89–105). New York, NY: Routledge.
Tsoukas, H. (1997). The tyranny of light: The temptations and the paradoxes of the information society. *Futures, 29*(9), 827–843.
Tufekci, Z. (2008). Can you see me now? Audience and disclosure regulation in online social network sites. *Bulletin of Science, Technology & Society, 28*(1), 20–36.
Tufekci, Z. (2015). Algorithmic harms beyond Facebook and Google: Emergent challenges of computational agency. *Colorado Technology Law Journal, 13*(2), 203–218.
Turitzin, C. (2014). News Feed FYI: What happens when you see more updates from friends. *News Feed FYI*. Retrieved from http://newsroom.fb.com/news/2014/01/news-feed-fyi-what-happens-when-you-see-more-updates-from-friends
Turkle, S. (1984). *The second self: Computers and the human spirit*. Cambridge, MA: MIT Press.
van Dalen, A. (2012). The algorithms behind the headlines: How machine-written news redefines the core skills of human journalists. *Journalism Practice, 6*(5–6), 648–658.
van Dijck, J. (2012). Facebook as a tool for producing sociality and connectivity. *Television & New Media, 13*(2), 160–176.
van Dijck, J. (2013). The culture of connectivity: A critical history of social media: Oxford University Press.
van Dijck, J., & Poell, T. (2013). Understanding social media logic. *Media and Communication, 1*(1), 2–14.
Vannini, P. (2015). *Non-representational methodologies: Re-envisioning research*. London, England: Routledge.
Vannini, P., & Vannini, A. (2008). Of walking shoes, boats, golf carts, bicycles, and a slow technoculture: A technography of movement and embodied media on Protection Island. *Qualitative Inquiry, 14*(7), 1272–1301.
Verran, H. (2001). *Science and an African logic*. Chicago, IL: University of Chicago Press.
Volokh, E., & Falk, D. M. (2011). Google: First amendment protection for search engine search results. *Journal of Law, Economics, & Policy, 8*, 883–900.
Von Hilgers, P. (2011). The history of the black box: The clash of a thing and its concept. *Cultural Politics, 7*(1), 41–58.
Vu, H. T. (2014). The online audience as gatekeeper: The influence of reader metrics on news editorial selection. *Journalism, 15*(8), 1094–1110.
Wade, B. W., & Chamberlin, D. D. (2012). IBM relational database systems: The early years. *IEEE Annals of the History of Computing, 34*(4), 38–48.
Walsh, B. (2014). Google's flu project shows the failings of big data. Retrieved from http://time.com/23782/google-flu-trends-big-data-problems.
Wang, J., Burge, J., Backstrom, L. S., Ratiu, F., & Ferrante, D. (2012). *U.S. Patent No.* 20120041907 A1 ("Suggesting connections to a user based on an expected value of the suggestion to the social networking system"). Washington, DC: U.S. Patent and Trademark Office.

Simon, J. (2015). Distributed epistemic responsibility in a hyperconnected era. In L. Floridi (Ed.), *The Onlife Manifesto* (pp. 145–159). Heidelberg, Germany: Springer.

Simondon, G. (1980). On the Mode of Existence of Technical Objects, Trans. N. Mellanphy, London: University of Western Ontario.

Simondon, G. (1992). The genesis of the individual. *Incorporations, 6*, 296–319.

Simondon, G. (2011). On the mode of existence of technical objects. *Deleuze Studies, 5*(3), 407–424.

Slack, J. D., & Wise, J. M. (2002). Cultural studies and technology. In L. Lievrouw & S. Livingstone (Eds.), *The handbook of new media* (pp. 485–501). London, England: Sage.

Smith, J. E. (1969). Time, times, and the "right time"; Chronos and kairos. *The Monist, 53*(1), 1–13.

Smithson, M. (2012). *Ignorance and uncertainty: Emerging paradigms*. Berlin, Germany: Springer Science & Business Media.

Snider, L. (2014). Interrogating the algorithm: Debt, derivatives and the social reconstruction of stock market trading. *Critical Sociology, 40*(5), 747–761.

Sommaruga, G., & Strahm, T. (Eds.). (2015). *Turing's revolution: The impact of his ideas about computability*. Heidelberg, Germany: Birkhäuser Springer.

Spinoza, B. (2000). *Ethics*. Ed. Trans. GHR Parkinson. Oxford, England: Oxford University Press.

Star, S. L., & Ruhleder, K. (1996). Steps toward an ecology of infrastructure: Design and access for large information spaces. *Information Systems Research, 7*(1), 111–134.

Statt, N. (2016). Facebook denies systemic bias in Trending Topics but changes how they are chosen. *The Verge*. Retrieved from http://www.theverge.com/2016/5/23/11754812/facebook-trending-topics-changes-political-bias-senate-inquiry.

Steensen, S. (2016). What is the matter with newsroom culture? A sociomaterial analysis of professional knowledge creation in the newsroom. *Journalism*, 1464884916657517.

Stengers, I. (2000). *The invention of modern science*. Minneapolis: University of Minnesota Press.

Stewart, K. (2007). *Ordinary affects*. Durham, NC: Duke University Press.

Stiegler, B. (2012). Relational ecology and the digital pharmakon. *Culture Machine, 13*, 1–19.

Stiegler, B. (2013). *What makes life worth living: On pharmacology*. New York, NY: John Wiley & Sons.

Stocky, T. (2016). Status update. Retrieved from https://www.facebook.com/tstocky/posts/10100853082337958?pnref=story

Strathern, M. (2000a). The tyranny of transparency. *British Educational Research Journal, 26*(3), 309–321.

Strathern, M. (2000b). *Audit cultures: Anthropological studies in accountability, ethics, and the academy*. London, England: Routledge.

Strauss, C. (2006). The imaginary. *Anthropological Theory, 6*(3), 322–344.

Striphas, T. (2015). Algorithmic culture. *European Journal of Cultural Studies, 18*(4–5), 395–412.

Suchman, L. (2004). "Figuring personhood in sciences of the artificial". Department of Sociology, *Lancaster University*. Retrieved from https://www.scribd.com/document/88437121/Suchman-Figuring-Personhood

Suchman, L. (2007). *Human-machine reconfigurations: Plans and situated actions*. Cambridge, England: Cambridge University Press.

Sullivan, B. (2016). "I just got really mad": The Norwegian editor tackling Facebook on censorship. Retrieved from https://motherboard.vice.com/en_us/article/i-just-got-really-mad-the-norwegian-editor-tackling-facebook-on-censorship-aftenposten

Sundve, E. (2017). The future of media? This is Schibsted's «next generation news experience». Retrieved from https://www.medier24.no/artikler/the-future-of-media-this-is-schibsted-s-next-generation-news-experience/365323

Surden, H. (2014). Machine learning and law. *Washington Law Review, 89*, 87–217.

Sweeney, L. (2013). Discrimination in online ad delivery. *Queue, 11*(3), 10.

Syvertsen, T., Enli, G., Mjøs, O. J., & Moe, H. (2014). *The media welfare state: Nordic media in the digital era*. Ann Arbor: University of Michigan Press.

Taigman, Y., Ming, Y., Ranzato, M., & Wolf, L. (2014). *DeepFace: Closing the gap to human-level performance in face verification*. Paper presented at the conference Computer Vision and Pattern Recognition IEEE, June 23–28, Columbus, OH.

Ridgway, S. (2016). *Architectural projects of Marco Frascari: The pleasure of a demonstration*. London, England: Routledge.

Rieder, B. (2017). Scrutinizing an algorithmic technique: The Bayes classifier as interested reading of reality. *Information, Communication & Society, 20*(1), 100–117.

Roberge, J., & Melançon, L. (2017). Being the King Kong of algorithmic culture is a tough job after all Google's regimes of justification and the meanings of Glass. *Convergence: The International Journal of Research into New Media Technologies, 23*(3), 306–324.

Roberts, J. (2012). Organizational ignorance: Towards a managerial perspective on the unknown. *Management Learning, 44*(3), 215–236.

Rodgers, S. (2015). Foreign objects? Web content management systems, journalistic cultures and the ontology of software. *Journalism, 16*(1), 10–26.

Rodrigues, F. (2017). Meet the Swedish newspaper editor who put an algorithm in charge of his homepage. Retrieved from http://www.storybench.org/meet-swedish-newspaper-editor-put-algorithm-charge-homepage/

Rose, N. (1999). *Powers of freedom: Reframing political thought*. Cambridge, England: Cambridge University Press.

Rosen, J. (2005). Bloggers vs. journalists is over. Retrieved from http://archive.pressthink.org/2005/01/21/berk_essy.html

Rosenberry, J., & St John, B. (2010). *Public journalism 2.0: The promise and reality of a citizen engaged press*. London, England: Routledge.

Rubinstein, D. Y., Vickrey, D., Cathcart, R. W., Backstrom, L. S., & Thibaux, R. J. (2016). Diversity enforcement on a social networking system newsfeed: Google Patents.

Sandvig, C. (2013). The internet as an infrastructure. In *The Oxford handbook of internet studies* (pp. 86–108). Oxford, England: Oxford University Press.

Sandvig, C. (2015). Seeing the sort: The aesthetic and industrial defense of "the algorithm." *Journal of the New Media Caucus*. Retrieved from http://median.newmediacaucus.org/art-infrastructures-information/seeing-the-sort-the-aesthetic-and-industrial-defense-of-the-algorithm/

Sandvig, C., Hamilton, K., Karahalios, K., & Langbort, C. (2014). Auditing algorithms: Research methods for detecting discrimination on internet platforms. Presented at *Data and Discrimination: Converting Critical Concerns into Productive Inquiry*. May 22, Seattle, USA.

Sauder, M., & Espeland, W. N. (2009). The discipline of rankings: Tight coupling and organizational change. *American Sociological Review, 74*(1), 63–82.

Schmidhuber, J. (2015). Deep learning in neural networks: An overview. *Neural Networks, 61*, 85–117.

Schubert, C. (2012). Distributed sleeping and breathing: On the agency of means in medical work. In J. Passoth, B. Peuker & M. Schillmeier (Eds.) *Agency without actors: New approaches to collective action* (pp. 113–129). Abingdon, England: Routledge.

Schultz, I. (2007). The journalistic gut feeling: Journalistic doxa, news habitus and orthodox news values. *Journalism Practice, 1*(2), 190–207.

Schultz, A. P., Piepgrass, B., Weng, C. C., Ferrante, D., Verma, D., Martinazzi, P., Alison, T., & Mao, Z. (2014). *U.S. Patent No.* 20140114774 A1 ("Methods and systems for determining use and content of pymk based on value model"). Washington, DC: U.S. Patent and Trademark Office.

Schütz, A. (1946). The well-informed citizen: An essay on the social distribution of knowledge. *Social Research*, 13 (4), 463–478.

Schutz, A. (1970). *Alfred Schutz on phenomenology and social relations*. Chicago, IL: University of Chicago Press.

Seabrook, J. (2014). Revenue Streams. *The New Yorker*. Retrieved from https://www.newyorker.com/magazine/2014/11/24/revenue-streams

Seaver, N. (2013). Knowing algorithms. *Media in Transition, 8*, 1–12.

Sedgwick, E. K., & Frank, A. (1995). Shame in the cybernetic fold: Reading Silvan Tomkins. *Critical Inquiry, 21*(2), 496–522.

Simmel, G. (1906). The sociology of secrecy and of secret societies. *The American Journal of Sociology, 11*(4), 441–498.

Parasie, S. (2015). Data-driven revelation? Epistemological tensions in investigative journalism in the age of "big data." *Digital Journalism, 3*(3), 364–380.
Parasie, S., & Dagiral, E. (2013). Data-driven journalism and the public good: "Computer-assisted-reporters" and "programmer-journalists" in Chicago. *New Media & Society, 15*(6), 853–871.
Parikka, J. (2012). New materialism as media theory: Medianatures and dirty matter. *Communication and Critical/Cultural Studies, 9*(1), 95–100.
Pariser, E. (2011). *The filter bubble: What the Internet is hiding from you.* London, England: Penguin UK.
Parks, L. (2007). *Around the antenna tree: The politics of infrastructural visibility.* Paper presented at the ACM SIGGRAPH 2007 art gallery. San Diego, USA.
Parks, L., & Starosielski, N. (2015). *Signal traffic: Critical studies of media infrastructures.* Urbana: University of Illinois Press.
Pasick, A. (2015). The magic that makes Spotify's Discover Weekly playlists so damn good. *Quartz.* Retrieved from http://qz.com/571007/the-magic-that-makes-spotifys-discover-weekly-playlists-so-damn-good/
Pasquale, F. (2015). *The black box society.* Cambridge, MA: Harvard University Press.
Pasquale, F. A., & Bracha, O. (2008). Federal search commission? Access, fairness and accountability in the law of search. *Cornell Law Review, 93, 1149–1210.*
Passoth, J.-H., Peuker, B., & Schillmeier, M. (2012). *Agency without actors? New approaches to collective action.* London, England: Routledge.
Pavlik, J. (2000). The impact of technology on journalism. *Journalism Studies, 1*(2), 229–237.
Peet, R. (2000). Culture, imaginary, and rationality in regional economic development. *Environment and Planning A, 32*(7), 1215–1234.
Perel, M., & Elkin-Koren, N. (2017). Black box tinkering: Beyond transparency in algorithmic enforcement. *Florida Law Review, 69, 181–221.*
Peters, C., & Broersma, M. J. (2013). *Rethinking journalism: Trust and participation in a transformed news landscape.* London, England: Routledge.
Piaget, J. (2013). *Play, dreams and imitation in childhood.* London, England: Routledge.
Pickering, A. (1995). *The mangle of practice: Time, agency, and science.* Chicago, IL: University of Chicago Press.
Pinch, T. J., & Bijker, W. E. (1984). The social construction of facts and artefacts: Or how the sociology of science and the sociology of technology might benefit each other. *Social Studies of Science, 14*(3), 399–441.
Plantin, J.-C., Lagoze, C., Edwards, P. N., & Sandvig, C. (2016). Infrastructure studies meet platform studies in the age of Google and Facebook. *New Media & Society,* 1461444816661553.
Poole, E. S., Le Dantec, C. A., Eagan, J. R., & Edwards, W. K. (2008). *Reflecting on the invisible: understanding end-user perceptions of ubiquitous computing.* Paper presented at the Proceedings of the 10th international conference on Ubiquitous computing, September 11–14, Seoul, Korea.
Popper, B. (2015). Tastemaker. *The Verge.* Retrieved from http://www.theverge.com/2015/9/30/9416579/spotify-discover-weekly-online-music-curation-interview.
Power, M. (1999). *The audit society: Rituals of verification.* Oxford, England: Oxford University Press.
Power, M. (2004). Counting, control and calculation: Reflections on measuring and management. *Human Relations, 57*(6), 765–783.
Rabinow, P. (1994). *Essential works of Foucault 1954–1984.* London, England: Penguin Books.
Rabinow, P. (2009). *Anthropos today: Reflections on modern equipment.* Princeton, NJ: Princeton University Press.
Rader, E., & Gray, R. (2015). Understanding user beliefs about algorithmic curation in the Facebook news feed. *CHI 2015,* Seoul, Republic of Korea.
Rajchman, J. (1988). Foucault's art of seeing. *October,* 89–117.
Rancière, J. (2004). *The politics of aesthetics: The distribution of the sensible.* London, England: Continuum.

Napoli, P. M. (2015). Social media and the public interest: Governance of news platforms in the realm of individual and algorithmic gatekeepers. *Telecommunications Policy, 39*(9), 751–760.

Narasimhan, M. (2011). Extending the graph tech talk. Retrieved from http://www.facebook.com/video/video.php?v=10150231980165469

Naughton, J. (2016). Here is the news—but only if Facebook thinks you need to know. *The Guardian*. Retrieved from http://www.theguardian.com/commentisfree/2016/may/15/facebook-instant-articles-news-publishers-feeding-the-beast

Newton, C. (2016). Here's how Twitter's new algorithmic timeline is going to work. *The Verge*. Retrieved from http://www.theverge.com/2016/2/6/10927874/twitter-algorithmic-timeline

Neyland, D., & Möllers, N. (2017). Algorithmic IF…THEN rules and the conditions and consequences of power. *Information, Communication & Society, 20*(1), 45–62.

Nielsen, R. K. (2016). The many crises of Western journalism: A comparative analysis of economic crises, professional crises, and crises of confidence. In J. C. Alexander, E. B. Breese, & M. Luengo (Eds.), *The crisis of journalism reconsidered* (pp. 77–97)[a] Cambridge, England: Cambridge University Press.

Nielsen, R. K., & Schrøder, K. C. (2014). The relative importance of social media for accessing, finding, and engaging with news: An eight-country cross-media comparison. *Digital Journalism, 2*(4), 472–489.

Nunez, M. (2016). Former Facebook workers: We routinely suppressed Conservative news. *Gizmodo*. Retrieved from http://gizmodo.com/former-facebook-workers-we-routinely-suppressed-conser-1775461006

Obama, B. (2009). *Freedom of Information Act*. Retrieved from https://www.usitc.gov/secretary/foia/documents/FOIA_TheWhiteHouse.pdf

Ohlheiser, A. (2016). Three days after removing human editors, Facebook is already trending fake news. *The Washington Post*. Retrieved from https://www.washingtonpost.com/news/the-intersect/wp/2016/08/29/a-fake-headline-about-megyn-kelly-was-trending-on-facebook/?utm_term=.d7e4d9b9bf9a

Olazaran, M. (1996). A sociological study of the official history of the perceptrons controversy. *Social Studies of Science, 26*(3), 611–659.

Oremus, W. (2016). Who controls your Facebook feed. *Slate*. Retrieved from http://www.slate.com/articles/technology/cover_story/2016/01/how_facebook_s_news_feed_algorithm_works.html

Orlikowski, W. J. (1992). The duality of technology: Rethinking the concept of technology in organizations. *Organization Science, 3*(3), 398–427.

Orlikowski, W. J. (2000). Using technology and constituting structures: A practice lens for studying technology in organizations. *Organization Science, 11*(4), 404–428.

Orlikowski, W. J., & Gash, D. C. (1994). Technological frames: Making sense of information technology in organizations. *ACM Transactions on Information Systems (TOIS), 12*(2), 174–207.

Orlikowski, W. J., & Scott, S. V. (2008). 10 Sociomateriality: Challenging the separation of technology, work and organization. *The Academy of Management Annals, 2*(1), 433–474.

Orlikowski, W. J., & Scott, S. V. (2015). Exploring material-discursive practices. *Journal of Management Studies, 52*(5), 697–705.

Owens, E., & Vickrey, D. (2014). News feed FYI: Showing more timely stories from friends and pages. *Facebook News Feed FYI*. Retrieved from https://newsroom.fb.com/news/2014/09/news-feed-fyi-showing-more-timely-stories-from-friends-and-pages/

Packer, J., & Wiley, S. B. C. (2013). *Communication matters: Materialist approaches to media, mobility and networks*. New York, NY: Routledge.

Papacharissi, Z. (2015). *Affective publics: Sentiment, technology, and politics*. New York, NY: Oxford University Press.

Marwick, A. E. (2013). *Status update: Celebrity, publicity, and branding in the social media age*. New Haven, CT: Yale University Press.

Massumi, B. (1995). The autonomy of affect. *Cultural Critique* (31), 83–109.

Matheson, D. (2004). Weblogs and the epistemology of the news: some trends in online journalism. *New Media & Society, 6*(4), 443–468.

Maturana, H. R., & Varela, F. J. (1987). *The tree of knowledge: The biological roots of human understanding*. Boston, MA: Shambhala Publications.

McCormack, D. P. (2015). Devices for doing atmospheric things. In P. Vannini (Ed.), *Non-Representational methodologies. Re-Envisioning research*. New York, NY: Routledge.

McGoey, L. (2012). The logic of strategic ignorance. *The British Journal of Sociology, 63*(3), 533–576.

McKelvey, F. (2014). Algorithmic media need democratic methods: Why publics matter. *Canadian Journal of Communication, 39*(4).

McLuhan, M. (1994). *Understanding media: The extensions of man*. Cambridge, MA: MIT Press.

Mehra, S. K. (2015). Antitrust and the robo-seller: Competition in the time of algorithms. *Minnesota Law Review, 100*, 1323.

Meyer, P. (2002). *Precision journalism: A reporter's introduction to social science methods*. Lanham, MD: Rowman & Littlefield.

Meyer, R. (2014). Everything we know about Facebook's secret mood manipulation experiment. *The Atlantic*. Retrieved from http://www.theatlantic.com/technology/archive/2014/06/everything-we-know-about-facebooks-secret-mood-manipulation-experiment/373648/

Meyrowitz, J. (1994). Medium theory. In S. Crowley & D. Mitchell (Eds.) *Communication Theory Today (pp.* 50–77). Stanford, CA: Stanford University Press.

Michael, M. (2004). On making data social: Heterogeneity in sociological practice. *Qualitative Research, 4*(1), 5–23.

Miller, C. H. (2015, July 9). When algorithms discriminate. *New York Times*. Retrieved from http://www.nytimes.com/2015/07/10/upshot/when-algorithms-discriminate.html?_r=0

Miller, P., & Rose, N. (1990). Governing economic life. *Economy and Society, 19*(1), 1–31.

Minsky, M., & Papert, S. (1969). *Perceptrons*. Cambridge, MA: MIT Press.

Mirani, L. (2015). Millions of Facebook users have no idea they're using the internet. *Quartz*. Retrieved from http://qz.com/333313/milliions-of-facebook-users-have-no-idea-theyre-using-the-internet

Miyazaki, S. (2012). Algorhythmics: Understanding micro-temporality in computational cultures. *Computational Culture* (2). Retrieved from: http://computationalculture.net/algorhythmics-understanding-micro-temporality-in-computational-cultures/

Mol, A. (1999). Ontological politics. A word and some questions. *The Sociological Review, 47*(S1), 74–89.

Mol, A. (2002). *The body multiple: Ontology in medical practice*: Durham, NC: Duke University Press.

Mol, A. (2013). Mind your plate! The ontonorms of Dutch dieting. *Social Studies of Science, 43*(3), 379–396.

Morley, D. (2003). *Television, audiences and cultural studies*. London, England: Routledge.

Morley, D., & Silverstone, R. (1990). Domestic communication—technologies and meanings. *Media, Culture & Society, 12*(1), 31–55.

Moser, I. (2008). Making Alzheimer's disease matter. Enacting, interfering and doing politics of nature. *Geoforum, 39*(1), 98–110.

Müller, M. (2015). Assemblages and actor-networks: Rethinking socio-material power, politics and space. *Geography Compass, 9*(1), 27–41.

Murray, J. (2012). Cybernetic principles of learning. In. N. Seel (Ed) *Encyclopedia of the Sciences of Learning* (pp. 901–904). Boston, MA: Springer.

Napoli, P. M. (2014). On automation in media industries: Integrating algorithmic media production into media industries scholarship. *Media Industries, 1*(1). Retrieved from: https://quod.lib.umich.edu/m/mij/15031809.0001.107/—on-automation-in-media-industries-integrating-algorithmic?rgn=main;view=fulltext

Lemke, T. (2015). New materialisms: Foucault and the 'government of things'. *Theory, Culture & Society, 32*(4), 3–25.

Lenglet, M. (2011). Conflicting codes and codings: How algorithmic trading is reshaping financial regulation. *Theory, Culture & Society, 28*(6), 44–66.

Leonardi, P. M., Nardi, B. A., & Kallinikos, J. (2012). *Materiality and organizing: Social interaction in a technological world.* Oxford, England: Oxford University Press.

Levy, S. (2010). *Hackers.* Sebastopol, CA: O'Reilly Media.

Lewis, S. C. (2015). Journalism in an era of big data: Cases, concepts, and critiques. *Digital Journalism, 3*(3), 321–330.

Lewis, S. C., & Usher, N. (2013). Open source and journalism: Toward new frameworks for imagining news innovation. *Media, Culture & Society, 35*(5), 602–619.

Lewis, S. C., & Usher, N. (2016). Trading zones, boundary objects, and the pursuit of news innovation: A case study of journalists and programmers. *Convergence, 22*(5), 543–560.

Lewis, S. C., & Westlund, O. (2015). Big Data and Journalism: Epistemology, expertise, economics, and ethics. *Digital Journalism,* 3(3), 447–466.Li, J., Green, B., & Backstrom, L. S. (2013). *U.S. Patent No.* 9384243 B2 ("Real-time trend detection in a social network"). Washington, DC: U.S. Patent and Trademark Office.

Lievrouw, L. (2014). Materiality and media in communication and technology studies: An unfinished project. In T. Gillespie, P. Boczkowski, & K. Foot (Eds.), *Media technologies: Essays on communication, materiality, and society* (pp. 21–51). Cambridge, MA: MIT Press.

Linden, C. G. (2017). Decades of automation in the newsroom: Why are there still so many jobs in journalism? *Digital Journalism,* 5(2), 123–140.

Lowrey, W. (2006). Mapping the journalism–blogging relationship. *Journalism,* 7(4), 477–500.

Luu, F. (2013). *U.S. Patent No.* 20130332523 A1 ("Providing a multi-column newsfeed of content on a social networking system"). Retrieved from https://www.google.com/patents/US20130332523

Lyon, D. (2006). *Theorizing surveillance.* London, England: Routledge.

Mackenzie, A. (2002). *Transductions: Bodies and machines at speed.* London, England: Continuum.

Mackenzie, A. (2005). Problematising the technological: the object as event? *Social Epistemology, 19*(4), 381–399.

Mackenzie, A. (2006). *Cutting code: Software and sociality.* New York, NY: Peter Lang.

Mackenzie A (2007) Protocols and the irreducible traces of embodiment: The Viterbi Algorithm and the mosaic of machine time. In R. Hassan and R.E. Purser RE (Eds.) *24/7: Time and Temporality in the Network Society (pp. 89–106).* Stanford, CA: Stanford University Press.

Mackenzie, A. (2015). The production of prediction: What does machine learning want? *European Journal of Cultural Studies, 18*(4–5), 429–445.

Mackenzie, A., & Vurdubakis, T. (2011). Codes and codings in crisis signification, performativity and excess. *Theory, Culture & Society, 28*(6), 3–23.

MacKenzie, D. (2008). *Material markets: How economic agents are constructed.* Oxford, England: Oxford University Press.

Mager, A. (2012). Algorithmic ideology: How capitalist society shapes search engines. *Information, Communication & Society, 15*(5), 769–787.

Mahoney, M. S. (1988). The history of computing in the history of technology. *Annals of the History of Computing, 10*(2), 113–125.

Manovich, L. (1999). Database as symbolic form. *Convergence: The International Journal of Research into New Media Technologies,* 5(2), 80–99.

Manovich, L. (2001). *The language of new media.* Cambridge MA: MIT Press.

Mansell, R. (2012). *Imagining the internet: Communication, innovation, and governance.* Oxford, England: Oxford University Press.

Marres, N. (2012). *Material participation: technology, the environment and everyday publics.* Basingstoke, England: Palgrave Macmillan.

Marres, N. (2013). Why political ontology must be experimentalized: On eco-show homes as devices of participation. *Social Studies of Science, 43*(3), 417–443.

Kitchin, R., & Dodge, M. (2005). Code and the transduction of space. *Annals of the Association of American geographers, 95*(1), 162–180.

Kitchin, R., & Dodge, M. (2011). *Code/space: Software and everyday life*. Cambridge, MA: MIT Press.

Kittler, F. A. (1999). *Gramophone, film, typewriter*. Stanford, CA: Stanford University Press.

Klein, E. (2016). Facebook is going to get more politically biased, not less. *Vox*. Retrieved from http://www.vox.com/2016/5/13/11661156/facebook-political-bias

Kling, R. (1980). Social analyses of computing: Theoretical perspectives in recent empirical research. *ACM Computing Surveys (CSUR), 12*(1), 61–110.

Knight, W. (2015, September 22). The hit charade. *MIT Technology Review*. Retrieved from https://www.technologyreview.com/s/541471/the-hit-charade/

Knobel, C., & Bowker, G. C. (2011). Values in design. *Communications of the ACM, 54*(7), 26–28.

Knorr-Cetina, K. (1999). *Epistemic cultures: How scientists make sense*. Cambridge, MA: Harvard University Press.

Knuth, D. E. (1984). Literate programming. *The Computer Journal, 27*(2), 97–111.

Knuth, D. E. (1998). *The art of computer programming: Sorting and searching* (Vol. 3). London, England: Pearson Education.

Kroll, J. A., Huey, J., Barocas, S., Felten, E. W., Reidenberg, J. R., Robinson, D. G., & Yu, H. (2016). Accountable algorithms. *University of Pennsylvania Law Review, 165, 633–706.*

Kushner, S. (2013). The freelance translation machine: Algorithmic culture and the invisible industry. *New Media & Society, 15*(8), 1241–1258.

Lacan, J., & Fink, B. (2002). *Ecrits: A selection*. New York, NY: WW Norton.

LaFrance, A. (2015). Not even the people who write algorithms really know how they work. *The Atlantic*. Retrieved from http://www.theatlantic.com/technology/archive/2015/09/not-even-the-people-who-write-algorithms-really-know-how-they-work/406099/

Lamb, R., & Kling, R. (2003). Reconceptualizing users as social actors in information systems research. *Mis Quarterly*, 27(2), 197–236.

Langlois, G. (2014). *Meaning in the age of social media*. New York, NY: Palgrave Macmillan.

Langlois, G., & Elmer, G. (2013). The research politics of social media platforms. *Culture Machine, 14*, 1–17.

Lash, S. (2007). Power after hegemony cultural studies in mutation? *Theory, Culture & Society, 24*(3), 55–78.

Latour, B. (1994). On technical mediation. *Common knowledge, 3*(2), 29–64.

Latour, B. (1999). *Pandora's hope: Essays on the reality of science studies*. Cambridge, MA: Harvard University Press.

Latour, B. (2004). Why has critique run out of steam? From matters of fact to matters of concern. *Critical Inquiry, 30*(2), 225–248.

Latour, B. (2005). *Reassembling the social: An introduction to actor-network-theory*. Oxford, England: Oxford University Press.

Law, J. (1999). After ANT: Complexity, naming and topology. *The Sociological Review, 47*(S1), 1–14.

Law, J. (2002). *Aircraft stories: Decentering the object in technoscience*. Durham, NC: Duke University Press.

Law, J. (2004a). *After method: Mess in social science research*. London, England: Routledge.

Law, J. (2004b). Matter-ing: Or how might STS contribute?." Centre for Science Studies, Lancaster University, draft available at http://www. heterogeneities. net/publications/Law2009TheGreer-BushTest. pdf, accessed on December 5th, 2010, 1–11.

Law, J., & Singleton, V. (2014). ANT, multiplicity and policy. *Critical policy studies, 8*(4), 379–396.

Lazer, D., Kennedy, R., King, G., & Vespignani, A. (2014). The parable of Google flu: Traps in big data analysis. *Science, 343*(6176), 1203–1205.

Lemke, T. (2001). "The birth of bio-politics": Michel Foucault's lecture at the Collège de France on neo-liberal governmentality. *Economy and Society, 30*(2), 190–207.

Lemke, T. (2012). *Foucault, governmentality, and critique*. Boulder, CO: Paradigm.

Introna, L. D. (2016). Algorithms, governance, and governmentality on governing academic writing. *Science, Technology & Human Values, 41*(1), 17–49.

Introna, L. D., & Nissenbaum, H. (2000). Shaping the Web: Why the politics of search engines matters. *The Information Society, 16*(3), 169–185.

Jansen, K., & Vellema, S. (2011). What is technography? *NJAS-Wageningen Journal of Life Sciences, 57*(3), 169–177.

Johnson, M. (1993). *Moral imagination: Implications of cognitive science for ethics.* Cambridge, England: Cambridge University Press.

Johnson-Laird, P. N., & Oatley, K. (1992). Basic emotions, rationality, and folk theory. *Cognition & Emotion, 6*(3–4), 201–223.

Juan, Y. F., & Hua, M. (2012). Contextually relevant affinity prediction in a social networking system. *U.S. Patent Application No. 12/978,265, US 2012/0166532 A1.* Retrieved from https://www.google.com/patents/US20120166532

Juniper, J., & Jose, J. (2008). Foucault and Spinoza: Philosophies of immanence and the decentred political subject. *History of the Human Sciences, 21*(2), 1–20.

Jurgenson, N., & Rey, P. (2012). Comment on Sarah Ford's "Reconceptualization of privacy and publicity." *Information, Communication & Society, 15*(2), 287–293.

Just, N., & Latzer, M. (2017). Governance by algorithms: Reality construction by algorithmic selection on the internet. *Media, Culture & Society,* 39(2), 238–258.

Kacholia, V. (2013). News feed FYI: Showing more high quality content. *Facebook: News feed FYI.* Retrieved from https://newsroom.fb.com/news/2013/08/news-feed-fyi-showing-more-high-quality-content/

Kaerlein, T. (2013). Playing with personal media: On an epistemology of ignorance. *Culture Unbound.* 5, 651–670.

Kahn, D. (2004). A musical technography of John Bischoff. *Leonardo Music Journal, 14,* 75–79.

Karlsen, J., & Stavelin, E. (2014). Computational journalism in Norwegian newsrooms. *Journalism Practice, 8*(1), 34–48.

Karppi, T., & Crawford, K. (2016). Social media, financial algorithms and the hack crash. *Theory, Culture & Society, 33*(1), 73–92.

Kaun, A., & Stiernstedt, F. (2014). Facebook time: Technological and institutional affordances for media memories. *New Media & Society, 16*(7), 1154–1168.

Kelly, M. G. (2015). Discipline is control: Foucault contra Deleuze. *New Formations, 84*(84–85), 148–162.

Kempton, W. (1986). Two theories of home heat control. *Cognitive Science, 10*(1), 75–90.

Kendall, T., & Zhou, D. (2010). *U.S. Patent No.* 20100257023 A1 ("Leveraging Information in a Social Network for Inferential Targeting of Advertisements"). Washington, DC: U.S. Patent and Trademark Office.

Keyani, P. (2014). Evolving culture and values. Understanding the tradeoffs. Growth through failure. The importance of leadership and open communication. *InfoQ.* Retrieved from http://www.infoq.com/presentations/facebook-culture-growth-leadership

Kien, G. (2008). Technography= technology+ ethnography. *Qualitative Inquiry, 14*(7), 1101–1109.

Kincaid, J. (2010). EdgeRank: The Secret Sauce That Makes Facebook's News Feed Tick. Retrieved from http://techcrunch.com/2010/04/22/facebook-edgerank/

King, R. (2013). Facebook engineers explain News Feed ranking algorithms; more changes soon. *ZDNet.* Retrieved from http://www.zdnet.com/article/facebook-engineers-explain-news-feed-ranking-algorithms-more-changes-soon

Kirby, D. A. (2011). *Lab coats in Hollywood: Science, scientists, and cinema.* Cambridge, MA: MIT Press.

Kirchner, L. (2015, September 6). When discrimination is baked into algorithms. *The Atlantic.* Retrieved from http://www.theatlantic.com/business/archive/2015/09/discrimination-algorithms-disparate-impact/403969/

Kitchin, R. (2017). Thinking critically about and researching algorithms. *Information, Communication & Society, 20*(1), 14–29.

Hansen, M. B. (2004). *New philosophy for new media*. Cambridge, MA: MIT Press.

Hansen, M. B. (2012). *Bodies in code: Interfaces with digital media*. New York, NY: Routledge.

Haraway, D. (1991). Simians, cyborgs, and women: New York, NY: Routledge.

Haraway, D. J. (2004). *The Haraway reader*. East Sussex, England: Psychology Press.

Hardin, R. (2003). If it rained knowledge. *Philosophy of the Social Sciences, 33*(1), 3–24.

Harding, S. (1996). Feminism, science, and the anti-enlightenment critiques. In A. Garry & M. Pearsall (Eds.) *Women, knowledge, and reality: Explorations in feminist philosophy* (pp. 298–320). New York, NY: Routledge.

Hardy, Q. (2014). The Monuments of Tech. *New York Times*. Retrieved from http://www.nytimes.com/2014/03/02/technology/the-monuments-of-tech.html

Hargittai, E. (2010). Facebook privacy settings: Who cares? *First Monday, 15*(8).

Hayles, N. K. (2005). *My mother was a computer: Digital subjects and literary texts*. Chicago, IL: University of Chicago Press.

Hays, R. B. (1988). Friendship. In S. Duck, D. F. Hay, S. E. Hobfoll, W. Ickes, & B. M. Montgomery (Eds.), *Handbook of personal relationships: Theory, research and interventions* (pp. 391–408). Oxford, England: John Wiley.

Heath, A. (2015). Spotify is getting unbelievably good at picking music—here's an inside look at how. *Tech Insider*. Retrieved from http://www.techinsider.io/inside-spotify-and-the-future-of-music-streaming

Hecht-Nielsen, R. (1988). Neurocomputing: picking the human brain. *Spectrum, IEEE, 25*(3), 36–41.

Hein, S. F. (2016). The new materialism in qualitative inquiry: How compatible are the philosophies of Barad and Deleuze? *Cultural Studies? Critical Methodologies, 16*(2), 132–140.

Helberger, N., Kleinen-von Königslöw, K., & van der Noll, R. (2015). Regulating the new information intermediaries as gatekeepers of information diversity. *Info, 17*(6), 50–71.

Helm, B. W. (2010). *Love, friendship, and the self: Intimacy, identification, and the social nature of persons*. Cambridge, England: Cambridge University Press.

Hermida, A., Fletcher, F., Korell, D., & Logan, D. (2012). Share, like, recommend: Decoding the social media news consumer. *Journalism Studies, 13*(5–6), 815–824.

Hill, D. W. (2012). Jean-François Lyotard and the inhumanity of internet surveillance. In C. Fuchs, K. Boersma, A. Albrechtslund, & M. Sandoval (Eds.), *Internet and surveillance: The challenges of Web* (Vol. 2, pp. 106–123). New York, NY: Routledge.

Hirsch, E., & Silverstone, R. (2003). *Consuming technologies: Media and information in domestic spaces*. London, England: Routledge.

Hirschfeld, L. A. (2001). On a folk theory of society: Children, evolution, and mental representations of social groups. *Personality and Social Psychology Review, 5*(2), 107–117.

Hoel, A. S., & Van der Tuin, I. (2013). The ontological force of technicity: Reading Cassirer and Simondon diffractively. *Philosophy & Technology, 26*(2), 187–202.

Hromkovič, J. (2015). Alan Turing and the Foundation of Computer Science. In G. Sommaruga & T. Strahm (Eds.) *Turing's Revolution* (pp. 273–281). Cham, Germany: Springer

Hull M (2011) Facebook changes mean that you are not seeing everything that you should be seeing. Retrieved from http://www.facebook.com/notes/mark-hull/please-read-facebook-changes-mean-that-you-are-not-seeing-everything-that-you-sh/10150089908123789.

Hutchby, I. (2001). Technologies, texts and affordances. *Sociology, 35*(2), 441–456.

Ingold, T. (1993). The temporality of the landscape. *World Archaeology, 25*(2), 152–174.

Ingold, T. (2000). *The perception of the environment: essays on livelihood, dwelling and skill*. East Susses, England: Psychology Press.

Ingold, T. (2011). *Being alive: Essays on movement, knowledge and description*. London, England: Routledge.

Introna, L., & Wood, D. (2004). Picturing algorithmic surveillance: The politics of facial recognition systems. *Surveillance & Society, 2*(2/3).

Introna, L. D. (2011). The enframing of code agency, originality and the plagiarist. *Theory, Culture & Society, 28*(6), 113–141.

Goodman, N. (1985). *Ways of worldmaking.* Indianapolis, IN: Hackett Publishing.
Gourarie, C. (2015). "Structured journalism" offers readers a different kind of story experience. Retrieved from https://www.cjr.org/innovations/structured_journalism.php
Grauer, Y. (2016). ACLU Files Lawsuit On Behalf of Researchers and Journalists Seeking To Uncover Discrimination Online. *Forbes.* Retrieved from http://www.forbes.com/sites/ygrauer/2016/06/30/aclu-files-lawsuit-on-behalf-of-researchers-and-journalists-seeking-to-uncover-discrimination-online/#1edfbf306b92
Green, S. (1999). A plague on the panopticon: surveillance and power in the global information economy. *Information, Communication & Society, 2*(1), 26–44.
Gregg, M. (2007). Thanks for the Ad(d): Neoliberalism's compulsory friendship. Retrieved from http://www.onlineopinion.com.au/view.asp?article = 6400
Gregg, M., & Seigworth, G. J. (2010). *The affect theory reader.* Durham, NC: Duke University Press.
Grier, D. (1996). The ENIAC, the verb "to program" and the emergence of digital computers. *IEEE Annals of the History of Computing, 18*(1), 51–55.
Griffith, E. (2016). Why huge growth and profits weren't enough for Facebook's investors this quarter. *Fortune.* Retrieved from http://fortune.com/2016/11/02/facebook-earnings-investors-growth/
Grimmelmann, J. (2008). The Google dilemma. *New York Law School Law Review, 53,* 939–950.
Gross, M. (2007). The unknown in process dynamic connections of ignorance, non-knowledge and related concepts. *Current Sociology, 55*(5), 742–759.
Grosser, B. (2014). What do metrics want? How quantification prescribes social interaction on Facebook. *Computational Culture* (4).
Gubin, M., Kao, W., Vickrey, D., & Maykov, A. (2014). *U.S. Patent No.* 8768863 ("Adaptive ranking of news feed in social networking systems"). Retrieved from https://www.google.com/patents/US20140258191
Hacking, I. (1990). *The taming of chance.* Cambridge, England: Cambridge University Press.
Hacking, I. (1991). How should we do the history of statistics? In G. Burchell, C. Gordon, & P. Miller (Eds.), *The Foucault effect–studies in governmentality* (pp. 181–195). London, England: Harvester Wheatsheaf.
Hacking, I. (1999). Making up people. In M. Biagioli & P. Galison (Eds.), *The science studies reader* (pp. 161–171). New York, NY: Routledge.
Hacking, I. (2006). *The emergence of probability: A philosophical study of early ideas about probability, induction and statistical inference.* Cambridge, England: Cambridge University Press.
Hacking, I. (2007). *Kinds of people: Moving targets. Proceedings of the British Society: 151,* 285–318.
Hacking, I. (2015). Biopower and the avalanche of printed numbers. In V. W. Cisney & N. Morar (Eds.), *Biopower: Foucault and beyond* (pp. 65–81). Chicago, IL: University of Chicago Press.
Haggerty, K. D., & Ericson, R. V. (2000). The surveillant assemblage. *The British Journal of Sociology, 51*(4), 605–622.
Haigh, T. (2001). Inventing information systems: The systems men and the computer, 1950–1968. *Business History Review, 75*(01), 15–61.
Hallin, D. C., & Mancini, P. (2004). *Comparing media systems: Three models of media and politics.* Cambridge, England. Cambridge University press.
Hallinan, B., & Striphas, T. (2016). Recommended for you: The Netflix Prize and the production of algorithmic culture. *New Media & Society, 18*(1), 117–137.
Hamilton, B. (2010). Bootcamp: Growing culture at Facebook. *Facebook engineering.* Retrieved from https://www.facebook.com/notes/facebook-engineering/bootcamp-growing-culture-at-facebook/249415563919
Hamilton, K., Karahalios, K., Sandvig, C., & Eslami, M. (2014). *A path to understanding the effects of algorithm awareness.* Paper presented at the CHI'14 Extended Abstracts on Human Factors in Computing Systems, April 26–May 1, Toronto, Canada.
Hamilton, J. T., & Turner, F. (2009). *Accountability through algorithm, Developing the field of computational journalism.* Paper presented at the Center for Advanced Study in the Behavioral Sciences Summer Workshop. Duke University in association with Stanford University.

Foucault, M., & Rabinow, P. (1997). *Ethics: subjectivity and truth: the essential works of Michel Foucault, 1954–1984* (Vol. 1). New York, NY: The New Press.
Fraser, M. (2006). Event. *Theory, Culture & Society, 23*(2–3), 129–132.
Fuchs, C. (2012). The political economy of privacy on Facebook. *Television & New Media, 13*(2), 139–159.
Fuller, M. (2008). *Software studies: A lexicon*. Cambridge, MA: MIT Press.
Galison, P. (1994). The ontology of the enemy: Norbert Wiener and the cybernetic vision. *Critical Inquiry*, 21(1), 228–266.
Galison, P. (2004). Removing knowledge. *Critical Inquiry, 31*(1), 229–243.
Galloway, A. R. (2004). *Protocol: How control exists after decentralization*. Cambridge, MA: MIT Press.
Galloway, A. R. (2006a). Language wants to be overlooked: On software and ideology. *Journal of Visual Culture, 5*(3), 315–331.
Galloway, A. R. (2006b). *Gaming: Essays on algorithmic culture*. Minneapolis: University of Minnesota Press.
Galloway, A. (2011). Are some things unrepresentable? *Theory, Culture & Society, 28*(7–8), 85–102.
Gans, H. J. (1979). *Deciding what's news: A study of CBS evening news, NBC nightly news, Newsweek, and Time*. Evanston, IL: Northwestern University Press.
Garcia, M. (2017). In quest for homepage engagement, newsrooms turn to dreaded "A" word. Retrieved from https://www.cjr.org/analysis/news-algorithm-homepage.php
Ge, H. (2013). News Feed FYI: More Relevant Ads in News Feed. Retrieved from https://newsroom.fb.com/news/2013/09/news-feed-fyi-more-relevant-ads-in-news-feed/
Gehl, R. W. (2014). *Reverse engineering social media*. Philadelphia, PA: Temple University Press.
Gerlitz, C., & Helmond, A. (2013). The like economy: Social buttons and the data-intensive web. *New media & society, 15*(8), 1348–1365.
Gerlitz, C., & Lury, C. (2014). Social media and self-evaluating assemblages: on numbers, orderings and values. *Distinktion: Scandinavian Journal of Social Theory, 15*(2), 174–188.
Gibson, E. J. (1988). Exploratory behavior in the development of perceiving, acting, and the acquiring of knowledge. *Annual Review of Psychology, 39*(1), 1–42.
Gillespie, T. (2011). Can an algorithm be wrong? Twitter Trends, the specter of censorship, and our faith in the algorithms around us. *Culture Digitally*. Retrieved from http://culturedigitally.org/2011/10/can-an-algorithm-be-wrong/
Gillespie, T. (2014). The Relevance of Algorithms. In T. Gillespie, P. Boczkowski, & K. Foot (Eds.), *Media technologies: Essays on communication, materiality, and society* (pp. 167–194). Cambridge, MA: MIT Press.
Gillespie, T. (2016a). Algorithm. In B. Peters (Ed.), *Digital keywords: A vocabulary of information society and culture* (pp. 18–30). Princeton, NJ: Princeton University Press.
Gillespie, T. (2016b). #trendingistrending: when algorithms become culture. In R. Seyfert & J. Roberge (Eds.) *Algorithmic cultures: Essays on meaning, performance and new technologies* (pp. 52–75). New York, NY: Routledge.
Gillespie, T. (2017). Algorithmically recognizable: Santorum's Google problem, and Google's Santorum problem. *Information, Communication & Society, 20*(1), 63–80.
Gillespie, T., Boczkowski, P., & Foot, K. (2014). *Media Technologies: Essays on Communication, Materiality, and Society*. Cambridge, Mass: MIT Press.
Goel, V. (2014). Facebook tinkers with users' emotions in news feed experiment, stirring outcry. *New York Times*. Retrieved from http://www.nytimes.com/2014/06/30/technology/facebook-tinkers-with-users-emotions-in-news-feed-experiment-stirring-outcry.html
Goffey, A. (2008). Algorithm. In M. Fuller (Ed.), *Software studies: A lexicon*. Cambridge, MA: MIT Press.
Golumbia, D. (2009). *The cultural logic of computation*. Cambridge, MA: Harvard University Press.
Gomez-Uribe, C. A., & Hunt, N. (2015). The Netflix recommender system: Algorithms, business value, and innovation. *ACM Transactions on Management Information Systems (TMIS), 6*(4), 13.
Goode, L. (2009). Social news, citizen journalism and democracy. *New Media & Society, 11*(8), 1287–1305.

Facebook (2011). How news feed works. Retrieved from https://web.archive.org/web/20110915091339/http://www.facebook.com/help?page=408
Facebook (2012). Form 1 Registration Statement. Retrieved from https://www.sec.gov/Archives/edgar/data/1326801/000119312512034517/d287954ds1.htm
Facebook (2013). How does my News Feed determine which content is most interesting? Retrieved from http://web.archive.org/web/20130605191932/https://www.facebook.com/help/166738576721085
Facebook (2014). #AskMark: Why do you wear the same shirt every day?. Retrieved from https://vimeo.com/111171647
Facebook. (2015). How does News Feed decide which stories to show? *Facebook Help Center.* Retrieved from https://www.facebook.com/help/166738576721085
Facebook. (2016). Search FYI: An update to trending. Retrieved from http://newsroom.fb.com/news/2016/08/search-fyi-an-update-to-trending
Facebook (2018). What kinds of posts will I see in News Feed? Facebook Help Center. Retrieved from https://www.facebook.com/help/166738576721085
Farias, G., Dormido-Canto, S., Vega, J., Rattá, G., Vargas, H., Hermosilla, G., Alfaro, L. & Valencia, A. (2016). Automatic feature extraction in large fusion databases by using deep learning approach. *Fusion Engineering and Design, 112*, 979–983.
Fattal, A. (2012). Facebook: Corporate hackers, a billion users, and the geo-politics of the "social graph." *Anthropological Quarterly, 85*(3), 927–955.
Faubion, J. D. (1994). Michel Foucault power: Essential works of Foucault 1954–1984 (Vol. 3): London, England: Penguin.
Fink, K., & Anderson, C. W. (2015). Data journalism in the United States: Beyond the "usual suspects." *Journalism Studies, 16*(4), 467–481.
Firstround (2014). "80% of Your Culture is Your Founder". Retrieved from http://firstround.com/review/80-of-Your-Culture-is-Your-Founder/
Flach, P. (2012). *Machine learning: the art and science of algorithms that make sense of data.* Cambridge, England: Cambridge University Press.
Flanagan, M., & Nissenbaum, H. (2014). *Values at play in digital games.* Cambridge, MA: MIT Press.
Flynn, J. (2004). Communicative power in Habermas's theory of democracy. *European Journal of Political Theory, 3*(4), 433–454.
Foucault, M. (1977). *Discipline and punish: The birth of the prison.* New York, NY: Vintage.
Foucault, M. (1978). *The history of sexuality: An introduction. Vol. 1.* New York, NY: Vintage.
Foucault, M. (1980). *Power/knowledge: Selected interviews and other writings, 1972–1977.* New York, NY: Harvester Wheatsheaf.
Foucault, M. (1982). The subject and power. *Critical Inquiry, 8*(4), 777–795.
Foucault, M. (1988). *Politics, philosophy, culture: Interviews and other writings, 1977–1984.* New York, NY: Routledge.
Foucault, M. (1990). *The history of sexuality: An introduction, volume I.* Trans. Robert Hurley. New York, NY: Vintage Books.
Foucault, M. (1993). About the beginning of the hermeneutics of the self: Two lectures at Dartmouth. *Political Theory, 21*(2), 198–227.
Foucault, M. (1994). Polemics, politics, and problematizations. In P. Rabinow (Ed.), *Ethics: Subjectivity and truth* (pp. 111–119). New York, NY: The New Press.
Foucault, M. (2007). *Security, population, territory: lectures at the Collège de France 1977–78.* Trans. G. Burchell. New York, NY: Palgrave Macmillan.
Foucault, M. (2008). The birth of biopower: Lectures at the College de France, 1978–1979. Trans. Graham Burchell. New York, NY: Palgrave Macmillan.
Foucault, M. (2010). What is enlightenment? In P. Rabinow (Ed.), *The Foucault reader* (pp. 32–50). New York, NY: Vintage Books.
Foucault, M. (2012). *The history of sexuality, vol. 2: The use of pleasure.* New York, NY: Vintage.
Foucault, M. (2015). *On the Punitive Society: Lectures at the Collège de France, 1972–1973.* Basingstoke, England: Palgrave McMillan.

Debatin, B., Lovejoy, J. P., Horn, A. K., & Hughes, B. N. (2009). Facebook and online privacy: Attitudes, behaviors, and unintended consequences. *Journal of Computer-Mediated Communication, 15*(1), 83–108.
DeLanda, M. (2006). *A new philosophy of society: Assemblage theory and social complexity*. London, England: Bloomsbury
Deleuze, G. (1988). *Spinoza: Practical philosophy*. San Francisco, CA: City Lights Books.
Deleuze, G. (1990). *Expressionism in philosophy: Spinoza*. New York, NY: Zone Books.
Deleuze, G. (1992). Postscript on the societies of control. *October, 59*, 3–7.
Deleuze, G. (2006). *Foucault*. London, England: Routledge.
Deleuze, G., & Guattari, F. (1987). A thousand plateaus. Minneapolis: University of Minnesota Press.
Deleuze, G., & Parnet, C. (2007). *Dialogues II*. New York, NY: Columbia University Press.
Derrida, J. (2005). *Politics of friendship* (Vol. 5). New York, NY: Verso.
Derrida, J., & Ferraris, M. (2001). *A Taste for the secret*, trans. Giacomo Donis. Cambridge, England: Polity.
Desrosières, A., & Naish, C. (2002). *The politics of large numbers: A history of statistical reasoning*. Cambridge, MA: Harvard University Press.
Deuze, M. (2012). *Media life*. Cambridge, England: Polity.
Dewandre, N. (2015). The human condition and the black box society. *Boundary 2*. Retrieved from https://www.boundary2.org/2015/12/dewandre-on-pascal/#authorbio
Diakopoulos, N. (2014). Algorithmic accountability reporting: On the investigation of black boxes. Tow Center for Digital Journalism, Columbia University, New York, NY.
Diakopoulos, N. (2015). Algorithmic Accountability: Journalistic investigation of computational power structures. *Digital Journalism, 3*(3), 398–415.
Diakopoulos, N., & Koliska, M. (2017). Algorithmic transparency in the news media. *Digital Journalism, 5*(7), 809–828.
Doctorow, C. (2010). Saying information wants to be free does more harm than good. Retrieved from https://www.theguardian.com/technology/2010/may/18/information-wants-to-be-free
Domingo, D. (2008). Interactivity in the daily routines of online newsrooms: Dealing with an uncomfortable myth. *Journal of Computer-Mediated Communication, 13*(3), 680–704.
Domingos, P. (2015). *The master algorithm: How the quest for the ultimate learning machine will remake our world*. New York, NY: Basic Books.
Dörr, K. N. (2016). Mapping the field of algorithmic journalism. *Digital Journalism*, 4(6), 700–722.
Dourish, P. (2014). NoSQL: The shifting materialities of database technology. *Computational Culture* (4).
Driscoll, K. (2012). From punched cards to "big data": A social history of database populism. *communication+ 1, 1*(1), 4.
Duggan, M., Ellison, N., Lampe, C., Lenhart, A., & Madden, M. (2015). *Social media update 2014*. Retrieved from Pew Research Center: http://www.pewinternet.org/files/2015/01/PI_SocialMediaUpdate20144.pdf
Eilam, E. (2005). *Reversing: Secrets of reverse engineering*. Indianapolis, IN: John Wiley & Sons.
Elmer, G. (2004). *Profiling machines: Mapping the personal information economy*. Cambridge, MA: MIT Press.
Ensmenger, N. (2012). The digital construction of technology: Rethinking the history of computers in society. *Technology and Culture, 53*(4), 753–776.
Eslami, M., Rickman, A., Vaccaro, K., Aleyasen, A., Vuong, A., Karahalios, K., . . . Sandvig, C. (2015). *"I always assumed that I wasn't really that close to [her]": Reasoning about invisible algorithms in the news feed*. Paper presented at the Proceedings of the 33rd Annual SIGCHI Conference on Human Factors in Computing Systems, New York, NY.
Espeland, W. N., & Sauder, M. (2007). Rankings and reactivity: How public measures recreate social worlds. *American Journal of Sociology, 113*(1), 1–40.
Espeland, W. N., & Stevens, M. L. (2008). A sociology of quantification. *European Journal of Sociology, 49*(03), 401–436.

Cheney-Lippold, J. (2011). A new algorithmic identity: Soft biopolitics and the modulation of control. *Theory, Culture & Society, 28*(6), 164–181.
Cheney-Lippold, J. (2016). Jus algoritmi: How the National Security Agency remade citizenship. *International Journal of Communication, 10*, 22.
Christian, B. (2012). The A/B test: Inside the technology that's changing the rules of business. *Wired*. Retrieved from http://www.wired.com/2012/04/ff_abtesting/
Chun, W. H. K. (2011). *Programmed visions: Software and memory*. Cambridge, MA: MIT Press.
Chun, W. H. K. (2016). *Updating to Remain the Same: Habitual New Media*. Cambridge, MA: MIT Press.
Citron, D. K., & Pasquale, F. A. (2014). The scored society: Due process for automated predictions. *Washington Law Review, 89*, 1–33.
Clerwall, C. (2014). Enter the robot journalist: Users' perceptions of automated content. *Journalism Practice, 8*(5).
Clough, P. T., & Halley, J. (Eds.). (2007). *The affective turn: Theorizing the social*. Durham, NC: Duke University Press.
Codd, E. F. (1970). A relational model of data for large shared data banks. *Communications of the ACM, 13*(6), 377–387.
Coddington, M. (2015). Clarifying journalism's quantitative turn: A typology for evaluating data journalism, computational journalism, and computer-assisted reporting. *Digital Journalism, 3*(3), 331–348.
Cohen, J. E. (2016). The regulatory state in the information age. *Theoretical Inquiries in Law, 17*(2).
Cohen, S., Hamilton, J. T., & Turner, F. (2011). Computational journalism. *Communications of the ACM, 54*(10), 66–71.
Coleman, G. (2014). *Hacker, hoaxer, whistleblower, spy: The many faces of Anonymous*. London, England: Verso.
Condliffe, J. (2015). You're using neural networks every day online—Here's how they work. *Gizmodo*. Retrieved from http://gizmodo.com/youre-using-neural-networks-every-day-online-heres-h-1711616296
Cooren, F., Fairhurst, G., & Huët, R. (2012). Why matter always matters in (organizational) communication. In P. M. Leonardi, B. A. Nardi, & J. Kallinikos (Eds.), *Materiality and organizing: Social interaction in a technological world* (pp. 296–314). Oxford, England: Oxford University Press.
Corasaniti, N., & Isaac, M. (2016). Senator demands answers from Facebook on claims of "trending" list bias. Retrieved from http://www.nytimes.com/2016/05/11/technology/facebook-thune-conservative.html?_r=0
Corbin, J., & Strauss, A. (2008). Basics of qualitative research. London: Sage.
Cormen, T. H. (2013). *Algorithms unlocked*. Cambridge, MA: MIT Press.
Cotter, C. (2010). *News talk: Investigating the language of journalism*: Cambridge University Press.
Couldry, N. (2012). *Media, society, world: Social theory and digital media practice*. Cambridge, England: Polity.
Couldry, N., Fotopoulou, A., & Dickens, L. (2016). Real social analytics: a contribution towards a phenomenology of a digital world. *The British Journal of Sociology*, 67(1), 118–137.
Ctrl-Shift (2015). The data driven economy: Toward sustainable growth. Report commissioned by Facebook.
Cutterham, T. (2013). Just friends. Retrieved from http://thenewinquiry.com/essays/just-friends/
Davidson, J., Liebald, B., Liu, J., Nandy, P., & Van Vleet, T. (2010). *The YouTube video recommendation system*. Paper presented at the Proceedings of the fourth ACM conference on Recommender systems. Barcelona, Spain.
De Mayer, J. (2016). Adopting a 'Material Sensibility' in Journalism Studies. In T. Witschge, C.W. Anderson, D. Domingo & A. Hermida (Eds.) The SAGE Handbook of Digital Journalism (pp. 460–476). London, England: Sage.
De Vries, K. (2010). Identity, profiling algorithms and a world of ambient intelligence. *Ethics and Information Technology, 12*(1), 71–85.

Braidotti, R. (2006). Posthuman, all too human towards a new process ontology. *Theory, Culture & Society, 23*(7–8), 197–208.

Brandom, R. (2016). Leaked documents show how Facebook editors were told to run Trending Topics. *The Verge.* Retrieved from http://www.theverge.com/2016/5/12/11665298/facebook-trending-news-topics-human-editors-bias

Braun, B. & Whatmore, S. J. (2010). The stuff of politics: An introduction. In B. Braun, S Whatmore, & I. Stengers (Eds.) *Political matter: Technoscience, democracy, and public life* (pp. ix–xl) Minneapolis: University of Minnesota Press.

Braverman, I. (2014). Governing the wild: Databases, algorithms, and population models as biopolitics. *Surveillance & Society, 12*(1), 15.

Bröckling, U., Krasmann, S., & Lemke, T. (2011). From Foucaults lectures at the Collège de France to studies of governmentality. In U. Brökling, S. Krasmann & T. Lemke (Eds.) *Governmentality. Current issues and future challenges* (pp. 1–33). New York, NY: Routledge.

Bucher, T. (2013). The friendship assemblage investigating programmed sociality on Facebook. *Television & New Media, 14*(6), 479–493.

Bucher, T. (2016). Database. In B. K. Jensen & R. T. Craig (Eds.), *The international encyclopaedia of communication theory and philosophy* (pp. 489–496). Chichester, England: Wiley-Blackwell.

Buchheit. (2009). Applied philosophy, a.k.a. "hacking." *Paul Buchheit.* Retrieved from http://paulbuchheit.blogspot.com/2009_10_01_archive.html

Burrell, J. (2016). How the machine "thinks": Understanding opacity in machine learning algorithms. *Big Data & Society, 3*(1), 2053951715622512.

Butler, J. (1990). *Gender trouble: Feminism and the subversion of identity.* London: Routledge.

Butler, J. (2011). *Bodies that matter: On the discursive limits of sex.* London: Taylor & Francis.

Callon, M. (1998). *The laws of the markets.* Oxford, England: Blackwell.

Callon, M. (2007). What does it mean to say that economics is performative? In D. Mackenzie, F. Muniesa & L. Siu (Eds.) *Do economists make markets?* (pp. 311–357). Princeton, NJ: Princeton University Press.

Callon, M., & Latour, B. (1981). Unscrewing the big Leviathan: How actors macro-structure reality and how sociologists help them to do so. In K. Knorr-Cetina & A. V. Cicourel (Eds.) *Advances in social theory and methodology: Toward an integration of micro-and macro-sociologies* (pp. 277–303). London, England: Routledge.

Callon, M., & Law, J. (2005). On qualculation, agency, and otherness. *Environment and Planning D: Society and Space, 23*(5), 717–733.

Callon, M., & Muniesa, F. (2005). Peripheral vision economic markets as calculative collective devices. *Organization Studies, 26*(8), 1229–1250.

Candela. (2016). Session with Joaquin Quiñonero Candela. *Quora.* Retrieved from https://www.quora.com/session/Joaquin-Quiñonero-Candela/1

Carlson, M. (2015). The robotic reporter: Automated journalism and the redefinition of labor, compositional forms, and journalistic authority. *Digital Journalism, 3*(3), 416–431.

Castoriadis, C. (1987). *The imaginary institution of society.* Cambridge, MA: MIT Press.

Cathcart, W. (2016). Creating value for news publishers and readers on Facebook. *Facebook for developers.* Retrieved from: https://developers.facebook.com/videos/f8–2016/creating-value-for-news-publishers-and-readers-on-facebook/

Chadwick, A. (2013). *The hybrid media system: Politics and power.* New York, NY: Oxford University Press.

Chaykowski, K. (2016, September 14). Facebook news feed head: Trending topics is "better" without human editors. *Forbes.* Retrieved from http://www.forbes.com/sites/kathleenchaykowski/2016/09/14/facebooks-head-of-news-feed-trending-topics-is-better-without-human-editors-despite-fake-news/#73e85459243f

Chen, D. Y., Grewal, E. B., Mao, Z., Moreno, D., Sidhu, K. S., & Thibodeau, A. (2014). *U.S. Patent No.* 8856248 B2 ("Methods and systems for optimizing engagement with a social network"). Washington, DC: U.S. Patent and Trademark Office.

Beer, D. (2013). *Popular culture and new media: The politics of circulation*. Basingstoke, England: Palgrave Macmillan.

Bellman, B. L. (1984). *The language of secrecy. Symbols and metaphors in Poro ritual*. Newark, NJ: Rutgers University Press.

Benjamin, S. M. (2013). Algorithms and speech. *University of Pennsylvania Law Review, 161*(1445).

Bennett, J. (2004). The force of things steps toward an ecology of matter. *Political Theory, 32*(3), 347–372.

Bennett, J., Cheah, P., Orlie, M. A., Grosz, E., Coole, D., & Frost, S. (2010). *New materialisms: Ontology, agency, and politics*. Durham, NC: Duke University Press.

Benson, R., Blach-Ørsten, M., Powers, M., Willig, I., & Zambrano, S. V. (2012). Media systems online and off: Comparing the form of news in the United States, Denmark, and France. *Journal of communication, 62*(1), 21–38.

Berker, T., Hartmann, M., & Punie, Y. (2005). *Domestication of media and technology*. Maidenhead, England: McGraw-Hill Education.

Berlant, L. G. (2011). *Cruel optimism*. Durham, NC: Duke University Press.

Bernauer, J. W., & Rasmussen, D. M. (1988). *The final Foucault*. Cambridge, MA: MIT Press.

Berry, D. M. (2011). *The philosophy of software*. London, England: Palgrave Macmillan.

Bijker, W., & Law, J. (1994). *Shaping technology/building society: Studies in sociotechnical change*. Cambridge, MA: MIT Press.

Bijker, W. E., Hughes, T. P., Pinch, T., & Douglas, D. G. (2012). *The social construction of technological systems: New directions in the sociology and history of technology*. Cambridge, MA: MIT Press.

Birchall, C. (2011). Introduction to "secrecy and transparency": The politics of opacity and openness. *Theory, Culture & Society, 28*(7–8), 7–25.

Bissell, D. (2016). Micropolitics of mobility: Public transport commuting and everyday encounters with forces of enablement and constraint. *Annals of the American Association of Geographers, 106*(2), 394–403.

Bloomberg (n.a.) "Room Full of Ninjas: Inside Facebook's Bootcamp". Retrieved from https://www.bloomberg.com/video/inside-facebook-s-engineering-bootcamp-i8gg~WZFR7ywI4nlSgJJKw.html/

Bloomfield, B. P., Latham, Y., & Vurdubakis, T. (2010). Bodies, technologies and action possibilities: When is an affordance? *Sociology, 44*(3), 415–433. doi:10.1177/0038038510362469

Boczkowski, P. J. (2004). The processes of adopting multimedia and interactivity in three online newsrooms. *Journal of Communication, 54*(2), 197–213.

Boer, R. (2013). Revolution in the event: the problem of Kairos. *Theory, Culture & Society, 30*(2), 116–134.

Bogost, I. (2015). The cathedral of computation. *The Atlantic*. Retrieved from http://www.theatlantic.com/technology/archive/2015/01/the-cathedral-of-computation/384300/

Boland, B. (2014). Organic reach on Facebook: Your questions answered. *Facebook for business*. Retrieved from https://www.facebook.com/business/news/Organic-Reach-on-Facebook

Bosworth, A., & Cox, C. (2013). *U.S. Patent No.* 8405094 B2 ("Providing a newsfeed based on user affinity for entities and monitored actions in a social network environment"). Retrieved from https://www.google.com/patents/US8402094

Bowker, G. C., & Star, S. L. (2000). *Sorting things out: Classification and its consequences*. Cambridge, MA: MIT Press.

Bowker, G. C., Baker, K., Millerand, F., & Ribes, D. (2010). Toward information infrastructure studies: Ways of knowing in a networked environment. In J. Hunsinger, L. Klastrup, M. Allen (Eds.) *International handbook of internet research* (pp. 97–117). New York, NY: Springer.

boyd, d. (2008). Facebook's privacy trainwreck. *Convergence: The International Journal of Research into New Media Technologies, 14*(1), 13–20.

Boyne, R. (2000). Post-panopticism. *Economy and Society, 29*(2), 285–307.

Bozdag, E. (2013). Bias in algorithmic filtering and personalization. *Ethics and Information Technology, 15*(3), 209–227.

Anderson, B., Kearnes, M., McFarlane, C., & Swanton, D. (2012). On assemblages and geography. *Dialogues in human geography, 2*(2), 171–189.

Anderson, C. (2013). Towards a sociology of computational and algorithmic journalism. *New Media & Society, 15*(7), 1005–1021.

Anderson, C. W. (2011). Between creative and quantified audiences: Web metrics and changing patterns of newswork in local US newsrooms. *Journalism, 12*(5), 550–566.

Andrejevic, M. (2013). *Infoglut: How too much information is changing the way we think and know*. New York, NY: Routledge.

Angwin, J., Larson, J., Mattu, S., & Kirchner, L. (2016, May 23). Machine bias. *Pro Publica*. Retrieved from https://www.propublica.org/article/machine-bias-risk-assessments-in-criminal-sentencing

Appelgren, E., & Nygren, G. (2014). Data journalism in Sweden: Introducing new methods and genres of journalism into "old" organizations. *Digital Journalism, 2*(3), 394–405.

Aristotle. (2002). *The Nicomachean ethics* (S. Broadie & C. Rowe, Trans.). Oxford, England: Oxford University Press.

Arribas-Ayllon, M., & Walkerdine, V. (2008). Foucauldian discourse analysis. In C. Wiig & W. Stainton-Rogers (Eds.) *The Sage handbook of qualitative research in psychology* (pp. 91–108). London, England: Sage.

Arthur, C. (2012). Facebook's nudity and violence guidelines are laid bare. *The Guardian*. Retrieved from http://www.theguardian.com/technology/2012/feb/21/facebook-nudity-violence-censorship-guidelines.

Asdal, K., & Moser, I. (2012). Experiments in context and contexting. *Science, Technology, & Human Values, 37*(4), 291–306.

Ashby, W. R. (1999). *An introduction to cybernetics*. London, England: Chapman & Hall Ltd.

Austin, J. L. (1975). *How to do things with words*. Oxford, England: Oxford University Press.

Backstrom, L. S. (2013). News Feed FYI: A window into News Feed. *Facebook Business*. Retrieved from https://www.facebook.com/business/news/News-Feed-FYI-A-Window-Into-News-Feed

Badiou, A. (2005). *Being and Event*. London, England: Continuum.

Baki, B. (2015). *Badiou's being and event and the mathematics of set theory*. London, England: Bloomsbury Publishing.

Balkin, J. M. (2016). Information fiduciaries and the first amendment. *UC Davis Law Review, 49*(4): 1183–1234.

Barad, K. (1998). Getting real: Technoscientific practices and the materialization of reality. *Differences: a journal of feminist cultural studies, 10*(2), 87–91.

Barad, K. (2003). Posthumanist performativity: Toward an understanding of how matter comes to matter. *Signs, 28*(3), 801–831.

Barad, K. (2007). *Meeting the universe halfway: Quantum physics and the entanglement of matter and meaning*. Durham, NC: Duke University Press.

Barocas, S., & Selbst, A. D. (2016). Big data's disparate impact. Available at SSRN 2477899.

Barr, A. (2015). Google mistakenly tags black people as gorillas, showing limits of algorithms. Retrieved from http://blogs.wsj.com/digits/2015/07/01/google-mistakenly-tags-black-people-as-gorillas-showing-limits-of-algorithms/

Bartunek, J. M., & Moch, M. K. (1987). First-order, second-order, and third-order change and organization development interventions: A cognitive approach. *The Journal of Applied Behavioral Science, 23*(4), 483–500.

Bataille, G. (2004). *The unfinished system of nonknowledge*. Minneapolis: University of Minnesota Press.

Bataille, G., & Michelson, A. (1986). Un-knowing: laughter and tears. *October, 36*, 89–102.

Bazerman, C. (2002). *The languages of Edison's light*. Cambridge, Mass.: MIT Press.

Beckett, C. (2017). "Fake news": The best thing that's happened to journalism. Retrieved from blogs.lse.ac.uk/polis/2017/03/11/fake-news-the-best-thing-thats-happened-to-journalism/

Beer, D. (2009). Power through the algorithm? Participatory web cultures and the technological unconscious. *New media & society, 11*(6), 985–1002.

參考書目 BIBLIOGRAPHY

Adams, A., & Sasse, M. A. (1999). Users are not the enemy. *Communications of the ACM, 42*(12), 40–46.

Adams, P., & Pai, C. C. F. (2013). *U.S. Patent No.* 20130179271 A1 ("Grouping and Ordering Advertising Units Based on User Activity"). Retrieved from http://www.google.tl/patents/US20130179271

Agger, B. (2012). *Oversharing: Presentations of self in the internet age*. New York, NY: Routledge.

Ahmed, S. (2000). *Strange encounters: Embodied others in post-coloniality*. London, England: Routledge.

Ahmed, S. (2006). *Queer phenomenology: Orientations, objects, others*. Durham, NC: Duke University Press.

Ahmed, S. (2010). Orientations matter. In J. Bennett, P. Cheah, M.A. Orlie & E. Grosz, E. (Eds.) *New materialisms: Ontology, agency, and politics* (pp. 234–257). Durham, NC: Duke University Press.

Ainsworth, S., & Hardy, C. (2012). Subjects of inquiry: Statistics, stories, and the production of knowledge. *Organization Studies, 33*(12), 1693–1714.

Alexander, J. C. (2015). The crisis of journalism reconsidered: Cultural power. *Fudan Journal of the Humanities and Social Sciences, 8*(1), 9–31.

Alexander, J. C., Breese, E. B., & Luengo, M. (2016). *The crisis of journalism reconsidered*. Cambridge, England: Cambridge University Press.

Allan, G. (1989). *Friendship: Developing a sociological perspective*. New York, NY: Harvester Wheatsheaf.

Altheide, D. L., & Snow, R. P. (1979). *Media logic*. Beverly Hills, CA: Sage.

Amatriain, X. (2013). *Big & personal: Data and models behind Netflix recommendations*. Paper presented at the Proceedings of the 2nd International Workshop on Big Data, Streams and Heterogeneous Source Mining: Algorithms, Systems, Programming Models and Applications, August 11, Chicago, IL.

Amoore, L. (2009). Algorithmic war: Everyday geographies of the War on Terror. *Antipode, 41*(1), 49–69.

Amoore, L. (2013). *The politics of possibility: Risk and security beyond probability*. Durham, NC: Duke University Press.

Ananny, M. (2016). Toward an ethics of algorithms convening, observation, probability, and timeliness. *Science, Technology & Human Values, 41*(1), 93–117.

Anderson, B. (1983). *Imagined communities: Reflections on the origin and spread of nationalism*. London, England: Verso Books.

Anderson, B. (2006). Becoming and being hopeful: towards a theory of affect. *Environment and Planning D: society and space, 24*(5), 733–752.

國家圖書館出版品預行編目 (CIP) 資料

被操弄的真實 : 演算法中隱藏的政治與權力 / 泰娜.
布策(Taina Bucher)著 ; 葉妍伶, 羅亞琪譯. -- 初版.
-- 新北市 : 臺灣商務印書館股份有限公司, 2021.03
面；　公分. -- (人文)
ISBN 978-957-05-3304-0(平裝)

1.科技社會學 2.資訊社會 3.資料探勘

541.4　　110001198

人文

被操弄的真實：演算法中隱藏的政治與權力

IF…THEN: Alforithmic Power and Politics

作　　者一泰娜・布策（Taina Bucher）
譯　　者一葉妍伶、羅亞琪
發 行 人一王春申
審書顧問一林桶法、陳建守
總 編 輯一張曉蕊
責任編輯一徐鉞、邱靖絨、廖雅秦
封面設計一盧卡斯工作室
內頁排版一菩薩蠻電腦科技有限公司

行銷組長一張家舜
業務組長一何思頓
出版發行一臺灣商務印書館股份有限公司
23141 新北市新店區民權路 108-3 號 5 樓（同門市地址）
電話：(02)8667-3712　傳真：(02)8667-3709
讀者服務專線：0800056193　郵撥：0000165-1
E-mail：ecptw@cptw.com.tw
網路書店網址：www.cptw.com.tw Facebook：facebook.com.tw/ecptw

局版北市業字第 993 號　初版一刷：2021 年 03 月
印刷廠：鴻霖印刷傳媒股份有限公司　定價：新台幣 450 元
法律顧問一何一芃律師事務所